KB213707

문화와
역사를
담 다
0 0 5

박
정
원 朴定遠, Park Jung Won

어릴 적 꿈은 신문기자였다. 왜 그 꿈을 가졌는지 기억은 분명치 않다. 세상의 진실, 정의를 밝히기 위해 부단히 노력한다는 점이 매력적으로 다가와 영향을 미쳤지 않았을까 상상해본다. 신문기자가 됐다. 조선일보 편집부 기자로 있던 어느 날 월간산 기자로 발령받았다. 전혀 예상치 못한 현실이 다가왔다. 사표를 내고 나가 다른 일을 하던지, 적응을 해야 하던지 선택을 해야 했다. 적응을 했다. 대학 다닐 때 우리문화, 우리 것이 유달리 눈에 들어왔던 적이 있다. 졸업논문을 '실학의 사회학적 고찰'이란 거대한 제목으로 썼던 것도 그 이유였다. 그 본능이 우리 문화를 고이 간직하고 있는 산에 대한 관심으로 자연스럽게 살아나 꿈틀거렸다.

'산'이라는 새로운 세상은 무궁무진하고 흥미진진했다. 이런 세상이 있었나 할 정도로 나의 관심을 끌었다. 고대권력의 발원지가 산에 있었다는 사실도 발견했다. 그 산의 의미와 문화유산의 보고로서의 산이 거의 방치된 채 내버려진 사실도 알게 됐다. 관심을 가지면 가질수록 더 깊은 매력을 발휘했다. 산신도 그 중의 하나다. 종교 이전의 우리 문화의 핵심사상인데 체계적, 종합적으로 연구한 학자가 별로 없었다. 수많은 책을 읽고 자료를 뒤졌다.

월간산 기자로서 수년 간 다니면서 공부 연구한 결과를 『신神이 된 인간들』에 담았다. 『옛길의 유혹, 역사를 탐하다』 『내가 걷는 이유』에 이어 나의 세 번째 책이다. 내가 쓴 논문은 「엠바고를 통한 정보원의 언론통제에 관한 연구」가 있다.

신이 된 인간들

한국의 산신,
그 신화와 역사를 담다

박정원

민속원

고대사회까지 산신은 신성불가침 권력의 상징이었다. 권력은 하늘로부터 내려왔고, 그 권력을 받는 장소가 하늘과 가장 가까운 산 정상이었다. 산은 자연스레 신성한 장소로 여겨질 수밖에 없었다. 선사시대 산신은 왕, 혹은 그 이상의 권력이었다. 고대사회 들어서부터는 왕과 동일한 권력, 혹은 왕이 산신을 자처하기도 했다. 이른바 왕권과 신권이 둘이 아닌 시대였다. 왕이 산신이 됐다는 이 시대의 역사기록을 어렵지 않게 찾아볼 수 있다. 한반도에서는 삼국시대와 고려 시대가 이 시기에 해당한다.

중세시대 접어들면서 산신은 신성불가침의 절대 권력이었던 고대사회와는 조금 다른 양상을 띠기 시작한다. 강력한 중앙집권통치가 시행되면서 지방호족들은 세력이 약화되면서 직접 중앙으로 진출한다. 지방의 왕에서 중앙의 신하로서 권력을 행세하기에 이른다. 권력과 불가분의 관계였던 산신도 권력의 성격이 바뀜에 따라 그 성격이 조금씩 변한다. 고대 시대까지 왕이나 지방호족들이 산신으로 신앙되곤 하였지만, 중세부터는 강력한 권력의 상징에서 민초들의 존경받는 인물로 대상 자체부터 바뀐다. 고려 시대까지 왕이나 그 주변 인물이 산신이 된 경우가 있었으나 조선 시대부터는 그러한 사례에 해당하는 산신은 단 한 명도 나오지 않았다는 사실에서 우리는 알 수 있다. 또한, 권력의 정점에 있으면서 많은 공을 세웠음에도 불구하고 억울한 죽임을 당한 인물이 주로 산신이 됐다. 최영 장군이 대표적 사례에 해당한다.

선사시대와 고대사회는 중앙과 지방 권력이 분산된 관계로 왕은 산신의 힘을 빌려 하늘로부터 정당성을 얻어 통치기반을 다질 수 있었고, 이를 바탕으로 지방호족들을 어렵지 않게 통치했다. 중앙과 지방은 때로는 끈끈하게, 때로는 긴장 관계를 유지했다. 신권과 왕권이 동일시되던 시대에서 신권과 왕권이 분리되면서 신권은 여지없이 하락한다. 산신도 이러한 상황을 그대로 반영하고 있다. 고대사회까지는 석탈해와 같이 왕이 산신이 되거나 고려 왕건과 같이 왕이 산신의 후손을 자처하는 경우가 있지만 조선 시대 들어서부터는 왕이 산신이 됐다는 기록을 전혀 찾아볼 수 없다. 물론 종교가 그 성격을 좌우한 영향을 무시할 수 없지만 여기서는 산신에 대해서만 언급하기로 한다.

불교는 한반도로 들어오면서 한반도 전통신앙인 산신신앙과 타협한다. 불교가 산신신앙의 상당 부분을 수용하였다는 것은 지금까지 사찰 내부에 산신각, 산령각, 삼성각 등이 존재하는 사실에서 알 수 있다. 불교가 국교였던 고려 시대까지 산신은 다양한 형태로 나타난다.

고대사회까지 산신이 산 정상에 있었다면 중세 들어서부터 산신의 존재는 산 중턱쯤 내려왔다고 비유할 수 있겠다. 왕을 대신해서 권력의 중심에 있던 신하들이 주로 산신이 됐다. 산신의 건국신화나 자연신 숭배 신화 등에서 영웅신화의 성격을 강하게 띠는 것으로 나타난다. 하늘에서 내려온 신이 아닌 서민들이 만든 영웅으로 탈바꿈하고 있다. 다르게 보면 통치 차원의 산신이 아닌 숭배 차원의 산신으로 자리매김했다. 이 시대의 산신을 달리 표현하면 시대의 영웅이자 대중의 영웅이었던 셈이다. 그 영웅은 분명 서민들이 만들고 있었다. '민심은 천심'이라는 말은 여기서 통하고 있었다.

현대에 들어서 산신은 완전히 하산한 격이 됐다. 누구나 권력을 지향할 수 있을 정도로 권력 자체가 대중 친화적이 됐다. 대중 친화적이 된 만큼 권력의 속성도 매우 투명해졌다. 신성불가침 시절 권력은 대중들이 그 속성과 깊이를 전혀 가늠할 수 없다. 무소불위 휘두르는 권력을 그대로 수용하고 당할 수밖에 없었다. 하지만 하산한 만큼 누구나 그 속성을 알 수 있게 됐다. 인터넷 시대 권력비판도 마음대로 하고, 자기 의사도 마음대로 표현할 수 있는 시대가 됐다. 저잣거리에서도 최고 권력자의 이름을 존칭 없이 함부로 부른다. 이러한 시대에 산신 탄생은 다시는 없어 보인다.

산신으로 좌정하는 시기도 고대와 중세가 차이가 난다. 기록을 분석해보면 고대사회에서 산신은 왕의 일방적인 필요에 따라 정해지기 때문에 별로 시간이 걸리지 않는 사실을 파악할 수 있다. 하지만 조선 시대 산신은 서민들이 오랜 시간 숭배의 대상으로 삼은 결과 산신으로 좌정했기 때문에 빠르면 몇 십 년에서 길게는 몇 백 년 소요됐다. 가장 빠르게 산신으로 좌정한 영웅은 불과 몇 십 년 만에 산신으로 좌정한 최영 장군으로 파악된다. 조선 시대 금성대군 이후 산신으로 좌정한 인물은 아직 뚜렷이 나타나지 않고 있다. 단정 지울 수 없지만 당분간 나올 전망도 없어 보인다. 현대는 어떤 측면에서 영웅의 단절시대에 살고 있다고 해도 무리가 아니다.

신성불가침의 권력에서 누구나 욕심낼 수 있는 권력으로 시대에 따라 바뀌듯이 산신도 왕권보다 더 강했던 시절에서 영웅이 산신으로 탄생하다가 지금은 아예 사라져 찾아볼 수 없는 상황이 됐다.

어떻게 보면 산신은 권력의 다른 이름으로 볼 수 있다. 시대는 변하지만, 권력은 어떠한 형태로든 존재한다. 신성불가침의 권력이든, 무소불위의 권력이든, 시대에 따라 그 형태를 달리할 뿐이다. 산신도 시대에 따라 그 성격을 조금씩 달리하면서 나타났다. 과연 앞으로 어떤 형태의 산신이 나타날지 궁금하다.

그게 바로 이 책을 쓰게 된 계기가 됐다. 나아가 산신도 우리 전통문화의 본류이다. 왜 소홀히 했는지 알 수 없다. 산신은 우리 고유의 문화인데 어느 학문 분야에서도 제대로 연구가 이뤄지지 않고 있었다. 역사학은 역사에 소개되는 산신에 대해서만 간단히 언급하고 눈에 보이지 않은 학문은 대상이 아니라고 배척한다. 민속학은 현상 그 자체만 보고 인과관계 파악에 소홀히 한다. 눈에 보이지 않는 분야를 연구하는 민속학과 눈에 보이는 학문을 공부하는 역사학이 서로 교류 협력하면 산신에 대한 좋은 성과가 나올 법도 한데 말이다. 또한, 신화나 설화 · 전설 · 구비문학을 다루는 국문학 분야도 산신에 대한 연구를 역사학이나 민속학과 교류하면 훨씬 좋은 성과를 거둘 수 있다고 장담한다.

하지만 현재 산신 연구에 대한 교류가 없는 실정이고, 산신 연구는 설 자리가 별로 없다. 우리 전통신앙인데도 방치돼 있다. 중앙에는 물론이고, 지방에서조차 산신 연구자들을 만나기는 쉽지 않다.

필자가 산신에 대해서 관심 가진 이유는 순전히 우리 전통문화이기 때문이다. 앞으로 한류의 핵심을 차지할지 모르는 분야다. 잘 아는 서울

대 교수에게 직접 들은 얘기다. 그는 그가 연구하는 분야에서 한국에서 둘째가라면 서러울 정도로 권위 있는 학자다. 그가 외국에 나가서 학회나 심포지엄 등에서 그의 연구 분야에 대해 발표할 때, 전문 분야에 대해서 논하면 외국 학자들이 별로 관심을 기울이지 않다가 한국의 특수한 상황이나 문화에 대해서 얘기하면 전부 눈이 초롱초롱해지는 분위기를 느낄 수 있었다고 했다.

바로 이거다. 우리 문화에 대해 외국학자들은 관심이 많은데 정작 우리나라 학자들은 왜 관심이 없을까. 산신도 이러한 상황과 별로 다르지 않다. 이 책을 계기로 많은 학자가 산신에 대해서 관심을 기울여 더욱 깊은 연구가 이뤄졌으면 하는 바람이다. 나의 관심과 연구는 앞으로도 계속 될 것이다.

2017년 초겨울에

박정원

차례

제2부

한국의 산신들

서문

서문

'권력은 산에서 나오고, 금력은 물에서 나온다. — 산을 지배하는 자, 권력을 취하고, 물을 지배하는 자; 재물을 얻는다.' 그래서 예로부터 산수가 중요했고, 산수를 지배하는 자가 인간의 삶과 세상을 통치했다.

우리가 흔히 사용하는 경쟁자 '라이벌rival'은 물, 즉 강에 어원을 두고 있다. 라틴어 '이웃에 있는 호적수'란 뜻의 리발리스rivalis가 그 유래다. 리발리스는 그 강을 이용하는 이웃, 나아가 물을 두고 경쟁을 벌이는 관계를 말한다. 더 원천적으로는 같은 개울brook을 나타내는 리부스rivus에서 유래했다. 리부스에서 확대된 개념이 같은 개울을 두고 벌이는 경쟁 관계에 있는 이웃이다. 따라서 라이벌은 똑같은 강을 사용하는 사람들 간의 물을 얻기 위한 경쟁을 의미하다가 16세기에 이르러 지금의 경쟁자를 나타내는 라이벌로 정착됐다. 물은 인간의 영원한 젖줄이자 재물을 얻기 위한 원천이기 때문에 고대로부터 매우 중요시 여겨져 왔다. 물을 두고 쟁탈전을 벌였던 치열한 상황이 경쟁자의 어원이 될 만큼 물을 지배하는 자는 중요한 권력의 한 축을 차지할 수 있었다. 물은 산을 발원지發源地로 한다. 결국, 산과 물은 떨어지려야 떨어질 수 없는 관계인 것이다.

이는 나아가 고대로부터 권력과 금력은 둘이 아닌 관계로까지 확대 해석이 가능해진다. 권력을 가진 자가 금력을 갖기는 쉬워도 금력을 가진 자가 권력을 갖기는 더 어렵다는 의미로까지 해석할 수 있다. 어떻게 보면 금력은 권력의 종속 관계로까지 보인다. 산이 있어야 물이 있듯이.

권력의 또 다른 한 축, 산에 대한 이야기는 지금부터 시작된다. 이 책은 산신山神이 된 권력자들의 이야기다. 그들 권력의 원천은 하늘이었다. 사람으로부터 받은 권력은 모든 인간이 우러러 받드는 하늘과 동등시하기 위해 부단히 노력하는 모습을 보인다. 이들 권력자는 단군과 같이 천신의 아들로 태어나 사후 산신이 되기도 하고, 왕건과 같이 원래 산신의 후손으로 자처해서 태어나기도 하고, 석탈해와 같이 후대의 왕이 호국을 위해 죽은 선대의 왕을 산신으로 좌정시키기도 하고, 훌륭한 업적을 남기고도 억울한 죽임을 당한 뒤 산신으로 좌정하기도 했다. 다양한 형태의 산신이 여러 시대를 걸쳐 나타난다.

왜, 어떻게 다양한 과정을 거쳤는지는 그들 삶의 구체적인 과정을 살펴보면 어느 정도 이해가 간다.

우리가 신을 알고자 하는 것은 인간의 기원을 파악하기 위한 노력의 일환이다. 인간의 기원을 알기 위해서는 신을 파악하는 작업이 우선돼야 한다. 왜냐하면, 신의 세계는 지상 인간의 생활에 그 원천을 두고 있기 때문이다. 역설적으로 인간 없는 신을 상상할 수 있겠는가. 인간이 없다면 신도 존재할 수도 없고, 필요 없는 존재이다. 결국, 인간과 신은 불가분의 관계인 셈이다. 신을 알기 위한 노력은 인간을 더 깊이 알기 위한 작업으로 결론 내릴 수 있다.

동서양을 막론하고 우주 발생순서는 먼저 혼돈의 신이 있고, 다시 천신이 있으며, 후에 지신이 있고, 그 뒤에 인신이 등장한다. 인신은 여신女神이 먼저 좌정하고, 그 후에 남신男神이 나온다. 신이 등장하는 순서는 상고시대 동서양에서는 비슷한 과정과 형태를 띤다. 철저히 시대적 배경과 맥락을 같이 한다는 사실을 엿볼 수 있다. 달리 표현하면, 시대에 따라 다른 형태의 신이 등장한다.

동양에서 애초의 신은 자연계의 특성을 띤다. 그 자연계는 인간의 모체다. 사람은 자연인이며, 자연과 동일체인 신神의 아들이다. 그 신의 아들이 태어난 장소가 바로 산인 것이다. 그래서 자연은 인간을 창조하고 양육해내는 무한한 존재로 각인된다. 인간에 군림하는 존재로까지 나타난다. 따라서 사람은 자연의 후손이라는 사실이 자연스럽게 도출된다.

무위無爲자연 사상을 말한 노자의 주장은 더욱 명확하다. 노자는 사람과 신이 조화를 이루는 방법을 숫자 '三'으로 설명한다. 하나는 둘을 낳고, 둘은 셋을 낳으며, 셋은 만물을 낳는다. 이것이 바로 음과 양의 조합이며, 사람과 신의 조합으로 우주 중의 모든 사물을 산생産生한다는 말이다. 노자 『도덕경』의 핵심이다.

노자는 도道를 원시적 혼돈상태라고 주장했다. 일음일양의 상생상극 작용이 순환하여 끊임없다고 말한다. 천지가 있고 난 뒤에 만물이 있게 되었으며, 만물이 있는 뒤에야 남녀가 있게 되었다. 남녀가 있는 뒤에 부부가 있게 되었고, 부부가 있는 뒤에 부자가 있고, 부자가 있는 뒤에 군신이 있으며, 군신이 있는 뒤에는 상하가 있고, 상하가 있는 뒤에야 예의도 삼가게 되었다. 그 순서가 천지 → 만물 → 남녀 → 부부 → 부자 → 군신 → 상하 → 예의로 진화 순환한다는 것이다.

자연은 인간을 낳았기 때문에 신의 세계는 지상에서 생활했던 인간의 생활에서 그 기원과 유래를 찾을 수 있다. 신들도 사람과 같이 먹고 마실 수 있으며, 정욕을 가진 인격신이었다. 지상의 인간세계에 계급이 생기고 여러 가지 일을 분담하여 전담하게 되자, 신들의 세계에도 계급이 생겨나고 각기 맡은 일이 파생되어 나갔다. 신은 본래 인간이 변화하여 발전된 것이므로, 신화의 변천은 바로 고대사의 전설로 연결된다.

신화는 결코 단순한 상상의 허구물이거나 혹은 재미있고 황당한 이야기가 아니다. 신화는 독립적 실체성을 띤 문화를 구성한다. 신화는 통상 민족문화의 원시적 의상을 구현한다. 신화는 민족의식의 창조물이다. 단순한 신의 이야기가 절대 아니다.

다양한 신화학자들의 신화에 대한 정의를 잠시 살펴보자. 엘리아데Mircea Eliade는 "신화는 신성한 역사를 이야기하는 것"이라고 정의했다. 절대 허구가 아니라는 사실을 강조하고 있다. 말리노프스키Bronislaw Malinowski는 "신화는 오늘날 우리가 소설 속에서 보는 허구적인 요소를 지니고 있는 것이 아니라 살아있는 진실"이라고 말했다. 바우만Hermann Baumann은 "신화란 사물의 기원 · 태고의 생물 · 신들의 행위와 그들의 인간과의 관계에 대한 이야기이며, 진실이라고 생각되는, 그 민족의 세계관이 확립된 제요소로 이루어져 있는 이야기"라고 했다. 비얼레인J. F. Bierlain은 "신화는 과학의 시초이고 종교와 철학의 본체이며, 역사 이전의 역사"라고 강조했다. 매우 의미심장한 신화에 대한 정의로 볼 수 있다. 이들의 공통점은 신화가 절대 허구가 아니며, 신의 이야기는 더더욱 아니라는 점이다.

신화와 역사는 오랫동안 '꾸며낸 환상의 이야기'와 '실제로 일어났던 사실'로, 즉 허구와 진실이라는 상반된 대립 구도로 이해되었다. 현대의 신화 연구가들은 더는 이러한 대립 구도로 받아들이지 않고 신화가 담고 있는 의미와 역사적 진실들을 다양한 관점에서 여러 방법으로 밝혀내고 있다. 하지만 일반인들 사이에서는 여전히 '신화—허구' '역사—진실'이라는 생각이 널리 뿌리 깊게 자리 잡고 있다.

이 책에 나오는 산신 신화도 역사적 인물이면서 어디까지가 역사이고, 어디까지가 신화인지 정확히 구별하기가 쉽지 않다. 물론 그들이 역사적 실존 인물이라는 점에서 생존했던 시기만 역사라고 볼 수 있다. 하지만 사후 일어나는 역동적 사건도 후대의 역사적 사실과 동떨어져 있지 않다. 트로이목마에서 보듯 몇 백 년, 아니 몇 천 년 흐른 뒤에 신화가 역사로 밝혀진다. 우리의 산신 신화도 언젠가 역사로 편입될 날이 있으리라 판단한다.

결론적으로 신화와 역사는 '공동체의 과거에 대한 기억'이라는 접점에서 서로 맞물려 있고, 그 기억은 현재와 미래에도 힘을 발휘한다. 그렇기 때문에 신화와 역사는 종종 민족이라는 국가 담론의 장에서 정치적 이데올로기의 도구가 된다. 신화와 역사의 경계선은 합리성과 실재성보다는 이데올로기적 요소에 의해 결정되고, 궁극적으로는 해석 주체의 시각이 관건이 된다. 신화와 역사의 끊임없는 마주침 속에 드러나는 선택과 배제의 메커니즘, 그리고 민족역사로서의 신화에 대한 반성도 뒤따라야 한다. 그래서 신화를 은폐된 이데올로기, 상상력의 보고, 무의식의 생명 에너지라고 하는 이유다.

우리가 동서양 대표적인 역사서로 꼽는 사마천의 『사기』, 헤로도토스의 『역사』, 우리의 『삼국사기』와 『삼국유사』 등은 민족을 하나로 통일시키는 지배 이데올로기로 활용해 왔다. 그 내용은 역사뿐만 아니라 많은 신화적 내용도 포함돼 있다. 신화와 역사 모두 민족 단결을 위한 도구로 활용됐다. 그뿐만 아니라 신화의 역사화는 고고학이라는 강력한 배경으로 작용했다. 끊임없는 신화의 역사화가 이루어지고 있는 것이다.

우리나라에도 수많은 신화가 있다. 건국신화, 시조신화, 죽음과 삶과 관련한 신화, 창조신화 등 어떤 나라 못지않게 풍부한 이야기가 전해온다. 그중에 대표적인 신화가 산신에 관한 신화다. 산신은 역사서에도 기록돼 있다. 허구로만 치부될 수 없는 이유다.

산신의 역사는 우리의 건국신화와 마찬가지로 단군부터 시작한다. 『삼국유사』에 '단군이 나라를 1908년 동안 다스리고 사후 산신이 되었다'고 기록하고 있다. 산신의 역사가 곧 우리 민족의 역사와 궤를 같이하는 것이다. 단군이 산신이 됐다는 산은 백두산 · 구월산 · 묘향산 · 태백산 등 다양하게 거론된다.

단군신화에 나오는 단군은 한민족의 시조이자 우리나라 초대 산신이다. 남성성이다. 하지만 그 뒤에 등장하는 인격신은 대부분 여성성이다. 고대 모계사회를 반영한 결과로 보인다. 단군 산신의 성격과 그 이후 탄생하는 산신의 성격이 조금 다르다고 볼 수 있다. 단군은 천신의 성격을 띤 산신이고, 그 이후 등장하는 산신은 모계사회, 즉 사회 지배구조를 반영한 산신이라 할 수 있다. 모계사회는 기본적으로 수렵 채취사회다. 사냥 나간 남성은 언제, 어떻게 죽을지 모른다. 자연 모계 중심으로 사회가 유지될 수밖에 없다. 하지만 정착 생활, 즉 농경사회로 오면서 남성의 힘이 크게 필요해진다. 남성성이 더욱 중요해지는 사회다. 이때부터 남성 산신이 본격 등장하기 시작한다. 석탈해가 단군 이후 등장하는 첫 남성 산신이다. 석탈해는 농경사회에서 철기를 사용한 대표적인 인물로 꼽힌다. 철기는 당시로써는 새로운 무기와 재료다. 강력한 힘과 무기를 가진 인물로 상징된다. 석탈해가 산신으로 좌정하기까지 산신을 국가 이데올로기로 이용하는 과정으로 나타난다.

시대별로 나타나는 산신의 변천 과정은 단군 산신→자연신 산신→여성 산신→남성 산신 등이다. 여성 산신까지는 수렵 채취사회가 중심이다. 자연의 변화에 민감하고, 자연현상을 일으키는 그 무엇이 신이라 여긴다. 이후 농사를 짓기 시작하면서 정착생활을 하게 된다. 이때부터 남성의 힘이 중요시되고, 남성 산신이 등장한다. 현재까지 산신이 된 인물들의 성격을 분석하면, 천신과 영웅신 · 장군신, 서낭신(성황신)으로 크게 나뉜다. 무속의 신은 원체 넓고 깊어 천신과 영웅신, 장군신, 서낭신을 모두 아우르기도 한다. 천신은 단군이고, 영웅신은 조선 태조, 단종, 세조, 고려 공민왕 등으로 나타난다. 장군신으로는 김유신, 최영, 임경업, 남이, 관우 등과 같은 인물이 한국의 산신으로 좌정해 있다. 장군신이 영웅신의 성격을 띠기도 한다. 영웅신의 경우, 위대한 힘을 가진 영웅이거나, 아니면 억울하게 죽어 원한에 찬 영웅의 두 가지 형태로 나타난다. 서낭신은 마을수호신의 성격으로 대부분 나타난다.

또 다른 분류로는 자연신과 인신人神(혹은 인격신) 두 종류로 구분한다. 자연신은 『삼국유사』에 나오는 바람과 구름, 비와 같이 날씨를 좌우하거나 동물과 같이 인간의 생명과 관련된 것들이 주로 등장한다. 인신은 사후 신으로 좌정한 인물을 말한다. 이들 인신의 이야기가 어디까지가 역사이고 신화인지 사실상 구분하기 쉽지 않다. 가장 단순하게는 살아 있을 때까지는 역사이고, 사후엔 신화라고 할 수 있다. 하지만 뒤섞여 있을 때가 많다. 그래서 역사와 신화가 중첩되어 나타날 수밖에 없다.

『삼국사기』와 『삼국유사』에 수많은 다른 산들이 소개되고 있다. 그 산에서 제사를 지냈다는 기록이 나온다. 제사를 지냈다는 사실은 신이 존재한다는 사실을 간접적으로 암시한다. 어느 신인지 알 수 없다. 하나씩 밝혀나가는 작업을 이 책에서 하려는 것이다.

역사서에 소개되는 모든 명산에는 산신이 존재한다. 아니 전국의 모든 산에는 산신이 있다고 말한다. 『삼국사기』에 '전국의 명산대천名山大川을 대사 · 중사 · 소사로 나눠 제사를 지내게 했다'는 기록이 나온다. 이때 대사 · 중사가 삼산 · 오악이고, 소사는 전국의 50여 개 명산대천을 말한다. 그 삼산 · 오악 · 명산은 지금까지도 명산 그대로 명성을 이어가고 있다. 그 산신도 일부 그대로 전한다.

전국의 명산대천을 대사 · 중사 · 소사로 나눈 사실은 매우 중요하다. 여기에 해당하는 명산대천은 전부 산신에 대한 국행제國行祭를 지냈기 때문이다. 국가적 제사를 지냈다는 사실은 어쨌든 제사의 대상이 되는 실체가 있었다는 사실을 방증하고 있다. 그 실체가 바로 어떠한 형태의 신이다. 자연신이든 인격신이든 상관없다. 무엇이든 간에, 누군가는 분명 신으로 좌정해 있다고 볼 수 있다.

옛날부터 동양 사람들은 명산대천에 치성 드려서 아기를 얻었다. 다시 말해서 산신령과 용왕님께 기도를 드려서 자식을 얻었다. 그 산신령, 용왕님이 우리의 삼신할머니, 제석님과 어울린 산신이었다.

그런데 산신에 대한 기록과 현장답사를 다니다 중요한 사실을 발견할 수 있었다. 산신으로 떠받들어진 이들은 전부 사람이었고, 민중들에 의해 존중되고 전승되어 진다는 사실이다. 신이 된 인간들이었다.

이들 산신의 뚜렷한 특징은 권력을 가진 인물이 억울한 죽임을 당했거나, 그 업적에 보상을 제대로 받지 못한 인물이 사후 민중들에 의해 신으로 추대되어 민중들이 한풀이를 대신 해결해 주고 있다는 사실이다. 이 같은 사례는 여러 산신이 좌정하는 과정에서 확인할 수 있다. 최영 장군의 사례가 대표적이다. '황금 보기를 돌같이 하라'는 명언으로 유명한 최영 장군은 고려 최후의 장군이면서 이성계의 상관으로서 이성계보다 더 민중들의 추앙을 받았지만 이성계에게 죽임을 당한다. 이에 민중들은, 특히 당시 수도였던 개성 시민들은 모두 일손을 놓고 도시가 마비될 정도로 그의 죽음을 슬퍼했다고 고려가 아닌 조선의 사초가 쓴 『조선왕조실록』에 전한다. 그뿐만 아니라 그를 신으로 추앙하는 시간도 역대 어느 산신보다 가장 빠르다. 그의 한풀이를 민중들이 톡톡히 대신해주고 있는 것이다. 그만큼 민심이 산신의 좌정에 대해서 절대적으로 좌지우지하고 있었다. 민심이 천심이라는 이유가 바로 여기에 있는 것이다. 그

외 아직 확인되지 않은 수많은 산신도 별로 다르지 않을 것 같다.

산신의 기록을 살피고 흔적을 추적하다 보니 '아, 이게 바로 우리 문화이고, 우리의 신이고, 우리의 정서구나'라는 사실을 절실히 느낄 수 있었다. 우리의 신을 통해, 그 신이 나은 신화를 통해 우리 민족의 정서까지 확인할 수 있었다. 우리가 알고 있던 천심이 민심이라는 말은 다르게 표현하면, 신이 곧 민심이었다. 민심이 신을 만들고, 신을 떠받들고 있다는 중대한 사실을 확인한 것이다. 절대 권력자가 스스로 신이 되겠다고 해서 신이 된 경우는 현재까지 단 한 가지 사례도 없었다. '민심이 천심'이고, 그 '천심이 바로 신'이라는 사실은 동서고금 만고불변의 진리였다.

신은 곧 그 민족의 정서와 문화를 대변한다고 할 수 있다. 신은 인간에 바탕을 두고 있기 때문이다. 한국의 대표적인 신은 산신이다. 어떤 민속학자는 "한국인의 종교는 산신교"라고까지 주장한다. 수많은 산신 중에 일부를 살펴보면서 한국의 문화와 정서를 되돌아보는 계기가 되고, 민심을 확인하는 순간이 되기를 기대해본다. 그리고 나아가 우리의 신, 우리의 산신에 대해서도 다시 한 번 살펴보는 계기가 되었으면 한다. 그게 이 책을 내는 직접적인 계기다.

이 책의 구성은 크게 1부와 2부로 나뉘어 있다. 1부는 신神의 기원, 특히 인간의 아들이면서 지극히 인간적인 산신의 기원을 찾아가는 내용이 주류를 이룬다. 산신을 이해하기 위한 개념과 의미, 유래 등에 대한 내용이다. 서양 문명의 기원이라고 하는 그리스에도 산신이 있고, 그 산신들은 각각의 지역마다 특징을 띠고 있는 점도 소개한다. 내용은 길지 않지만 나름의 기록과 현장답사를 통해 분석한 내용을 분류해서 개념화했다.

2부는 1부에 나온 이론 부분을 바탕으로 산신이 좌정한 현장을 답사한 결과를 기록과 비교해가며 풀어나갔다. 산신으로 좌정한 인물이 누구이며, 어떻게 좌정했는지 역사적 사건을 통해 규명하려 노력했다. 그 과정이 때로는 이해 못 할 수준의 전설로 남아 있기도 하지만, 그 전설은 역사적 사실과 전혀 동떨어진 현상이 아니라는 사실을 알 수 있다. 언젠가 전설과 설화가 역사적 사실로 밝혀질 날이 있을 것으로 기대한다. 지금은 우리 역사의 한 부분인 산신이 무속의 한 부분으로 치부되는 것 같아 안타까운 마음이 남아 있다. 그래서 무속인들은 산신에 대해서 어떻게 생각하고 느끼는지를 인터뷰를 통해 여러 부분에 첨가했다.

무속인을 인터뷰하면서 재미있는 일화 한 가지를 소개하는 거로 서문을 마치겠다. 몇 년 전 감악산 산신을 취재할 때였다. 감악산 산신당에 가서 무속인을 만났다. 처음엔 으레 그렇듯 상당히 경계하는 투로 아래위를 훑어보았다. 이내 이야기를 시작하자 마음을 확 열면서 모든 얘기를 거침없이 했다. 애초 계획했던 1시간 이내의 시간을 훌쩍 넘겨 2시간도 지났다. 그녀는 식사한 상태였고, 난 점심을 먹지도 못한 채 계속 얘기를 해나갔다. 그녀가 이야기를 마치고 "저 위에 기도처가 있으니 그것도 보고 가라"고 했다. 흔쾌히 동행했다. 정말 산 능선을 타고 내려온 기운이 바위 끝에서 멈춘 듯 툭 튀어나온 바위가 에너지를 뿜어내는 듯했다. 기도터는 바로 그 아래 있었다. 기운이 느껴지는 듯했다. 사진을 찍고 한참을 바라보다가 모든 볼 일을 마쳤으니 가겠다고 했다. 그러자 그 무속인은 "점심을 못 먹었으니 식사라도 해라"며 봉투를 건넸다. "아니, 무슨 소리냐"며 극구 사양하며 발길을 돌렸다. 무려 10여m나 따라와 봉투를 주려고 했다. 계속 내빼자, 그 무속인은 "저기 할아버지가 주라고 했어"라며 받기를 강요했다. 그 말에 도저히 거절할 수 없었다. 산신할아버지가 내 점심 먹으라고 봉투를 주라고 했다는데 어찌 내가 거절할 수 있겠나. 뒷머리가 서늘해서 받을 수밖에 없었다. 받아서 밥 먹는 데 다 썼다.

그런데 그 이후 최영 장군 산신을 취재하면서 다른 무속인을 만났다. 그 무속인은 중요 무형문화재 춤을 보유한 인간문화재였다. 오전에 일찍 가서 약 2시간가량 인터뷰를 하고 자료를 챙긴 뒤 점심을 먹지 않고 그냥 나왔다. 그리고 그곳에서 얼마 떨어져 있지 않은 최영 장군 묘지를 보러 갔다. 한참 묘지를 보고 있는 데 그 무속인한테 전화가 왔다. "지금 어디냐? 우리는 점심 먹으러 식당으로 가려고 하는데 같이 하지 않겠느냐"는 것이었다. 이야기할 기회를 더 주겠다는데 마다할 이유가 없었다. 집 앞에서 만나 내 차로 식당으로 함께 갔다. 그 무속인이 주문하는 대로 먹었다. 그리고 계산을 내가 했다. 감악산 산신 취재하러 갔을 때 받았던 봉투 얘기를 자초지종 하면서 "그 할아버지가 결국 여기서 쓰라고 나한테 준 것 같다"고 했다. 그 무속인도 웃더니 그냥 내가 계산하도록 내버려 뒀다. 산신 할아버지한테 받은 밥값은 도로 산신을 위해 열심히 기도하는 무속인에게 돌아간 것이다. 우연일까, 필연일까. 그건 알 수 없다.

제1부

신神의 기원을 찾아서

01

한국에서 신의 기원은 산신山神

한국의 모든 산에는 신神이 있다. 인간이 인식할 수 있는 신, 즉 인격신인지, 자연신인지는 구체적으로 알 수 없다. 종교전문가와 무속인들은 "한국의 모든 봉우리에는 산신이 있다"라고까지 말한다. 언제부터 신이 있었는지 아는 사람은 아무도 없다. 역사 · 신화적으로 추정할 뿐이다.

일반적으로 신은 상고시대 자연신에서 시작되었을 것으로 본다. 자연의 지배를 받을 수밖에 없던 고대사회의 인간은 천둥 · 번개 · 폭풍우 같은 자연현상, 그리고 해와 달 · 별과 같은 자연의 신비스러운 순환 모두에 위압감을 느끼고, 이들에게 신령神靈이 깃들어 있다고 여겼다. 고대인들은 이들에 제사를 지냄으로써 위안을 얻었다. 우리는 이러한 형태를 샤머니즘, 혹은 토테미즘으로 부른다. 이는 동물신 · 식물신 · 자연신 · 지신地神 · 천신 등의 다양한 형태로 나타난다.

천신은 하늘에서 강림한 신이다. 바람 · 비 · 구름 등과 같은 자연현상을 전부 통제하는 초인적인 능력을 갖췄을 뿐만 아니라 인간의 수명까지 관장한다고 봤다. 천신을 하늘의 아들, 즉 천자天子로 여겼다. 그 천자가 지상으로 강림한 곳이 하늘에서 가장 가까운 산의 봉우리였다. 한국의 역사가 시작되는 단군신화에 나오는 단군은 하늘의 아들이었고, 그 단군이 죽은 뒤 아사달의 산신이 되어 태백산에 자리를 잡고 살게 됐다고 전한다.

종교학자들은 신화와 샤머니즘·토테미즘을 종교의 직전 단계로 판단한다. 종교의 직전 단계는 기존에 미신으로 치부됐던 민속신앙과 무속신앙, 산신신앙을 전부 포함한다. 이러한 신앙에서 조금 더 조직적이고 체계적으로 발전한 신앙이 종교다. 역으로 민속신앙과 무속·산신에 그 민족의 정신과 혼령이 가장 많이 녹아들어 있다고 본다. 미신을 터부시하는 건 우리 민족과 수천 년간 동고동락해온 정신적 자취를 없애는 일이고, 자신의 정체성을 부정하는 행위라고까지 종교전문가들은 지적한다. 한국의 산신은 원래 천신天神이자 천자였던 단군에서 시작한다. 고려의 왕건도 단군신화와 비슷한 신화를 만든 기록이 『고려사』에 그대로 전한다. 단군신화에서 보듯 산신숭배는 천신숭배에 그 기원을 둔다. 단군신화의 시대적 배경이 되는 상고시대 인간들은 모든 자연현상을 두려워했고, 그 각각의 현상에 모두 신이 깃들었다고 믿는 자연신이 주류를 이루었다.

하지만 단군신화를 계기로 자연신에서 인격신으로 전환하는 중요한 계기가 된다. 산신은 천신의 분신 내지는 화신化神이었다. 산신을 천왕이라고 부르는 것은 천신이 강림한 곳이 산정상이기 때문이다. 이는 우리 건국신화에 그대로 나타난다. 단군신화가 그렇고, 신라의 박혁거세도, 가야의 수로도 천상에서 산으로 하강했다고 전한다. 왕건도 산신의 후손이라고 기록하고 있다.

우리 조상들은 많은 토착신들을 모셔왔다. 현재까지 이들을 총망라해서 파악한 바로는 불교·무속·문헌신에 등장하는 126신으로 알려져 있다. 한국의 대표적인 전통 신들이다. 중국이나 인도의 신화에서 유래한 신과 고조선 이래 왕조에서 숭상했던 신들까지 총망라돼 있다. 이들 신은 일반 사람들에게는 생소하다. 듣도 보도 못한 이름이 많다.

반면 우리에게 친숙한 신들의 이름도 의외로 많다. 신격화된 인물이다. 아니, 신이 된 인간, 즉 인격신들이다. 산에서는 다양한 신을 보고 들을 수 있다. 특히, 산신은 이들 126신에 포함되지 않은 신이 대부분이다. 이들은 인간으로 살다 신격화된 인물이 절대다수기 때문이다.

그런데 인간에게 신이란 무엇인가? 본질적인 의문인 동시에 인류가 탄생한 이래 계속되는 의문이다. 인간과 불가분의 관계에 있는 신이 과연 존재할까?, 있다면 어떤 존재이며, 인간과의 관계 정립을 어떻게 해야 할까? 나아가 인간이 궁금해하는 만큼 신을 규명할 수 있을까? 라는 의문에까지 도달하게 된다. 신을 찾기 위한 노력은 인간의 본질을 알기 위한 노력과 맥을 같이 한다. 인격화된 신, 혹은 신이 된 인간들이 대부분이기 때문이다.

근대 철학자 칸트는 '신은 죽었다'고 과감하게 주장했다. 과연 죽었을까? 죽었다면 그 이전에는 살아 있었다는 말이다. 그런데 왜, 어떤 계기로 죽었을까? '신은 영원한 줄 알았는데, 인간과 같이 신도 죽을 수 있구나' 하는 생각을 하게 한다. 죽었다는 그 신은 과연 어떤 신일까? 이처럼 신에 대한 의문은 끝이 없다.

탐사 전문작가 바바라 해거티Barbara Hagerty는 과학으로 규명 안 되는 여러 사례를 모아 『신의 흔적을 찾아서』라는 책을 냈다. 인간 존재 이상의 그 무엇이 존재한다는 사실을 실증적으로 밝히려 한 노력이다. 그에 반해 진화생물학자이면서 대중과학 저술가 리처드 도킨스Richard Dawkins는 신은 인간에 의해 '만들어진 신'이라고 주장한다. 그는 신의 존재를 옹호하는 여러 논증을 역사적 증거와 과학적 논리로 파헤치는 동시에 이런 논증들이 잘못된 믿음을 주는 환상Delusion이라고까지 주장한다.

'창조하는 신'과 '신의 흔적을 찾아서'라는 관점과 '만들어진 신'에 이어 '신은 죽었다'라고까지 주장하는 세상이 됐다. 유일신이 이 세상을 지배할 수 없는 없을 정도로 세상은 그만큼 다원화됐고, 과학적으로 규명되지 않은 부분도 많다는 점을 알 수 있게 해준다.

그런데 이러한 주장들을 곰곰이 살펴보면 전부 서양적 시각에서 본 신에 대한 관점, 혹은 유일신에 대한 분석적 시각이라는 생각을 지울 수 없다.

한번 반문해보자. 동양에는 신이 없었나? 동양적 시각에서 본 신은 없을까? 동양과 서양은 같은 신인가? 라는 의문을 제기하지 않을 수 없다. 이에 동양적 관점에서 신의 문제를 한 번 접근해보자. 이러한 접근은 서양 기독교가 동양에 확실한 터전을 내리지 못하는 문제와 직결돼 있기 때문에 분석과 규명이 절대적으로 필요하다고 본다. 신에 대한 동양적 접근과 분석은 바로 한국의 신의 실체에 대한 문제와도 직결된다. 적어도 한자문화권에서는 비슷한 형태의 다양한 신이 존재하기 때문이다.

신의 실체에 접근하기 위해서 먼저 신의 어원을 살펴볼 필요가 있다. 웹스터Webster 사전에는 신god에 대해서 다음과 같이 소개한다.

> 우주의 지배자나 창조자로서 존경받는 파워나 지혜, 절대 선에 있어 최고의 존재. 또 인간의 존경을 요구하거나 자연적 특성이나 파워보다 더 많이 가진 것으로 믿어지는 존재나 대상을 말한다.

어원Etymology 사전에서도 별로 다르지 않지만 내용이 조금 더 자세하다.

> 고대 영어에서 신은 초월적 존재, 신deity을 말한다. 고대 게르만조어Proto-Germanic guthan에서 유래했다. 앵글로 색슨이나 고대 프리

지안, 네덜란드어 등에서 god, 고대 게르만어에서는 got, 또는 gott 등의 단어들이 등장한다. 그 어원은 불러내진 것invoked을 의미하는 산스크리트 어원 'ghut(굿)'에서 시작한다. 고대 교회 슬라브어에서는 부르다to call는 의미를 가진 zovo와 비슷하다. 산스크리트어 '후타huta'는 불러내어진 이란 의미로 천둥·비를 관장하는 베타교의 '으뜸 신' 인드라의 별칭과도 통한다. 'huta'의 어근은 부르다to call, 불러일으킨다invoke는 의미를 가진 'gheu(e)'에서 유래한다. good와는 전혀 관련 없다. 원래 게르만어에서 중성이던 성이 기독교도래 이후 남성 명사로 바뀌었다.

결국, 신god은 불러내진 것을 의미하는 산스크리트어의 어원 ghut(굿)에 그 뿌리를 두고 있다는 사실을 알 수 있다. '불러내진 것'이 무엇인가? 사람들이 소원을 빌기 위한 대상이 되는 '그 무엇' 또는 '귀신'이다. 그 무엇이나 귀신은 결국 절대적 대상이고, 제물을 받거나 제사로서 모셔지는 자를 말한다. 그런데 '굿'의 발음이 우연의 일치인지 우리말 '굿'과 똑같다. 우리의 굿은 무당이 술과 음식을 차려 놓고 춤을 추며 귀신에게 인간의 길흉화복을 조절해 달라고 비는 의식행위를 말한다. 따라서 신은 굿과 별로 다르지 않은 개념이라는 사실을 알 수 있다.

서구에서도 고대엔 신의 개념을 초월적 능력을 갖춘 다양한 신을 지칭하는 'gods'로 사용했다. 하지만 기독교도래 이후 유일신으로 변하자 대문자로 바뀌면서 'the God'로 정착하게 된다.

동양에서 신의 유래는 상형문자에서 찾을 수밖에 없다. 적어도 동아시아 한자문화권에서는 모두 상형문자의 영향권에 있다. 상형문자에서 신은 한자 신神, 글자 자체에서 찾을 수 있다. 신神을 파자하면 시示와 신申으로 나눌 수 있다. 고대 상형문자에서 시示는 제물이 놓이는 제단을 가리킨다. 이것이 나중에 확대 해석되어 귀신 그 자체를 상징하게 된다. 신申은 고대 상형문자에서는 번개의 형상이다. 고대인들은 자연의 모든 현상이 두려움 대상이었다. 그중에서 번개는 가장 무서운 자연현상이었다. 가장 무서운 번개를 일으키는 주체는 (귀)신이라고 봤다. 그래서 신과 번개가 합쳐진 '신神'이란 글자가 나온 것이다. '신神'자를 바탕으로 나온 글자는 대개 의미가 있다. 신경神經은 사람의 마음이나 정신이 지나가는 길이라는 의미다.

이처럼 상고시대에는 동서양 공통으로 자연계의 영향을 받은 다신多神이었다. 그들의 삶은 자연에 종속돼 있다고 믿었고, 자연이 그들의 삶을 주재한다고 봤다. 자연의 모든 현상이 신이 일으킨다고 여겼으며, 그 각각에 신이 깃들어 있다고 또한 믿었다. 하지만 유일신의 기독교가 서양을 지배하면서 동서양문화가 달라지기 시작한다.

동양의 다신은 대체로 이란에서 유래했다는 설이 유력하다. 인류 최초의 종교로 알려진 조로아스터교는 지금으로부터 약 4천여 년 전(6천~8천 년 전이라는 설도 있음)에 생겼으며, 자연현상인 지수화풍地水火風을 숭배했다. 불을 들고 다닌다고 해서 배화교拜火敎로 알려져 있으나 이는 본질과는 조금 다르다. 지수화풍은 자연현상의 가장 본질적 4가지 요소다. 자연의 일부인 인간도 지수화풍의 순환원리에 따라 세상에 왔다가 다시 자연으로 돌아간다고 인식했다. 지수화풍으로 인해 생겨난 모든 현상에 신의 영령이 깃들어 있다고 여겼다. 그래서 동양의 신은 자연신인 동시에 신의 종류도 매우 다양했다. 그 전통은 아직 계속되고 있다. 서양의 유일신과 구별되는 가장 특징적인 점이다. 원불교식으로 얘기하자면 처처불상處處佛像인 셈이다. 곳곳에 신이 있다는 말이다.

양산 통도사 성파 큰 스님은 유일신과 다신의 몇 가지 차이점에 대해서 다음과 같이 설명했다.

먼저, 유일신 사상은 극단 논리와 통하지만, 다신 사상은 타협적이다. 유일신은 지배하면 자유 평화가 있고, 지배당하면 모든 걸 잃는다. 십자군 전쟁 등 전쟁 발발의 원인이 되기도 하지만 통일천하를 이루는 사상이 되기도 한다. 반면 타협적인 다신론은 타협해서 손실을 최소화한다. 예를 들어 불교가 한반도에 전래하면서 전통 샤머니즘과 습합되는 과정을 거친다. 원래 지역에 있던 샤머니즘은 전부 불교신들이 됐다. 타협하면서 각자 공생한 것이다. 둘째, 유일신은 유목인들의 사상이다. 내가 살기 위해서 전투적일 수밖에 없다. 전투하면서 자신의 세력권을 확대해 나간다. 반면 다신사상은 정착 농경민족에서 나타난다. 한 곳에 거주하며 땅에 의존하면서 세세생생 산다. 구성들은 거기에 동화해야 한다. 전투 대신 타협과 수용으로 살아가는 방식을 선택한다.

이러한 동양의 자연신 숭배사상은 상고시대부터 유지됐고, 고대 들어서는 자연신 위에 인격신이 살짝 덧씌워지기 시작한다. 자연의 위대한 힘을 빌려 국가가 탄생하는 시기와 맞물려 국가통치의 힘을 거대한 자연으로부터 물려받았다는 사실을 강조했다. 이는 권력의 정당성과 합리적 통치를 위한 일환이었다.

한반도의 첫 국가인 고조선을 통해서도 그 사실을 알 수 있다. 고조선의 왕인 단군은 수천 년간 나라를 다스린다. 자신은 자연을 다스리는 천신의 아들이고, 하늘의 뜻을 받들고 죽어서도 국가를 보호하고 방어하기 위해 산신이 됐다고 전한다. 『삼국유사』 고조선 조에 그대로 나온다.

『위서』에 이렇게 말했다. 지금부터 2,000년 전에 단군왕검이 있어 아사달에 도읍을 정하고 나라를 열어 조선이라고 불렀으니, 바로 요 임금과 같은 시기이다. 『고기』에는 이렇게 말했다. 옛날 환인의 서자 환웅이 자주 천하에 뜻을 두고 인간 세상을 탐내어 구했다. 아버지가 아들의 뜻을 알고는 삼위태백을 내려다보니 인간을 널리 이롭게 할 만하여, 즉시 천부인 세 개를 주어 내려 보내 인간세상을 다스리게 했다. 환웅이 무리 3,000명을 거느리고 태백산 꼭대기 신단수 아래로 내려왔다. 이곳을 신시神市라 하고 이 분을 환웅천왕이라 한다. 풍백風伯(바람신)·우사雨師(비신)·운사雲師(구름신)를 거느리고 곡식, 생명, 질병, 형벌, 선악 등 인간 세상의 360여 가지 일을 주관하여 세상을 다스려 교화했다. 그 당시 곰 한 마리와 호랑이 한 마리가 같은 굴속에 살고 있었는데, 항상 환웅에게 사람이 되기를 기원했다. 이때 환웅이 신령스러운 쑥 한 다발과 마늘 스무 개를 주면서 말했다. "너희가 이것을 먹되, 100일 동안 햇빛을 보지 않으면 곧 사람의 형상을 얻으리라." 곰과 호랑이는 그것을 받아먹으면서 삼칠일 동안 금기했는데, 곰은 여자의 몸이 되었지만, 호랑이는 금기를 지키지 못하여 사람의 몸을 받질 못했다. 웅녀는 혼인할 상대가 없었으므로 매일 신단수 아래에서 아이를 가질 수 있게 해 달라고 빌었다. 환웅이 잠시 사람으로 변해 그녀와 혼인하여 아들을 낳았으니 단군왕검이라고 불렀다. 단군왕검은 당요唐堯가 즉위한 지 50년이 되는 경인년에 평양성에 도읍을 정하고 비로소 조선이라고 불렀다. 다시 도읍을 아사달로 옮겼으니, 그곳을 궁홀산弓忽山 또는 금미달이라고 부르기도 한다. 그는 1,500년 동안 이곳에서 나라를 다스렸다. 주나라 무왕이 즉위하던 기묘년에 기자를 조선에 봉했다. 이에 단군은 장당경으로 옮겼다가, 그 후 아사달로 돌아와 숨어 살면서 산신山神이 되었는데, 이때 나이가 1,908세였다.

믿거나 말거나 같은 기록에서 우리는 몇 가지 중요한 역사적 사실을 유추할 수 있다. 환웅, 태백산, 신단수, 쑥, 마늘, 곰, 호랑이, 삼칠일,

(동)굴, 100일, 단군 등의 용어들이다. 이는 레비 스트로스Claude Levi Strauss 구조주의 인류학의 신화 분석에 근거하여 접근해 볼 수 있다.

환웅은 천상이고, 곰이나 호랑이, 쑥과 마늘은 지상에 사는 동식물이다. 하늘과 땅의 대비로 볼 수 있다. 하늘과 땅, 식물과 동물의 대립이 나타난다. 이러한 대립적 구조는 당연히 제3의 탄생을 예측할 수 있다. 노자의 1은 2를 낳고, 2는 3을 낳는 자연과 우주의 기본원리와 같다.

동굴에 살 수 있는 동물은 곰이다. 동굴은 여자의 자궁을 상징한다. 짐승이 인간이나 신이 되기 위해서는 여자의 자궁에 들어갔다 나와야 하는 과정을 반드시 거쳐야 한다. 이는 세계 공통으로 나타나는 신화의 한 형태와 맥이 같다. 곰은 동굴이라는 자궁에 들어가 삼칠일이 지난 후 인간으로 변한다. 남성이 아닌 여성으로 변하는 이유는 천상의 신이 남성이기 때문이다. 구조주의의 대립구조이며, 초기에 여성신이 나타나는 시대적 배경이기도 하다.

삼칠일이라는 숫자도 매우 의미심장하다. '3'이라는 숫자는 노자의 우주원리와 크게 다르지 않다. 한민족도 그 문화권의 영향을 받았다. 이른바 천지인, 3을 가리킨다. 완전체 숫자를 의미하며, 대립이 새로운 통합을 낳은 것이다. 7은 3과 4의 합이며, 4는 동서남북 사방위를 뜻한다. 그래서 7은 모든 세상을 뜻하게 된다. 100일이라는 기간도 지금 우리가 흔히 사용하는 100일 잔치, 100일 기도 등 우리 민족의 숫자와 무관하지 않다. 인간으로서 더욱 완성체를 이루는 기간과 한고비를 넘기는 상징적인 기간으로 자리매김한다.

태백산과 신단수는 천상과 지상을 연결하는 매개체이다. 따라서 단군신화는, 인간은 하늘과 땅의 결합 산물이며 자연은 인간이 살아갈 모든 조건을 갖췄다는 이야기로 연결되는 것이다. 구조주의 신화 해석으로 본 단군신화의 동양사상적 배경이다.

이러한 의미를 바탕으로 역사적 사실에 하나씩 접근해보자. 단군왕검이란 개념에서 단군은 제사장을 의미하고, 왕검은 군왕을 뜻한다. 따라서 당시 제정일치의 사회라는 사실을 알 수 있게 해준다. 풍백 · 우사 · 운사는 농경에 필요한 비 · 바람 · 구름을 나타내며, 농경사회를 암시한다. 곰과 호랑이는 당시 사회가 동물숭배사상, 즉 토테미즘 사회란 것을 엿보게 한다.

천부인 세 개는 신의 위력과 영검한 힘의 표상이 되는 신성한 부인符印을 이른다. 인류학자들은 당시 사회 분위기와 권력의 상징을 나타내는 '거울 · 칼 · 방울'로 추정한다. 이는 청동기사회의 대표적인 상징물이기도 하다.

이를 근거로, 단군신화에 나타난 문화적 특수성은 첫째, 산에 사람들이 살았고, 둘째, 청동기 문화를 사용했고, 셋째, 농경사회와 토테미즘 사회라는 사실을 파악할 수 있고, 넷째, 제정일치의 사회라는 것을 알 수 있게 해준다.

이같이 신화는 눈에 보이지 않은 세계를 상상하면서 역사라는 눈에 보이는 요소를 끄집어내는 작업이다. 따라서 신화와 역사는 떼려야 뗄 수 없는 연결고리이다.

신화는 그 민족의 이데올로기를 담고 있다. 신화를 신의 이야기나 허황한 이야기로만 믿어서도 안 되지만 그것을 또한 신화 그 자체로 해석해서도 더더욱 안 된다. 그 안에 숨어 있는 역사적 사실을 봐야 한다. 신화를 통해 인간의 지혜를 엿볼 수 있고, 인간의 무한한 상상력과 창의성을 볼 수 있다.

신화는 명확히 역사의 디딤돌이다. 역사는 신화 없이 시작될 수 없으며, 신화를 통해 역사를 볼 수 있다. 신화는 글자 그대로 신의 이야기이지만 엄격히 말하자면 인간으로 태어난 인물을 신격화시킨 이야기다. 따라서 신을 통해 인간의 본모습을 볼 수 있으며, 신화를 통해 신화와 역사 사이의 단절적이지 않은 다양한 연결고리를 찾을 수 있다.

신화로 변별되는 신비로운 역사로서의 '역사적 신화'와 허구적 이야기가 덧붙여진 역사로 변별되는 '신화적 역사'가 대비된다. 양자는 모두 인간의 신화적 사고에 근거한다. 한 민족의 '집단기억'이라는 고리를 통해 역사와 신화는 서로 분간될 수 없는 '회색지대'를 가진다. 그런 면에서 한국의 산신은 가장 이상적인 신화가 된다. 또한, 한국에서 신의 기원은 산신이라고 감히 장담할 수 있는 근거가 된다.

02

산신은 누구인가?

자연신과 인격신, 산신을 어떻게 볼 것인가?

한반도는 산지가 70%가량 되기 때문에 한민족의 신앙은 산과 밀접한 관련이 있다. 단군 시조가 산에서 내려왔고, 죽어서 산신이 됐다. 한민족의 산악숭배는 산신신앙으로 그대로 표출된다. 한민족의 시조 단군은 또한 산신의 시조이기도 하다.

한국엔 수많은 산신이 존재한다. 그 산신들을 일일이 거론하기는 사실상 불가능하다. 밝혀진, 혹은 알려진 산신을 파악하는 작업만으로도 산신에 대해서, 아니 우리 민족성과 문화에 대해서 어느 정도 파악할 수 있지 않을까 싶다.

사실 신의 세계를 인간이 정확히 파악할 수는 없다. 신은 기본적으로 보이지 않은 정신세계의 문제로서 정확히 규명하기란 불가능하다. 신을 규명하려는 문제는, 혹은 신과 관련한 문제를 파악하려면 자연히 사회지배구조와 배경, 사상과도 밀접한 관련을 있다고 볼 수밖에 없다. 왜냐하면, 보이지 않은 부분은 위정자들이 이데올로기로 이용하기 가장 좋은 주제이기 때문이다. 산신도 그런 상황에서 벗어나지 않는다. 특히 고대사회의 지배이데올로기는 항상 산신과 연관성을 가진다. 우리는 산신의 객체를 파악하기 위해서 그 당시의 시대적 상황과 인간의 의식적인 문제를 관련지어 살펴봐야 한다.

세계의 대표 신화라고 할 수 있는 그리스 신화도 마찬가지다. 올림포스산은 모든 신의 거처이다. 그리고 각각의 산과 지역마다 모시는 신들이 각각 다르다. 지역마다, 산마다 신들이 다르다. 올림픽이 처음 열린 올림피아는 최고의 신 제우스이다. 아테네는 전쟁의 여신 아테나다. 처녀의 신이라고도 한다. 아테네 신전이 있는 아테네의 파르테논 신전이 바로 처녀의 집이라는 뜻이다. 태양의 신이자 음악 예술의 신인 아폴론의 신탁을 했던 델피의 신이다. 이처럼 지역마다 신들이 다 다르다. 산과 신과의 관계도 재미있고 의미가 있다.

여기서 우리는 과연 산신을 실체적으로, 아니면 산악숭배의 정신적 대상으로 볼 것인가의 문제를 고민해볼 필요가 있다. 다르게 표현해서, 인류문명의 태동과 더불어 고대 산악숭배신앙으로부터 출발한 산신을 독립적인 하나의 신으로 볼 것인가, 아니면 샤머니즘의 한 부분으로 볼 것인가의 문제로 구분할 필요가 있다.

먼저, 산신을 하나의 독립적 신으로 보자면 다양한 형태를 지닌 무형의 신들이 내재화해서 신격화되어 나타났다고 볼 수 있다. 인간이 자연에 대해 두려움과 공포를 느꼈을 당시 모든 자연계에 신이 깃들어 있다고 본 초기 신의 형태가 이에 해당한다. 자연신과 같은 토속적 산신령의 형태일 수도 있고, 본향산신으로도 파악할 수 있다. 단군을 제외하고는 산신의 구체적인 형태파악이 사실상 불가능하다. 그리스신화에서 볼 수 있는 '산신 계보도' 같은 것도 존재하기 어렵다. 하지만 신과 관련한 무한한 이야기, 즉 신화는 무궁무진하게 나올 수 있다. 흔히 산신의 전형

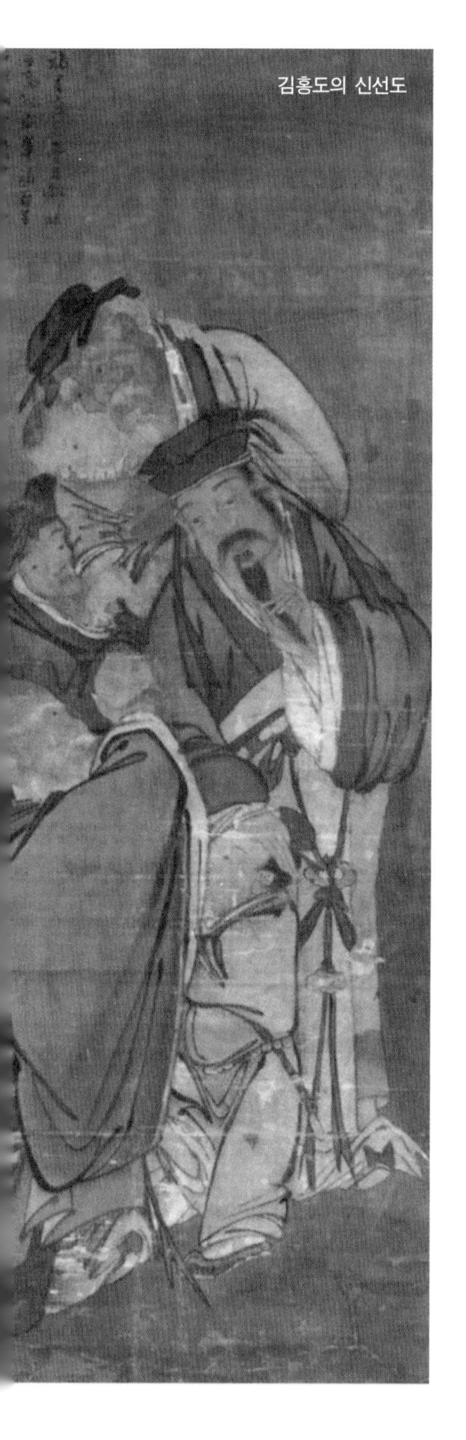
김홍도의 신선도

으로 나타난 산신도에는 바로 호법신으로 산신이라는 인격신과 그 화신인 호랑이로 그려졌다. 인격신으로서의 산신은 나이 든 도사 같은 할아버지의 모습이고, 호랑이는 산에 사는 맹수 중에 최고의 위협적인 존재이면서 신성시되는 동물로 상징화됐다. 이처럼 산신을 독립적인 산신의 한 형태로 보자면 자연신일 수도 있고, 자연신 위에 인신(인격신)이 덧씌워져 나타날 수도 있다. 이 책에서 규명하고자 하는 신의 형태다.

두 번째로, 산신을 무속신앙의 한 부분으로 보자면 산신의 범주는 엄청나게 확대된다. 단군의 천신계, 장군신 · 영웅신과 같은 인신계, 가택신계, 잡신계 등 이루 헤아릴 수 없을 정도로 복잡하고 다양하게 등장한다. 천신계부터 잡신계까지 계보도도 만들 수 있지만 별 의미가 없어 보인다. 제각각의 성격과 특성을 보이고 있기 때문이다. 다시 말해 이때의 산신은 수직적이 아니고 수평적이라는 의미다. 무속인들은 "산신은 단군신을 제외하고는 전부 수평적"이라고 말한다. 그리고 "많은 산신이 동시에 나타나야 영험하다"고 강조한다. "무속인이 신발神發을 제대로 받을 때는 단군 산신 이외 최영 장군 산신, 조상 산신 등 다양한 산신이 잇달아 등장한다."고 주장한다.

그런데 무속신앙의 산신에서는 두 가지 뚜렷한 특성을 드러낸다. 하나는 중층성이고, 다른 하나는 조상의 성격이다. 중층성은 신령들이 다차원적으로 겹겹이 얽혀 존재하는 것을 말한다. 예컨대 천궁대감은 천궁에 있는 천신계의 신령인데, 그 대감이 산신계에서는 도당대감, 장군신계에서는 조상대감이 되고, 잡귀신계에서는 터줏대감으로 나타난다. 중층성은 불교의 화엄세계를 연상시킨다. 광대하게 장식된 탑 안에 수백 수천의 탑들이 또 들어 있다. 헤아릴 수 없을 정도의 탑들이 나름 제각각 의미와 존재의 가치를 지니고 있다는 것이다. 수많은 신의 형태로 나타난다. 불교신일 수도, 조상신일 수도 있다. 샤머니즘 산신의 세계에서 부정적으로 나타나는 것은 결국 업業(불교의 카르마karma)의 관계로 맺어졌기 때문이다. 이를 제대로 풀려면 샤머니즘의 세계나 종교의 힘을 빌릴 수밖에 없다.

한국 무속신앙의 산신에서 또 다른 특성은 조상성이다. 전통무들은 산신을 넓은 의미에서 모두 조상으로 여긴다. 그것이 잡귀신이든 중국에서 유래된 신령이건 간에 모두 우리 민족과 사회를 구성하는 요소를 본다. 유교의 조상개념보다 훨씬 넓고 깊은 특성을 보인다.

사실 산신은 동양의 여러 자연신 가운데 가장 대표적이면서 막강한 힘을 가진 신이다. 동아시아에서 나타나는 공통적인 현상이다. 한국에서는 산신이며, 일본에서는 신도다. 일본 천왕은 바로 신도의 후손, 즉 산신의 후손으로 추앙받는다. 이 같은 점으로 볼 때, 한일의 산악신앙은 다소 유사한 형태를 띤다. 반면 중국은 한국과 일본보다 훨씬 다양하고 복잡하다. 단순화시키면 태양신 복희와 달의 신 여와에서부터 시작되어,

반고라는 신화에서 출발한다. 산악신앙 훨씬 이전부터 인류출발의 신화가 흐르고 있는 것이다. 산신은 그 한 부분이다. 이른바 옥황상제나 염제, 신농, 축융 등도 중국 오악의 산신으로 절충해서 좌정해 있다.

우리의 산악숭배, 즉 산신신앙은 앞에서 언급했다시피 한민족의 출발과 같이한다.

단군 이후 상고시대는 기록이 없어 제대로 파악할 수 없다. 고대 들어서 국가가 형성되기 시작하면서 산신은 국가를 통치하기 위한 수단으로 본격 등장한다. 토함산 산신 석탈해가 대표적이다.

자연신 상태에서는 단군을 제외하고는 신 대부분은 여산신이 좌정한 것으로 알려져 있다. 우주의 음양에 따라 하늘은 양이고, 땅은 음이라는 사실에 비춰, 하늘에서 내려온 신인 단군은 양이고, 산에 원래 있었던 자연신은 여성성으로 좌정했던 것으로 보인다. 자연신의 원형은 제대로 파악할 수 없을 뿐만 아니라 서로 비슷할 수밖에 없다. 실체가 없기 때문에 토속적 산신령의 본향으로서만 설명이 가능할 뿐이다.

그런데 벼를 발견하고 농경생활을 하면서 정착하기 시작한 인류는 수렵채취 생활 때 종족유지 차원에서 중요시했던 여성보다 힘을 바탕으로 한 권력을 중요시하게 된다. 남성성이 사회 중심의 전면으로 떠오르게 된 것이다. 당연히 남성이 산신으로 자연신 위에 덧씌우는 과정이 나타난다. 이 책에서 인격신으로 설명되는 산신들은 대부분 정착생활을 시작한 고대사회부터 등장하는 것은 이러한 시대적 배경을 바탕으로 하기 때문이다.

『삼국사기』에 명산대천을 대사 · 중사 · 소사로 나눈 의미

『삼국사기』에서 전국의 명산대천을 대사 · 중사 · 소사로 나눈 사실은 매우 중요하다. 여기에 해당하는 명산대천은 산신에 대한 국행제를 지냈기 때문이다. 국가적 제사를 지냈다는 사실은 어쨌든 제사의 대상이 되는 실체가 있었다는 사실을 방증하고 있다. 그게 자연신이든 인격신이든 상관없다. 무엇이든가, 누군가는 분명 좌정해 있다고 볼 수밖에 없다.

신라의 대사 삼산三山은 경주를 중심으로 수도를 방어하는 호국의 성격이 강했다. 경주에 있는 나력奈歷산, 영천에 있는 골화骨火산, 청도에 있는 혈례穴禮산 등 경주를 둘러싸고 있는 세 개의 산에 좌정한 산신의 힘을 빌려 수도를 항상 방어할 목적으로 정했다. 중사인 오악은 통일신라 영토의 상징적 존재였다. 백제와 고구려 영토에 있던 주요 산을 하나씩 오악으로 지정하고 원래 전략적으로 중요시했던 산을 지정해, 나라에서 산신에 대한 제사를 지냈다. 오악은 동악 토함산, 서악은 백제 지역이었던 계룡산, 남악 지리산, 북악은 고구려 지역이었던 태백산, 그리고 중악은 공산(지금 팔공산)으로 지정, 기존 지배세력들을 다스릴 수 있는 전략적 요충지를 선택했다. 중사에는 이 외에도 전국의 군사적 거점지역을 골라 해안 등지에 사진사독四鎭四瀆 등과 '기타'가 있었다. 소사는 전국의 대표적 명산과 해안의 전략적 장소를 약 50개를 정해 지정했다. 지금 명산으로 삼는 전국의 산들이 전부 소사에 해당한다고 보면 된다. 『삼국사기』에 나오는 대사 · 중사 · 소사를 그대로 한번 보자.

『삼국사기』 권32 잡지 제1 제사 조에 '3산三山 5악五岳 이하의 명산대천에 지내는 제사는 대사大祀, 중사中祀, 소사小祀로 구분하였다'라고 나온다三山五岳已下名山大川 分爲大中小祀.

대사는 3산에서 지냈는데, 첫째는 나력산奈歷山, 둘째는 골화산骨火山, 셋째는 혈례산穴禮山이다大祀 三山 一奈歷 二骨火 三穴禮.

중사를 지낸 곳은 다음과 같다. 오악은 동쪽의 토함산吐含山(동악), 남쪽의 지리산地理山(남악), 서쪽의 계룡산鷄龍山(서악), 북쪽의 태백산太伯山(북악), 중앙의 부악산父岳山(중악)이다. 사진四鎭은 동쪽의 온말근溫沫懃, 남쪽의 해치야리海恥也里, 서쪽의 가야압악加耶岬岳, 북쪽의 웅곡악熊谷岳이다. 사해四海는 동쪽의 아등변阿等邊, 남쪽의 형변兄邊, 서쪽의 미릉변未陵邊, 북쪽의 비례산非禮山이다. 사독四瀆은 동쪽의 토지하吐只河, 남쪽의 황산하黃山河, 서쪽의 웅천하熊川河, 북쪽의 한산하漢山河이다. 이 이외에 속리악俗離岳, 추심推心, 상조음거서上助音居西, 오서악烏西岳, 북형산성北兄山城, 청해진淸海鎭에서도 중사를 지냈다中祀 五岳 東吐含山[大城郡] 南地理山[菁州] 西鷄龍山[熊川州] 北太伯山[奈已郡] 中父岳[一云公山 押督郡] 四鎭 東溫沫懃[牙谷停] 南海恥也里[一云悉帝 推火郡] 西加耶岬岳[馬尸山郡] 北熊谷岳[比烈忽郡] 四海 東阿等邊[一云斤烏兄邊 退火郡] 南兄邊[居柒山郡] 西未陵邊[屎山郡] 北非禮山[悉直郡] 四瀆 東吐只河[一云槧浦 退火郡] 南黃山河[歃良州] 西熊川河[熊川州] 北漢山河[漢山州] 俗離岳[三年山郡] 推心[大加耶郡] 上助音居西[西林郡] 烏西岳[結已郡] 北兄山城[大城郡] 淸海鎭[助音島].

소사를 지낸 곳은 다음과 같다. 상악霜岳, 설악雪岳, 화악花岳, 감악鉗岳, 부아악負兒岳, 월나악月奈岳, 무진악武珍岳, 서다산西多山, 월형산月兄山, 도서성道西城, 동로악冬老岳, 죽지竹旨, 웅지熊只, 악발岳髮, 우화于火, 삼기三岐, 훼황卉黃, 고허高墟, 가아악嘉阿岳, 파지곡원악波只谷原岳, 비약악非藥岳, 가림성加林城, 가량악加良岳, 서술西述小祀 霜岳[高城郡] 雪岳[遂城郡] 花岳[斤平郡] 鉗岳[七重城] 負兒岳[北漢山州] 月奈岳[月奈郡] 武珍岳[武珍州] 西多山[伯海郡難知可縣] 月兄山[奈吐郡沙熱伊縣] 道西城[萬弩郡] 冬老岳[進禮郡丹川縣] 竹旨[及伐山郡] 熊只[屈自郡熊只縣] 岳髮[一云髮岳 于珍也郡] 于火[生西良郡于大縣] 三岐[大城郡] 卉黃[牟梁] 高墟[沙梁] 嘉阿岳[三年山郡] 波只谷原岳[阿支縣] 非藥岳[退火郡] 加林城[加林縣 一本有靈嵒山虞風山 無加林城] 加良岳[菁州] 西述[牟梁].
(출처 네이버 지식백과 한국인문고전연구소)

대사 · 중사 · 소사에 포함된 산은 지금 현재 전국의 유명한 산들이 전부 포함된다. 이들 산에서 신라는 국가적 안녕과 평화를 위해 매년 국가적 제사를 지냈다. 자연 산신은 권위를 가질 수밖에 없었다. 이 때문에 권력자는 산신과 동일시하기 위한 노력을 꾀했을 것으로 보인다. 대사·중사·소사에 덧씌워진 인격신들에 최소한 지방 호족 이상의 귀족이 좌정한 이유가 바로 여기에 있다. 고대사회에서는 산신=권력의 상징이었기 때문이다. 대사·중사·소사에 좌정한 산신만이라도 전부 파악해서 규명할 수만 있다면 어느 정도 체계화가 가능할 것이다.

그리스도 산신이 있다?… 지역마다 수호신 달라

그리스의 역사와 신화는 한반도와 마찬가지로 산에서 시작한다. 천신의 아들 환인이 환웅을 태백산으로 내려 보내 곰에서 인간으로 화한 웅녀를 만나 아들을 낳는다. 그 아들이 바로 한민족의 시조이자 산신의 시조인 단군이다. 단군은 신시로 내려와 아사달에 도읍을 정하고 인간세상을 다스렸다고 단군신화는 전한다.

그리스신화가 시작되는 올림포스산Olympus(2,917m)은 그리스 반도의 북쪽에 있고, 그곳이 모든 신의 거처였다. 올림포스산만큼이나 자주 언급되는 그 남쪽의 파르나소스산Parnassos(2,200m)에 있는 델피 신전은 하늘의 뜻을 받드는 신탁神託(oracle)의 장소였다. 신탁은 제사장이었던 샤먼이 했고, 주변 모든 도시국가에서 신탁을 받기 위해 델피로 모여들었다. 당시 델피는 상업과 무역이 번성한 도시였고, '세계의 중심'이었다. 지구가 평평하다는 수평적 세계관과 인간은 평등하다는 평등사상의 출발점이 되기도 한다.

그리스 역시 한반도와 같이 반도이면서 산악국가여서 도시국가가 발달할 수밖에 없었다. 그리스의 면적은 13만2,000㎢이며, 이 중 약 6만㎢가 산지다. 전 국토의 50%가량 산으로 이뤄져 있다. 그나마 평지도 복잡한 지형 구조를 보여 사람이 경작 짓고 살만한 땅은 그리 많지 않다. 사람이 살만한 평야는 산간분지와 주요 하천의 하류부에 주로 있다. 따라서 그리스는 지형적으로 도시국가가 발달할 수밖에 없는 구조를 지녔다.

인간은 결국 자연환경의 영향을 받을 수밖에 없다는 말이다. 도시국가는 산간분지와 작은 평야지대를 중심으로 발달했다.

산악지형을 중심으로 발달한 도시국가들은 각각의 수호신을 숭배한다. 일부 중복되는 신을 모시기도 한다. 한반도의 각 산에서 개별적인 산신을 모시는 것과 마찬가지 형태이다. 그런데 한반도의 산신들은 왜 그 특정한 산에 좌정했는지 정확한 규명이 쉽지 않다. 하지만 그리스는 지형적으로 맞아떨어진다. 특정 신의 역할과 지역 환경적 조건이 부합하는 것이다. 이 점이 한반도 산신과 그리스 산신의 차이점이다. 한반도 산신이 왜 특정 산에 좌정했는지 규명하는 것은 앞으로의 과제이기도 한 부분이다.

그리스 파르테논 신전
아테네 여신이 모셔진 파르테논 신전이 지금 몇 년 째 공사 중이다.

여하튼 그리스 각 지역의 수호신은 지역적 특징과 지형조건과 매우 밀접한 관계를 맺는다. 각 지역의 수호신을 한 번 살펴보자.

세계 최초의 민주주의가 행해진 아테네에서는 파르테논 신전이 도시의 중앙에 우뚝 솟아 단연 돋보인다. 파르테논 신전은 고대 그리스의 상징이자 아테네 민주주의의 발상지이자 상징이기도 한 곳이다. 이 신전은 페르시아 전쟁 승리를 기념해서 아테네의 수호신인 아테네 여신에게 바치기 위해 BC 447~432년까지 15년간에 걸쳐 지었다. 파르테논은 그리스어로 '처녀의 집'이다. 세계문화유산 유네스코 로고의 상징물이기도 한 신전이다. 지금까지 남아 있는 고대 그리스의 건축물 가운데 가장 유명하고 가장 그리스적이며, 그리스 예술의 정점으로 평가받고 있다.

그런데 이 신전에는 최고의 신 제우스가 아니라 전쟁과 지혜의 신이자 수호신이기도 한 '아테나 여신'을 모셨다. 수도 아테네의 지명도 이 아테나 여신에서 유래했다. 그리스를 답사했을 때 아테네 현지 가이드에게 "그리스의 수도인데 어떻게 제우스가 아닌 아테나 여신을 모셨나"라고 물었다. 그 가이드는 "제우스 신전은 파르테논 신전이 조성되기 몇 백 년 전에 이미 평지에 세워져서 아크로폴리스로 옮길 수 없어 그냥 따로 모시게 됐다"고 설명한다. 실소가 나오는 편한 해석으로 들렸다.

여기서 우리는 고대 아테네가 제우스를 모실만한 최고의 도시가 아니라는 사실을 엿볼 수 있다. 또한, 최고의 신보다는 현실적인 지형과 상황에 맞는 신을 선택한 결과로 짐작된다. 끊임없는 전쟁으로 오히려 전쟁의 신이 더 필요했을 것이다. 당시 도시국가는 전쟁을 치르면서 때로는 연합을 꾀하기도 했다. 도시 간 전쟁 때는 휴전을 위해 올림픽을 개최했고, 페르시아와 수십 년간 전쟁을 할 때도 연합을 했다. 아테네는 전쟁의 신과 전쟁에 이길 지혜와 전략을 갖춘 신이 더 현실적으로 절실했다. 당연히 아테나신이다. 그 아테나신이 아테네의 가장 높은 곳 아크로폴리스 정 중앙에 세워졌음은 어찌 보면 아테나로서는 당연한 선택이었을 것 같다. 아테나 여신상은 제국주의 시대에 영국이 약탈해 가져가 지금 대영박물관에 전시돼 있다. 최고의 신 제우스 신전은 아크로폴리스 아래 평지에 있으며, 파르테논 신전이 아크로폴리스 정중앙에 아테네 도시 전체를 방어하고 외침을 감시하고 지배하는 듯한 모습을 띤다.

고대 도시 고린도에는 아폴론 신전이 있다. 아폴로 신전은 고린도의 황금기인 B.C 6세기에 태양의 신 '아폴론'을 모시기 위해 건립했다. 그리스 신전 중에 올림피아의 헤라 신전 다음으로 오래된 신전이다. 태양의 도시 같이 문화가 매우 번성했던 흔적은 지금 유적으로 고스란히 남아 있다.

아직 기둥 7개가 비교적 잘 보존된 아폴론 신전은 태양의 신 아폴론을 모셨다. 왜 태양의 신을 모셨을까? 아폴론은 아르테미스와 쌍둥이로 알려져 있다. 아르테미스 신전이 있는 곳은 터키의 에페소스. 바로 고대 7대 불가사의 건축물로 꼽히는 그 신전이다. 아르테미스는 인간의 양육자, 여성의 수호자 역할을 하는 여성전사 아마존이 아르테미스 신전을 세우고 숭배했다고 전한다. 그 대립적 개념으로 고린도에 태양의 신 아폴론을 모신 것으로 추정한다. 당시 고린도는 매우 번성한 도시로서, 태양신의 역할이 있었다고 믿고 있다.

반면 남쪽 우뚝 솟은 아크로고린도스Acrogorinthos(575m)엔 아프로디테 신전이 있다. 사랑의 신이다. 태양의 신 아폴론과도 대립하는 신일 수도 있다. 아프로디테 신전에서 종사한 수천 명의 젊은 여사제들은 종교적 행위를 빙자하여 지역 주민과 외국 상인을 상대로 매춘을 한 것으로 유명하다. 당시 남자들이 아크로고린도스에 가기 위해 줄을 설 정도였다고 한다. 이들이 벌어들인 외화는 상업 이외 고린도의 주요 수입원이 됐다. 거대한 상업중심지로서 희귀한 사치품들이 끊임없이 공급돼, 도시의 화려함과 사치는 극에 달했다고 한다. '고린도'라는 명칭은 헬라어로 '방탕함' '사치스러움' '성적 문란함'과 같은 말의 어원이 될 정도였다. 사랑이 넘쳐나는 도시였고, 밤마다 사랑의 소리가 들렸다고 전한다. 자연 사랑의 신이 모셔질 수밖에 없었던 것으로 보인다.

풍수적으로 고린도는 재물과 사람이 모이는 명당에 속한다. 본토와 반도를 연결하는 지협地峽 지점으로 번창할 수밖에 없는 위치다. 남쪽에 있는 아크로고린도스는 통바위 같은 암벽으로 기운이 넘친다. 지기地氣가 느껴질 정도로 강하게 올라온다. 각각의 신전 옆에는 우물이 있다. 그리고 바로 앞에 바다가 있다. 지기와 수기가 조화를 이룬 터다. 아래는 태양의 신으로 양이 넘치고, 위는 여성 신으로 음이 넘쳐난다. 남성과 여성, 양기와 음기, 수기와 지기, 완벽한 조화를 이룬다. 그 땅이 고린도다. 산 아래 아폴론 신과 산 위 아프로디테의 신, 즉 남성성과 여성성이 잘 대비되는 신의 구조로 짜여 있다.

고린도 고고학박물관엔 코와 머리가 잘려나간 석상들이 수북이 쌓여 있다. 현지 가이드는 "기독교인들이 처음 그리스에 왔을 때 다신을 믿었던 그리스에서 제일 먼저 한 작업은 신들의 조각상에서 코를 깨거나 두상만 잘라내는 일이었다."고 설명했다. 이 같은 작업은 유일신인 기독교에서 다른 신을 용납하지 않기 때문에 벌어진 행위라고 덧붙였다.

고대 올림픽이 열린 올림피아엔 최고의 신 제우스를 모신 제우스 신전이 있으며, 그 외에 헤라 신전과 펠롭스 신전 등도 있다. 올림피아엔 최고의 신 제우스가 모셔진 이유는 올림픽에서 찾아야 할 듯하다. 고대 올림픽은 도시국가 간의 전쟁을 쉬는 기간이었다. 일종의 축제였지만 사실은 축제 기간만큼은 도시국가 간 전쟁을 하지 말자는 합의를 지켜야 했다. 그러기 위해선 최고의 신 제우스가 중재해야 했다. 당연히 제우스가 휴전을 선포하고 출전 선수들은 경기에 열중할 수밖에 없었다. 그것도 발가벗은 채로. 발가벗은 채 올림픽에 출전한 것도 전쟁 때문이었다는 설도 있다. 인간의 원천적 동물성을 보여주면서 또한 무기를 가지지 않았다는 솔직함을 보여주는 양면성이 있다.

올림피아는 델피가 형성되기 이전인 B.C 1000년경에 대지신大地神의 신탁소로 알려져 있다. 제우스의 신역으로 전하는 곳은 헤라클레스가 만들었다고 전하는 벽으로 사방이 둘러싸여 있다. 이곳에서 4년마다 올림픽 경기가 치러졌다.

아테네 옆에 있는 해안도시인 수니온곶은 예로부터 군사·지리적으로 매우 중요한 해상요충지였다고 한다. 그래서 바다의 신 '포세이돈'을 모시는 포세이돈 신전이 있다.

아테네와 경쟁 도시로 유명한 스파르타는 아르테미스 신전에 달의 여신이자 사냥의 여신, 야생동물의 수호신으로 알려진 아르테미스를 모신다. 아르테미스는 출산의 여신이며, 사람과 짐승에 풍요함을 가져다주는 여신이다. 스파르타에서 아르테미스는 아르테미스 오르티아Artemis Orthia로 숭배됐다. 고고학적으로 오르티아는 도리아인이 숭배하던 여신이었다. B.C 1200년경 그리스로 이주해온 도리아인은 자신들의 여신 오르티아와 아르테미스를 합쳐서 숭배했다고 학자들은 추정한다. 스파르타는 강력한 전투력을 중시했으며, 전장에서 많은 승리를 거두기도 했지만 그만큼 많은 남성이 전사했다. 따라서 자연스럽게 풍요의 여신, 출산의 여신이 필요했을 것으로 유추할 수 있다.

인류 최초의 의사로 평가받는 히포크라테스의 고향인 코스 섬 아스클레피온 신전에는 의술의 신 '아스클레피오스'를 모시고 있다. 신전 유적은 펠로폰네소스 반도 동쪽의 에피다우로스에도 있다. 고대에는 실제로 많은 병자가 이곳을 방문해서 치료를 받고 휴양을 했다. 아늑하고 조용한 전형적인 휴양도시다.

델피 아폴론 신전
그리스에서 첫 신탁이 이뤄졌던 델피의 아폴론 신전이 기둥 몇 개 남지 않은 채 신화의 역사를 전하고 있다.

사모스 섬 헤레온Hereon마을에 있는 헤라 신전에 신성한 결혼의 여신 '헤라'를 모신다. 남편 제우스의 바람기 때문에 질투하며 속이 상한 헤라는 제우스가 상대한 여신과 여자들을 괴롭히는 내용으로 신화에 많이 등장한다. 헤라는 제우스와 동침한 다음 날 아침에 카나토스 샘에서 몸을 씻는다. 카나토스 샘에서 몸을 씻은 여성은 다시 처녀로 거듭나게 해주는 마법의 샘이다. 제우스는 항상 처녀와 동침하는 셈인 것이다. 신화에 따르면, 헤라는 사모스 섬에서 태어나고 자랐다고 전한다. 그녀가 사모스의 신으로 좌정한 이유다.

델피는 아폴론 신전이 있으며, 태양의 신 아폴론을 모신다. 아폴론 신전은 파르나소스Parnassos(2,200m)산이 병풍처럼 신전을 감싼다. 파르나소스산은 북쪽의 올림포스산만큼이나 자주 등장하는 유명한 산이다. 올림포스산이 신들의 거처였다면 파르나소스산은 하늘의 계시를 신들을 통해 받는 곳이었다. 신탁은 델피의 아폴론 신전에 인간의 운명을 맡겨놓았다는 의미다. 아폴론은 태양의 신, 음악의 신이기도 했지만 때로는 운명을 점치는 예언의 신이기도 했다. 아폴론은 시 · 음악 · 광명 · 예언 등에 능통했다. 예술의 여신인 뮤즈도 그의 밑에 있었다. 하늘의 뜻을 파악하기 위한 신탁을 위해서는 최고의 신이 필요하지 않고 세상을 밝게 비추는 태양의 신이 적격이었을 것으로 추정된다. 당시 도시국가의 왕들은 신탁을 받기 위해 끊임없이 사자를 보내 상업, 무역으로 매우 성업했다.

그리스인들은 델피가 세계의 중심이라고 믿었다. 그리스 전설에 따르면, 최고의 신 제우스가 세계의 중심을 향해서 동쪽과 서쪽으로 두 마리의 독수리를 날려 보냈더니, 독수리가 날아와 만난 장소가 델피라고 전한다. 그 장소가 바로 세계의 배꼽이라고 하는 '옴파로스Ompharos(그리스어로 배꼽)'다. 이집트 피라미드는 삼각형으로 된 수직적 구조이지만 신전은 사각형으로 같은 높이로 같은 기둥이 건물과 하늘을 떠받친다. 수평적 사고의 핵심이고, 누구나 평등하다는 사고를 하게 하는 민주주의의 사상적 원천이 되는 구조라고 말한다. 당시 그리스인들에게 지구는 평평하다는 사고를 갖게끔 한 핵심 사상의 원천이 바로 여기 있는 것이다.

이처럼 각 도시엔 각각의 환경적 조건과 상황에 맞는 수호신을 모시고 있었다. 그 수호신은 그 지역의 성격과 지형적 조건에 딱 맞아떨어졌다.

03

●

산신의 실체?

산신의 개념

우리가 절에 가면 대웅전 뒤 정상 가장 가까운 쪽에 산신각이 있다. 어떤 절에서는 산령각, 다른 절에서는 삼성각, 또는 산신각을 쓰기도 한다. 간혹 칠성각과 독성각이 따로 있기도 한다. 일반적으로 가장 많이 있는 것이 삼성각이다.

삼성각은 산신, 독성신, 칠성신을 한 자리에 합쳐 놓은 전각을 말한다. 산신도만 따로 모셔놓으면 산신각 산령각이고, 독성신을 모셔놓으면 독성각, 칠성신을 모셔놓으면 칠성각이다. 흔히 산신은 재물을 가져다주는 전통 신으로 알려져 있다. 아마 최초의 산신 성격은 제한적이지 않았을 것인데, 시대가 흐르면서 독성과 칠성신이 같이 좌정하면서 한 가지 성격으로 정착된 것으로 보인다. 따라서 신도 시대에 따라 변한다는 사실을 엿볼 수 있다. 독성신은 홀로 깨우쳐 득도한 기복신앙의 대상이다. 칠성신은 인간의 수명과 장수무병과 관련한 신이다. 북두칠성에 있는 삼신할머니에게 명줄을 받아 태어나고, 삶의 길흉과 화복은 모두 북두칠성이 주관한다고 우리 선조들은 믿었다. 인간의 수명을 관장하는 신인 셈이다. 칠성은 따라서 건강과 장수를 주관하고 특히, 어린아이의 수명을 수호하는 신으로 믿어졌다. 일본에서는 지장보살과 밀접한 관련이 있다.

그런데 오대산 상원사 삼성각 가는 길에 다음과 같은 안내판이 있다.

> 삼성 신앙은 불교가 한국사회에 토착화하면서 고유의 토속신앙이 불교와 합쳐져 생긴 신앙형태이다. 전각은 보통 사찰 뒤쪽에 자리하며, 삼성을 따로 모실 경우에는 산신각, 독성각, 칠성각 등의 명칭을 붙인다. 산신은 한국의 토속신 산신령에 해당하는 호법선신으로 산신이라는 인격신과 화신의 호랑이로 나타난다. 인격신으로서의 산신은 나이 든 수행자의 모습이고, 호랑이는 대부분 산에 위치한 사찰의 특성을 반영하는 것으로 보인다. 독성은 홀로 선정禪定을 닦아 독수성獨修聖이라 불린 나반존자那般尊者를 일컫는다. 칠성은 수명 장수신으로 일컬어지는 북두칠성을 뜻하며, 도교사상과 불교가 융합되어 생긴 신앙이다. 대개는 손에 금륜을 든 치성광여래熾盛光如來를 주존으로 하여 일광보살과 월광보살을 좌주에 협시로 둔다.

여기서 새롭게 등장하는 나반존자와 치성광여래에 대해서 조금 더 살펴볼 필요가 있다. 나반존자는 우리나라 불교에서만 숭상하는 신앙의 대상 중 하나로 알려져 있다. 『한국민족문화대백과』에 따르면 '나반존자라는 명칭은 석가모니의 10대 제자나 5백 나한의 이름 속에 보이지 않고, 불경 속에서도 그 명칭이나 독성이 나반존자라는 기록을 찾아볼 수 없다. 중국의 불교에서도 나반존자에 대한 신앙은 생겨나지 않았다. 나반존자에 대한 신앙은 오직 우리나라에서만 찾아볼 수 있는 신앙형태이다. 우리나라 사찰에 모셔지는 나반존자의 모습은 하얀 머리카락을 드리우고 있으며, 눈썹은 매우 길게 묘사되어 있고 미소를 띤 경우가 많다. 이에 대해 최남선崔南善은 "절의 삼성각三聖閣이나 독성각獨聖閣에 모신 나반존자는 불교의 것이 아니라 민족 고유신앙의 대상이다. 옛적에 단군을 국조로 모셨으며, 단군이 이후 산으로 들어가서 산신이 되었다고도 하고 신선이 되었다고도 하여 단군을 산신으로 모시거나 선황仙皇으로 받들었다. 그래서 명산에 신당을 세우고 산신 또는 선황을 신봉하여왔다. 불교가 들어오면서 그 절의 불전 위 조용한 곳에 전각을 세우고 산신과 선황을 같이 모셨으며, 또 중국에서 들어온 칠성도 함께 모셨다"라고 했다. 이는 나반존자 상을 단군의 상으로 파악한 것이다. 그러나 불교계 일부에서는 나반존자를 모신 독성각 건립에 대한 기록이 조선 후기에만 나타나고 있기 때문에 불교의 전래시기에 이를 포섭하여 모신 것으로는 보지 않고 있다. 그리고 나반존자를 말세의 복밭으로 보고, 복을 줄 수 있는 아라한의 한 사람으로 신앙하고 있으므로, 18나한의 하나인 빈두로존자賓頭盧尊者로도 보고 있다.'

치성광여래는 『두산백과』에 따르면 불교에서 북극성을 부처로 바꾸어 부르는 이름이라고 한다. '도교에서 유래한 칠성신앙을 불교에서 받아들여 그 중 북극성을 부처로 바꾸어 부르는 이름이다. 북두칠성은 칠여래七如來, 해는 일광변조소재보살日光遍照消災菩薩, 달은 월광변조소재보살月光遍照消災菩薩로 바꾸어 부른다. 북극성은 그 빛이 밤하늘의 별 중 가장 밝아 치성광熾盛光이라는 명칭이 붙었으며 묘견보살妙見菩薩이라고도 한다. 치성광을 내뿜어 해와 달, 그리고 별과 그 별이 머무는 자리 등 빛이 있는 모든 곳을 다스린다. 불교가 우리나라 재래의 민간신앙을 흡수한 예로, 다른 나라 불교에서는 찾아볼 수 없다. 사찰에서는 다른 불상처럼 조각상으로 꾸민 예는 없고, 칠성각 또는 삼성각에 후불탱화로 모신다. 일광여래 · 월광여래와 함께 삼존불을 이루고 주변에는 칠여래와 칠원성군이 배치된다. 아이의 수명을 관장하고 재물과 재능을 준다고 하여 예로부터 민간에서 많이 믿었다. 특히 약사불과 비슷한 역할을 한다고 하여 자식이 없거나 아들을 낳고자 하는 여자, 자녀의 수명을 기원하는 이들이 많이 믿었다.'

그런데 중국을 여러 번 답사하던 중에 재미있는 사실 하나를 발견했다. 중국의 민간 신 중에 가장 영험하다는 관우 산신에 대한 내용이다. 중국에서 넘어온 산신들이 제법 된다. 그중에 대표적인 산신이 관우산신이다. 관우(혹은 관제)신은 원래 장군신으로 수호신의 성격을 띤다. 임진왜란이 일어났을 때 명나라 군사들이 한반도에 쳐들어온 왜군을 무찌르기 위해 왔을 때 자신을 보호하기 위해 용맹한 관우 부적을 몸에 지니면서 유래한 것으로 알려져 있다. 부적으로만 존재하다가 전쟁이 끝난 뒤 중국으로 돌아가지 않고 한반도에 정착한 중국인들이 신으로 모셨다. 그게 현재 알려진 관우신이다. 이후 자연스럽게 산신으로 좌정했다. 원래 한반도로 들어올 때의 모습인 장군신으로서였다. 그런데 정작 중국에서는 재물신으로 변신했다. 어떻게 재물신으로 변신했을까 궁금해서 현지 관계자들에게 물어보았다. 그럴듯한 대답이 돌아왔다. 관우는 원래 유비, 장비와 도원결의를 하기 전 대부호의 문지기였다고 한다. 문지기를 매우 잘 해 모든 사람의 칭송이 자자했다고 중국인들은 전한다. 그래서 자연스레 재물신으로 좌정하게 된 것으로 추정한다고 했다. 그런데 더 재미있는 사실은 홍콩에서는 원래의 장군신으로 호신용으로 널리 이용되고 있었다. 홍콩 현지에서 확인한 사실이다. 홍콩 경찰과 조폭이 각각 출동하고 싸우러 나갈 때 서로 관우 부적을 몸에 지니고 나간다. 용도는 우리와 비슷한 셈이다. 결국, 관제신은 우리나라와 홍콩에서는 보호 · 수호신으로, 정작 원래 장군이었던 중국에서는 재물신으로 좌정하고 있다. 관제신으로서의 관우는 중국에서는 상인들에게는 매우 존중받는 신이다. 상인들은 신의를 존중하기 때문에 관제신을 서로 주고받으며 서로의 신뢰를 확인한다고 한다. 이는 아마 유비·관우·장비가 했던 도원결의에서 유래한 것이 아닌가 추정할 수 있다. 서로 배신하지 않고 영원히 신의를 굳건히 지키자는 의미가 강할 것이다. 이처럼 하나의 신이라도 지역에 따라, 시대에 따라 조금씩 변하는 사실을 확인할 수 있다. 동양에서의 신에 대한 개념을 조금 엿볼 수 있는 부분이다.

신에 대한 다양한 형태와 모습이 존재할 텐데, 어떻게 산신각, 독성각, 칠성각뿐일까 하는 의구심이 든다. 이는 3이라는 숫자와 관련지어 유추할 수 있다. 추정컨대 3이라는 숫자는 동양에서 가장 중요한 천지인天地人을 의미하고 가장 안정적이기 때문에 이 세 개만 추대하고 좌정시킨 것 아닌가 판단된다. 또한, 사람이 살아가면서 제일 중요한 재물과 수명, 기복 외에는 더 필요한 게 있을까 하는 생각으로 연결된다. 이 세 가지면 모든 것을 아우를 수 있기 때문으로 추정된다.

김홍도의 삼성도

산신과 삼신의 차이

우리 할머니 할아버지들이 흔히 사용했던 개념 중에 삼신할머니라는 게 있다. 삼신할머니가 사실 우리 전통신앙, 아니 원시신앙의 한 형태, 즉 삼신三神신앙으로 볼 수 있다. 문명의 종교로 접어들어서도 원시적인 기복신앙은 그대로 존재한다. 한민족의 DNA에 변하지 않은 유전자의 한 본질이다.

원시신앙에서 종교가 형성되면서부터 나무나 바위의 신령은 인격신으로 탈바꿈하고, 기복을 위한 경문經文도 생기고, 무속인에 의한 굿도 생기면서 차츰 종교적인 체계로 발전하여 문화의 한 부분이 되고, 그림이나 조각이나 가무도 뒤따르게 됐다. 종교와 예술의 한 발전과정으로도 볼 수 있다.

그런데 우리 선조들이 흔히 손을 모아 빌면서 홍얼거리던 삼신할머니의 정체는 무엇일까? 여태 설명했던 대로 고대 샤머니즘이 생기면서 삼신할머니라는 인격신이 자연신에 덧씌워졌다. 그 인격신은 유형인지 무형인지 불분명하지만, 우리 할머니들이 홍얼거렸던 내용은 "우리 자식 손주들 건강하게 오래오래 잘 살아라"는 주문이 주류를 이룬다. 주문 내용으로만 볼 때 삼신은 명신命神의 성격이 강하다.

삼신이 수명과 관련되어 있다는 사실은 삼은 '산産'의 발음이 변형되었다고 해석될 수 있다. 이에 따르면 삼신의 삼자가 '삼三'을 뜻하기보다는 '산産'인 것이다. 아니, 삼과 산을 동시에 아우르기 때문에 삼인지 산인지 정확히 구분하기 어렵게 나타난다. 삼신신앙을 전승하고 있는 무속에서도 "첫째 신은 아기를 배게 해주는 신이고, 둘째 신은 아기를 낳게 해주는 신이고, 셋째 신은 아기를 키워주는 신"이라고 말한다. 포태신, 출산신, 생육신을 가리킨다. 확인된 사실은 아니지만 예로부터 산기도는 그저 기도행위로만 끝나는 것이 아니라 대개 야합野合이 뒤따르는 게 통상적이었다. 불임인 부인이 산기도를 통해서 임신했다고 전승되는 설화들이 많이 존재한다. 불임이 기도를 통해서 갑자기 임신이 가능해졌다면 지금은 얼토당토않은 얘기이지만 과거에는 흔히 있을 수 있는 이야기였다. 이를 다른 식으로 표현하면 야합이라는 것이다. 그 야합은 결국 포태신, 출산신, 생육신 모두를 포함하는 신으로 나타나는 것이다.

한민족에게 3이라는 숫자는 여러모로 의미가 깊다. 삼신을 때로는 세 개의 신으로 보는 측면도 있다. 삼으로 볼 때는 산신 할머니 혼자일 경우엔 산신이고, 둘이 있을 때는 산신 할아버지와 부부를 이루고 있고, 셋이라고 할 때는 산신 할머니가 셋이기 때문에 그렇다고 본다. 이때의 삼신은 산신과 일부 성격이 중복되어 나타나는 경우다.

결론적으로 삼신은 전통적으로 자식을 얻기 위한 기도의 대상으로 존재했던 신이었다. 반면 산신은 자연신으로 존재하다가 시대가 흐르면서 재물을 얻기 위한 기복신앙의 대상으로서 신으로 좌정했다고 보는 게 정설이다. 둘의 기본 성격부터 전혀 다르다. 삼신은 또한 앞에서 언급한 삼성각과도 그 성격이 다른 사실을 확인할 수 있다. 앞으로는 삼신과 산신, 삼성을 구분해서 파악할 필요가 있다.

산신의 의미 및 의의

산신의 개념을 이해하기 위해서는 한자 '무巫'자를 꼭 알아야 한다. 위에 있는 '一'자는 하늘이다. 아래의 '一'자는 땅이다. 하늘과 땅을 잇는 'ㅣ'자가 잇고 있다. 그 옆에 인간이 양옆으로 있는 모습의 글자다.

하늘의 '一'은 상상계이자 신의 세계, 저승이고 천국으로 상징될 수 있다. 반면 땅의 '一'은 현상계, 이승이고 인간세계로 볼 수 있다. 상상계와 현상계는 상호 보완의 관계다. 어느 쪽이나 홀로 존재할 수 없고, 서로 다른 쪽에 생명과 존재 이유를 준다. '무巫'자를 풀이하면, 하늘과 땅을 잇는 매개체가 인간(일부에서는 남과 여라는 주장도 있다)들이 지켜보는 가운데 축제를 벌이고 있는 형국을 나타낸다.

그러면 그 매개체가 무엇이냐? 무속에서는 매개체가 샤먼이다. 종교로 보면 다양한 우상으로 파생되어 나타날 수 있다. 이 우상을 하나로 보자면 유일신이다. 유일신은 기독교이고, 자연신으로 보면 다신으로 등장한다. 유일신은 서양에서, 다신은 동양에서 발전한다. 서양도 원래는 다신이었으나 기독교 이후 유일신으로 자리 잡는다. 사실 무속은 종교 이전의, 혹은 종교의 가장 원시적 형태라고 해도 과언이 아니다. 다시 말하면, 종교사의 첫 단계가 바로 무속이자 샤머니즘이다.

여기서 우리는 매개체를 산신으로 볼 수도 있다. 산신은 제정일치 고대사회에서는 제사장이었다. 단군도 제사장인 동시에 왕으로 군림했다. 단군왕검은 한국 산신 역사의 효시에 해당한다. 즉 산신의 역사가 한반도의 역사와 출발과 맥을 같이 하는 것이다.

산이라는 한자도 크게 달라 보이지 않는다. 산을 형상화한 하늘과 통하는 크고 작은 매개체 세 개가 하늘로 솟아 있다. 물론 이것은 산을 형상화한 상형문자이지만 '무巫'자와 연결하면 하늘과 통하는 크고 작은 신들의 개념으로까지 확대해석할 수 있겠다는 생각이 든다.

무속에서는 모든 산에는 산신이 있다고 굳게 믿고 있다. 한 개인에게도 산신이 있다고 본다. 죽어서 고향 뒷산에 묻혀 산신이 된다고 무속에서는 확신한다. 그래서 조상신이 무속에서는 매우 중요시되고, 무수히 많이 존재한다. 우리의 이름 없는 산에도 수많은 산신이 존재하고 있다.

그런데 세계적인 산에도 그 이름 자체에 산신이 있다는 사실을 알 수 있다. 에베레스트의 경우, 영국의 측량국장의 이름을 따서 에베레스트로 명명했지만 원래 명칭은 티베트에서는 초모 룽마Chomo Lungma라고 예로부터 불렀다. 초모는 '여신, 수도녀, 여주인'을 뜻하며, 룽마는 '산골짜기, 지역, 경지'를 뜻한다. 그래서 초모 룽마를 '대지의 여신 또는 세계의 여신'이라 부른다. 또 네팔에서는 사가르마타Sagarmatha라 부른다. 원래의 의미는 '하늘의 이마'이며, 여성성을 나타낸다고 한다.

이처럼 산신은 고대 이전 사회부터 원래 있었던 신이라고 볼 수밖에 없다. 특히 한국의 산신은 그 인물들을 면면히 분석하면, 신화와 역사의 복합형으로 나타난다. 훌륭한 업적을 남긴 역사적 인물이 제대로 대접을 못 받고 억울하게 죽어서 산신이 된 경우가 대부분이기 때문에 산신은 우리 역사의 한 부분이자 신화의 한 맥을 이룬다. 이를 연구해서 밝혀내는 부분은 우리 문화를 더욱 풍부하게 만든다고 확신한다. 이것이 바로 우리가 산신을 소홀히 할 수 없는 이유이자, 디지털 첨단시대에 와서도 산신을 알아야 하는 이유다.

이 같은 내용을 바탕으로 산신의 현대적 의미를 살펴보자. 첫째, 산신은 전승되는 한국의 전통적 문화의 큰 맥락을 이루는 한 부분이다. 한반도에서 산신을 제외한 신의 이야기는 성립될 수가 없다. 왜냐하면, 신의 이야기의 출발이 산신이기 때문이다. 신은 인간을 제대로 파악하면 알 수 있는 부분이다. 아직 한민족을 제대로 파악하지 않은 건 산신을 제대로 파악하지 않았기 때문이다. 산신은 인간과 떼려야 뗄 수 없는 관계이다. 인간이 있기 때문에 신이 존재하고, 신이 존재하는 이유는 인간이 있기 때문이다. 둘째, 한민족 DNA가 살아 있는 민족성의 한 형태이다. 우리는 어디를 가든지 산신을 얘기한다. 한민족에게 부정할 수 없는 부분이다. 유일신을 믿어도 산신 얘기는 한다. 누구나 한민족 고유의 DNA가 흐르고, 또한 간직하고 있기 때문이다. 셋째, 산신은 우리가 지켜야 할 문화이자 신의 한 형태이다. 넷째, 한류를 더욱 풍부하게 만드는 콘텐츠이다. 이를 바탕으로 앞으로 어떻게 산신을 활용하고 알려갈 것인가의 문제가 진정 앞으로 우리가 살아가야 할 시대의 현대적 과제이다. 미래의 과제라 해도 과언이 아니다.

결국, 산신을 안다는 것은 디지털 시대에 아날로그적 감성을 자극하고 우리의 고유문화를 알기 위한 작업의 일환이다. 이것이 우리가 산신을 알아야 할 절대적 이유이다.

제2부

한국의 산신들

1장

•

신라 중사中祀 오악의 신神들

동악 토함산, 단군 이후 첫 남男 산신 석탈해 왕 좌정
남악 지리산, 마고 · 노고신화 간직한 사실상 최고의 신
중악 팔공산은 갓바위 산신說
서악 계룡산엔 자연계 '산신 원형성' 유지
북악 태백산은 조선 초 단종이 산신으로
中祀 기타 속리산은 전형적 여성 산신

01

동악 토함산, 단군 이후 첫 남男 산신 석탈해 왕 좌정

대장장이 · 거인신화와 맞물려… 문무왕이 중앙집권화 수단으로 이용한 듯

고대사회의 도시 형성은 반드시 산과 강(=물)을 끼고 있어야 한다. 외침을 막거나 외침을 피할 수 있는 산과 거주하는데 필수품인 물은 생존의 필수조건이었다. 여기에 정착 생활을 하면서 농사를 지을 수 있는 평야가 있다면 완벽한 지형조건이다. 신라의 천년고도 경주는 이 모든 조건을 완벽하게 갖춘 도시이다. 더욱이 3개의 하천과 강이 자주 범람하면서 형성된 평야는 그야말로 옥토였다. 모두가 부러워하는 사람 살만한 땅이었다.

드넓은 평야에서 생산되는 식량은 풍부했다. 촌락이 생겨났다. 각각의 성씨가 촌락을 대표했다. 6개의 성씨가 시조가 된 촌락을 진한 6부라 한다. 이씨의 시조인 알평공謁平公, 최씨의 시조인 소벌도리공蘇伐都利公, 손씨의 시조인 구례마공俱禮馬公, 정씨의 시조인 지백호공智伯虎公, 배씨의 시조인 지타공祗陀公, 설씨의 시조인 호진공虎珍公 등이다. 이들이 합의에 따라 공동체를 운영했다. 6부족 합의체로 의사결정을 하는 과정은 신라 화백제도의 기원이다.

어느 날 새로운 성씨를 가진 3명이 새로운 문명을 가지고 잇달아 출현했다. 『삼국사기』 신라본기에 나오는 내용을 재구성해본다. 먼저 신라 건국시조인 박씨. 6부의 조상들이 각각 자제들을 이끌고 알천閼川 언덕에 모여, 덕이 있는 자를 임금으로 추대하고 나라를 세우고 도읍을 정하려고 했다. 그 순간 갑자기 하늘에서 나정 우물가에 번개처럼 이상한 기운이 땅으로 비치고 있었다. 사람들은 그곳을 얼른 찾아갔다. 경이로운 모습에 꿇어앉아 절을 하는 순간 흰말 한 마리가 사람을 보자 길게 울고는 하늘로 올라갔다. 알을 깨니 남자아이가 나왔다. 사람들은 모두 놀라면서 이상히 여겼다. 아이를 동천에 목욕을 시켰다. 몸에서 광채를 발했다. 주변에 있던 새와 짐승들이 따라 나와서 춤을 췄다. 이윽고 천지가 진동하고 해와 달이 청명해졌다. 표주박같이 생긴 알에서 나왔다고 해서 성은 박朴씨로 하고, 세상을 밝게 다스리라는 의미로 혁거세赫居世로 이름을 지었다. 혁거세가 자라자 진한의 여섯 촌장은 그를 왕으로 추대했다. 이렇게 세워진 나라가 서라벌이다. 따라서 박씨는 신라의 건국시조이며,

석탈해 위패 경주 월성 숭신전에는 신라 석탈해 왕의 위패가 모셔져 있다.

토함산 정상 토함산 정상비석 주변 바닥에 기와조각들이 흩어져 있다.

그와 관련된 얘기는 건국신화에 속한다. 고대 건국신화의 여러 부류 중에 박혁거세는 하늘에서 내려온 천신신화와 알에서 태어난 난생신화 모두를 아우른다.

이어 석씨가 등장한다. 박혁거세와는 조금 다른 동악 토함산 산신으로서의 석탈해는 바다(=물)와 관련된 용왕신화와 대장장이신화와 연결된다.

마지막으로 김씨가 나타난다. 신라 4대 왕 석탈왕 즉위 9년(서기 65년)에 나온다. 금성 서쪽 시림始林 숲에서 닭이 크게 운다. 석탈해 왕은 날이 밝자 표공瓢公을 파견하여 살펴보게 한다. 시림에는 황금으로 된 궤짝이 나뭇가지에 걸려있고, 흰 닭이 그 밑에서 울고 있었다. 돌아와 이 사실을 왕에게 알렸다. 왕은 궤짝을 열어보니 사내아이가 나왔다. 용모가 기이하게 뛰어났다. 왕은 크게 기뻐하며 군신들에게 이르기를 "이 어찌 하늘이 나에게 보내준 아들이 아니라 하겠는가?" 하며 거둬 길렀다. 황금 궤에서 나온 아이라는 뜻으로 김알지金閼智로 이름을 지었다.

석탈해왕 탄강유허비와 전각 석탈해가 동해를 거쳐 아진포구로 들어왔다는 그 주변에 석탈해 유허비와 전각이 있다.

세 시조는 신라가 멸망할 때까지 박씨 10명, 석씨 8명, 김씨 38명이 각각 왕으로 즉위한다. 이처럼 신라의 시조는 박혁거세이지만 4대에 가서는 탈해왕 석씨가 계승하고, 다시 박씨가 왕위를 잇다가 9대 벌휴부터 석씨가 다시 왕의 계통을 이어받는다. 그러다 13대 미추왕부터 김씨가 최초로 왕위에 즉위한다. 14대부터 16대까지는 다시 석씨가 왕위를 계승하다가 17대 내물왕부터 52대 효공왕까지 김씨가 왕위를 잇는다. 이후 3대는 다시 박씨가 물려받고, 마지막 경순왕에 이르러 김씨로 왕조의 끝을 맺는다.

이처럼 복잡한 왕력은 신라가 전형적인 부족국가라는 사실과 무시할 수 없는 호족세력을 반영한 결과다. 세 성씨의 연합체가 호족세력을 견제하며 국가를 운영했다는 사실을 알 수 있다. 이는 중앙집권체제에 걸림돌이 되기도 했다. 이 걸림돌이 역설적으로 철기문화라는 새로운 문물을 들여와 왜구와 외부세력 척결에 강력한 힘을 발휘했던 석탈해를 토함산 산신으로 좌정하는 결정적 변수가 됐다.

이들이 등장하고 진한 6부족이 살았던 알천을 중심으로 초기 신라(서라벌 시대)는 경주 시내에 호국과 방위의 개념으로 오악을 가진 것으로 전한다. 동악 토함산, 서악 선도산, 남악 금오산(봉), 북악 금강산(령), 중악 낭산이었다. 경주를 둘러싸고 있는 오악이다. 이를 흔히 통일신라시대의 '3산 · 5악'과 구별해서 '왕경 오악'으로 부르기도 한다. 이 같은 사실은 역사적 기록은 희미하지만, 신라 초기를 전공한 역사학자와 경주 향토사학자들 중심으로는 당연한 사실로 받아들인다. 왕경 오악은 경주를 둘러싸고 있는 야트막한 산으로, 전형적인 수도 서라벌 방위용으로 보인다. 역사서에 기록된 통일신라의 오악은 신문왕(재위 681~692)대를 전후해서 처음 등장한다. 신라 9주가 창설된 직후로 추정한다.

『삼국사기』 권32 잡지 제사 편에 나오는 I 장 '산신은 누구인가?' 부분에 소개했던 내용이다.

포 인근에 있는 석탈해왕 탄강유허비

3산 · 5악 이하 전국의 명산 · 대천을 나눠 대사 · 중사 · 소사로 한다. 대사 3산 중 1은 나력奈歷(습비산: 지금의 낭산), 2는 골화骨火(경주의 금강산), 3은 혈례穴禮(청도 오리산)이다. 중사에 속하는 5악 중에 동은 토함산, 남은 지리산(당시엔 地理山), 서는 계룡산, 북은 태백산, 중은 부악(공산이라 하며, 지금의 팔공산)이다. 중사는 또 사진 사해 사독으로 나눴다. 소사는 상악, 설악, 화악, 겸악, 부아악, 월내악, 무진악, 서다산, 월형산, 도서성, 도로악, 죽지, 웅지, 악발, 우화 등이 해당한다. (후략)…

석씨 후손들이 모여 매년 석탈해왕의 제사를 지내는 숭신전

이보다 앞서 『삼국사기』 권1 신라본기 석탈해 편과 『삼국유사』 기이 제1 제4대 탈해왕 편에는 일찌감치 '동악'이란 개념이 등장한다. 『삼국사기』에 나오는 석탈해에 관한 내용을 추려서 재구성하면 다음과 같다.

탈해이사금脫解尼師今(혹은 吐解라고도 함)이 즉위(AD 57년)하니 그때 나이 62세이며, 성은 석昔씨요, 비妃는 아효부인이었다. 탈해는 본디 다파라국 출생으로, 그 나라는 왜국의 동북 1천 리쯤 되는 곳에 있었다. 처음에 그 국왕이 여국왕의 딸을 데려다 아내로 삼았더니, 아이를 임신한 지 7년 만에 큰 알을 낳았다. 왕이 말하기를 "사람으로서 알을 낳는 것은 상서롭지 못한 일이니 버리라"고 했다. 그런데 그 아내는 차마 그리하지 못하고 비단에 알을 싸서 보물과 함께 궤짝 속에 넣어 바다에 띄

석탈해왕의 무덤 숭신전 옆 석탈해왕 무덤에 대해 석탈해왕의 무덤이 아닐 가능성이 높다고 말한다.

워 갈대로 가게 내버려 두었다. 그것이 처음 금관국(지금의 김해 지방) 해변에 가서 닿으니, 금관국 사람은 이를 괴이하게 여겨 취하지 아니했다. 다시 진한의 아진포구阿珍浦口(지금 영일 인근으로 추정)에 이르니, 이때는 시조 혁거세가 재위한 지 39년이 되던 해였다. 그때 해변의 노모가 이를 줄로 잡아당겨 바닷가에 매고 궤를 열어보니, 거기에 한 어린아이가 들어 있었다. 그 노모가 이를 데려다 길렀더니 신장이 9척이나 되고, 인물이 동탕하고 지식이 남보다 뛰어났다. 어떤 이가 말하기를, "이 아이는 성을 알지 못하니 처음 궤짝이 닿을 때 까치 한 마리가 날아와 짖으며 따라다녔으니 작鵲자의 한쪽을 생략하여 석昔씨로 성으로 삼고, 또 그 아이가 온독韞櫝(담은 궤)을 풀고 나왔으니 이름을 탈해脫解라 지으라."고 했다고 한다. 탈해가 처음에는 고기잡이를 업으로 삼아 그 노모를 봉양하되 한때도 게으른 빛이 없었다. 노모가 말하기를, "너는 범상한 사람이 아니요, 골상이 특이하니 학문을 배워 공명을 이루라"고 했다. 이에 탈해는 학문에 오로지 힘쓰고 겸하여 (풍수)지리를 알게 되었다. 양산楊山 밑에 있는 호공瓠公의 집을 바라보고 그 터가 길지라고 하여 거짓 꾀를 내어 이를 빼앗아 살았으니 후에 월성이 그곳이었다. 남해왕 5년에 이르러 왕이 그 어짊을 듣고 그 딸을 주어 아내로 삼게 했다. 7년에는 등용하여 대보大輔란 벼슬을 내려 정사를 맡겼다. 유리儒理가 돌아갈 때 유언하여 말하기를, "선왕(남해를 지칭)의 부탁하신 말씀에 내가 죽은 뒤에는 자子와 서壻를 막론하고 나이 많고 어진 사람으로 위를 잇게 하라 하셔서 과인이 먼저 즉위하게 된 것이니, 이제는 그 위를 탈해에게 전할 것"이라고 했다.

『삼국유사』는 이후부터 『삼국사기』의 내용과 조금 달라 별도로 소개한다.

그 아이는 지팡이를 끌고 두 하인을 데리고 토함산 위에 올라가 돌무덤처럼 생긴 집을 만들었다. 그곳에서 7일 동안 머물면서 성안에 살만한 곳이 있는지 바라보았다. 마치 초승달 모양의 봉우리가 보였는데, 그 지세가 오래 살만한 곳이었다. 곧바로 내려가 살펴보니, 바로 호공瓠公의 집이었다. 그는 속임수를 써서 그 집 곁에 숫돌과 숯을 몰래 묻어놓았다. 그리고 다음 날 아침 그 집에 가서 말했다. "이 집은 우리 조상이 살던 집이오." 호공은 아니라고 다투었지만, 결판이 나지 않았다. 관청에 고발했다. 관청에서 아이에게 물었다. "이 집이 네 집이라는 것을 어떻게 증명하겠느냐?" "우리 집은 원래 대장장이였습니다. 그런데 잠시 이웃 고을에 나가 있는 동안 저 사람이 빼앗아 살고 있습니다. 지금 땅을 파서 조사해보면 아실 겁니다." 관청에서 그 말대로 땅을 파보니 과연 숫돌과 숯이 나왔다. 그래서 아이는 그 집을 빼앗아 살게 됐다. 이때 남해왕은 그 아이, 즉 탈해가 지혜로운 사람이라는 것을 알고 맏공주를 아내로 삼게 했다. 그분이 바로 아니부인阿尼夫人이다.

어느 날 탈해가 동악에 올라갔다가 돌아오는 길에 하인을 시켜 물을 길어오라고 했다. 하인은 물을 떠 오다가 도중에 먼저 물을 마시고 탈해에게 드리려고 했다. 그런데 물을 담은 뿔잔이 그만 입에 붙어서 떨어지지 않았다. 탈해는 이를 보고 하인을 꾸짖으니 하인은 맹세하며 말했다. "이제부터는 가깝건 멀건 감히 먼저 물을 마시지 않겠습니다." 그러자 뿔잔이 입에서 떨어졌다. 지금 동악에 있는 세간에서 요내정遙乃井이라 부르는 우물이 바로 그것이다. 탈해가 왕위에 오른 지 23년 만인 건초 4년 기묘(AD 79)에 세상을 떠났다. 소천구疏川丘 가운데에 장사를 지냈다. 그 뒤에 탈해왕의 신령이 나타나서 명했다. "내 뼈를 조심해서 묻어라." 왕릉을 파보니 해골의 둘레가 3자 2치였고, 몸 뼈의 길이가 9자 7치였다. 치아는 엉기어 하나처럼 되었고, 뼈마디도 모두 이어져 있었으니, 참으로 천하무적 장사의 골격이었다. 그 뼈를 부수어 소상塑像(찰흙으로 만든 사람의 형상)을 만들어 대궐에 두었는데, 신령이 또 나타나서 명했다. "내 뼈를 동악에 묻어라." 그래서 동악에 모시게 됐다. 혹자는 이렇게 말한다. 탈해가 세상을 떠난 후인 27대 문무왕 때인 조로調露 2년 경진(서기 680) 3월 보름날 신유일 밤에, 문무왕의 꿈에 몹시 위엄 있고 무섭게 보이는 노인이 나타나 말하기를, "나는 탈해왕이다. 내 뼈를 소천구에서 파내어 소상을 만들어 토함산에 두어라"고 해서, 왕은 이 말대로 했다. 이러한 이유로 지금까지 나라에서 제사를 계속 지내왔으니, 이 분이 바로 동악신東岳神이다.

역사서에서 단군 이후 남성 산신으로 처음 등장하는 인물이 바로 석탈해다. 이전까지는 여성 산신이 주류를 이루었다면 석탈해부터 남성 산신이 잇달아 등장한다. 이는 풍요와 다산의 상징이었던 여성 산신은 사회의 안정과 변화에 따라 공동체의 수호신적 성격을 강하게 띠는 남성 산신으로 대체된다. 그 시발점에 석탈해가 있다.

왕이 산신으로 등장하는 것은 이 시기 산신신앙이 왕권을 뒷받침하고 있다는 사실을 간접적으로 시사한다. 민속학자나 사학자들은 산신의 형태와 변화를 역사적으로 토테미즘과 같은 자연신에서 고대국가 건국 전 또는 대체로 B.C 1세기 이전에 여성거인신이 나타난다고 본다. 이어 고대국가 건국 당시, 즉 B.C 1세기 전후해서 어머니 자연신과 여신 등이 다양한 형태로 등장한다. 그 뒤를 이어 남산신이 등장하는 것으로 파악한다. 남성 산신은 대체로 왕권이 강화되는 시기와 맞물린다.

왕경오악의 서악에 해당하는 선도산 정상에 있는 박혁거세 어머니로 묘사되는 선도성모유허비

석탈해는 등장부터 동해에서 토함산으로 왔고, 죽을 때도 토함산에 묻혔다. 또 터전을 잡을 때도 토함산에 올라 표공택이 길지라는 사실을 알고 이를 계략적으로 빼앗았으며, 토함산의 요내정에서는 하인을 굴복시킨다. 이처럼 석탈해는 토함산과 밀접한 관련이 있다.

토함산이란 지명도 석탈해에서 연유했다는 설도 있다. 석탈해의 다른 이름이 토해다. 토해와 토함은 비슷한 음이니 토해가 토함산 지명의 토대가 됐다는 설이다. 또 운무와 풍월을 토함吐含하는 뛰어난 경관을 지녔다고 해서 토함산이란 지명이 유래했다고도 한다.

따라서 석탈해가 토함산 산신이 되기에 전혀 부족함이 없다. 그런데 경주의 3산을 포함한 여러 산 중에서 왜 하필 토함산이냐 라는 점은 살펴볼 필요가 있다. 이는 탈해의 출신 배경과 정치권력과의 이해관계가 충분히 맞아떨어진 것으로 추정할 수 있다.

석탈해는 동해를 거쳐 토함산으로 들어오면서 철기라는 새로운 문명을 들고 왔다. 당시로써는 굉장히 위협적인 세력이다. 기존 6부족과 신라 시조인 박혁거세는 힘을 가진 신흥 세력에게 기꺼이 왕위를 물려준다. 경주 향토사학자들은 "고분을 발굴하다 보면 청동기 유물에서 2000여 년 전쯤으로 추정되는 시기에 철기 유물들이 갑자기 쏟아진다."고 말한다. 청동기문화를 가진 6부족은 산과 강, 평야 모두를 갖춘 천혜의 자연조건인 경주에 철기문화를 가진 새 세력의 문물을 받아들이고 융화해간다는 점을 시사하고 있다. 이 점은 신라가 삼국통일을 할 수 있는 원동력이 된다. 기존 세력은 신흥세력에 전혀 배타적이지 않고 융화해 가며, 더 큰 힘을 쌓을 수 있었기 때문이다. 또한, 신라가 부족국가라는 사실을 역시 알 수 있다. 부족국가를 운영하기 위해서는 의견의 일치가 필요했고, 그 합의는 공동체의 출발부터 해오던 '화백'이라는 훌륭한 제도가 있었기에 가능했다.

하지만 화백은 부족국가에서는 힘을 발휘할 수 있었지만 강력한 중앙집권제 국가에는 오히려 걸림돌이 될 수 있었다. 이때 호족이나 부족국가들의 힘을 하나로 뭉치게 하는 장치가 바로 삼산오악제도였다. 공통의 수호신에 대한 숭배신앙으로 개별 부족장들이 가진 이질성을 극복하려고 했다. 대사 삼산은 경주를 중심으로 하는 신라의 호국적 성격이 강했고, 중사 오악은 통일신라 영토의 상징적 존재였다. 소사는 전국의 산신신앙의 대표적 명산을 꼽아 국가적 제사로 지냈다.

바로 여기에 오악 중에 가장 중요시되는 동악 산신으로 석탈해가 좌정했다. 토함산은 동해와 접해 있어 바다로 침입해 들어오는 외적의 침입을 항상 감시하는 상징적인 산이다. 이는 마치 중국의 서악 인근에 있는 용문석굴처럼 강 입구에 석불과 마애불을 조각해서 외침을 막으려는 의도와 다르지 않다.

잠시 여기서 중국의 오악 성립에 대해서 살펴볼 필요가 있다. 신라는 지증왕(재위 500~514년) 때 당나라의 제도와 문물을 대거 받아들인다. 이때부터 국호를 서라벌 대신 신라라고 칭하며, 차차웅이나 이사금, 마립간 같은 부족장 호칭 대신 왕이란 명칭을 본격 사용하기에 이른다. 지증왕 본인부터 지증마립간에서 지증왕으로 고쳐 사용한다. 신라란 국호도 신新은 덕업이 날로 새로워진다는 뜻이고, 리羅는 사방을 망라한다는 의미로 지어졌다고 전한다. 덕업일신德業日新과 망라사방網羅四方에서 한 자씩 따와 국호를 정한 것으로 알려져 있다.

신라의 제도는 중국에서 상당 부분 수용했고, 중국의 문물과 크게 다르지 않다. 중국의 오악은 중국 유교 경전 중의 하나인 『(이아)爾雅』에는 '전국시대(B.C 4~3세기)에 오행사상의 영향으로 오악의 개념이 생겼다'고 기록하고 있다. 국가 봉선제로서는 한漢 무제 들어서 시작하며, 한의 선제가 확정했다고 한다. 동악 태산에 가면 공자(B.C 551~479년)가 남긴 '동악

선도산 산신인 선도성모를 모신 성모사

태산 제일'이라는 비석이 있다. 공자는 전국시대보다 앞선 인물이다. 이를 볼 때 중국을 최초로 통일한 진시황(B.C 259~210년) 이전에 오악의 개념이 이미 자리 잡고 있었던 것으로 보인다. 추정컨대 전국시대의 각 국가의 왕들이 산악신앙에 바탕을 두고 각각의 산신숭배를 하고 있었던 것으로 짐작할 수 있다.

그러면 신라의 오악은 중국에서 들어온 것인가, 아니면 신라 고유의 산신숭배사상을 신앙으로 발전시킨 것이냐의 문제로 귀결된다. 다르게 표현해서 왕경오악이냐, 중국의 제도를 받아들인 삼산오악이냐의 문제다. 중국의 오악은 초기엔 국경의 개념이 매우 강했다. 황제가 본국의 땅이라는 사실을 신神에게 고하고, 만천하에 알리는 장소로 오악의 개념을 도입했다.

선도산 산신을 모신 성모사 옆에 보물로 지정된 마애석불이 있다.

성모사와 마애석불 옆에 '성모구기聖母舊基'란 글자가 바위에 새겨져 있다.

신라의 오악은 시기적으로 중국의 오악보다 훨씬 뒤에 생겼다. 신라가 건국(B.C 1세기)되기 전부터 중국은 오악의 개념(B.C 4~3세기)이 자리 잡고 있었다. 신라도 초기부터 부족신앙의 개념으로 오악까지는 아니더라도 수호신 숭배와 같은 형태의 오악이 형성됐을 것으로 추정한다. 그게 바로 왕경오악이다. 이 왕경오악은 부족국가이기 때문에 가능했을 것이다. 각각의 부족은 각각의 샤머니즘과 같은 산악숭배를 전해 왔을 가능성이 높다. 통일 후에는 왕경오악이 더욱 발전해서 중국의 제도와 문물을 받아들이면서 삼산 오악과 같은 제도로 확대개편 됐을 수 있다.

『삼국유사』에는 초기부터 석탈해가 토함산의 산신으로 등장하지만, 명실상부 신으로서 주목받은 건 통일 이후 각 세력을 통합하고 왜구와 같은 외침을 효율적으로 막기 위한 수호신이 절대적으로 필요했던 시기였다. 이때가 바로 통일 직후 문무왕 시기다. 이를 뒷받침하는 중요한 단서는 의상의 화엄종이 전국적으로 확산하는 시기와 맞아떨어지기 때문이다. 화엄종은 의상이 왕명을 받들어 전국을 하나로 묶는 사찰을 창건하면서 사상적 통일과 왕권을 강화해서 중앙집권을 꾀하는 작업의 단초가 되는 종파다. 이와 동시에 문무왕은 가장 중요한 전략적 요충지인 토함산에 산신으로 토함산 세력인 석탈해 산신을 내세우면서 종교와 같은 숭배 대상으로 지정한다.

석탈해는 서양에서 불과 철을 가진 신화로 등장하는 대장장이신화와 맥을 같이 한다. 당시 철은 기존 세력을 한꺼번에 물리칠 수 있는 신무기였다. 철을 다스리려면 불이 필요했다. 고대사회에서 불은 신과 접할 수 있는 일종의 도구였다. 또한, 철을 가지려면 강한 힘이 있어야 했다. 석탈해는 『삼국유사』에 뼈만 9자7치가 된다고 나온다. 그 정도면 실제 키는 거의 4m 가까이 된다는 얘기다. 전형적인 거인신화에 등장하는 인물인 셈이다. 대장장이 신화와 거인신화에 등장하는 왕을 토함산 산신으로 좌정시키면서 국가의 사상적 통일을 꾀하는 작업은 어쩌면 통일 뒤의 당연한 절차일 수 있다.

또한, 박혁거세는 선도산 산신인 서술성모의 아들로 등장해서 왕이 되지만, 석탈해는 산신의 아들이 아닌 바로 자신이 직접 산신으로 등장한다는 점이 큰 특징이다. 이는 남성의 강력한 힘이 중요시되는 사회적 분위기에서 형성되는 이미지의 신격화 작업과 무관하지 않을 것으로 보인다. 이런 점에서 본다면 석탈해의 토함산 산신으로의 신격화는 별로 어색하지 않은 측면도 있다.

문무왕은 석탈해를 토함산 산신으로 좌정시키고, 본인은 왜구의 침입을 막기 위해 세계 최초의 수중릉에 안장할 것을 유언으로 남긴다. 그러면서 그 아들 신문왕은 아버지의 수중릉을 보호하고 동해에서 토함산으로 들어오는 길목에 왜구의 침입을 감시하기 위해 감은사를 창건한다. 지금 좌우 석탑만 유적으로 남아 자취를 전한다.

결국, 문무왕은 자신의 꿈속에 석탈해를 토함산의 산신으로 등장시켜 석씨를 비롯한 지방 귀족과 토호세력들을 한데 묶고 강력한 중앙집권 세력을 만들기 위해 석탈해를 이용한 측면도 있다고 볼 수 있다. 또한,

문무왕 수중릉 죽어서도 동해로 침입하는 왜구를 막겠다는 의지로 만든 세계 최초의 문무대왕 수중릉

석씨를 산신으로 좌정시킴으로써 신라 초기 3성 교체기를 완전히 끝을 내는 측면도 있다. 실제로 이후부터는 신라가 망하기 직전 세 임금을 제외하고는 줄곧 김씨 세습 왕조로 이어진다. 이는 화백제도가 약화되면서 중앙집권적 성격이 강화되는 것과 맥을 같이 한다. 따라서 토함산 산신 석탈해는 외적을 막고 중앙집권을 꾀하기 위한 수단으로 선택한 정치적 타협의 결과물로 볼 수 있다.

02

남악 지리산, 마고·노고신화 간직한 사실상 최고의 신

선사부터 조선까지 천왕 · 노고할미 · 천왕성모 · 위숙왕후 · 마야부인 · 태을산신 등장

지리산 노고단 노고할미로도 불리는 지리산의 3대 봉우리 중의 하나이다. 고대부터 산신제를 지낸 장소로 유명하며, 연중 많은 등산객이 찾는 봉우리다.

지리산은 누가 뭐래도 한국 최고의 명산 반열에 속한 산이다. 일부 풍수지리 전문가는 “세계의 지붕 히말라야 에베레스트의 안산(앞산의 개념)이 백두산이고, 백두산의 안산이 지리산이다”라고 말한다. 일리 있는 말이다. 그만큼 지리산은 명산 반열에 올라 있다.

지리산도 고대로부터 산신으로 숭배됐겠지만 정확한 기록은 없고, 삼국시대부터 조금씩 등장하다 신라가 삼국을 통일한 이후 중요한 산악 숭배대상으로 정착한다. 산악숭배는 중국의 오악과 비슷하다. 중국의 오악은 진시황제가 중국을 통일한 이후 한나라 때 오행사상과 더불어 중원을 통치하기 위한 수단으로 국경 근처에 있는 산을 중심으로 오악을 정했다. 말하자면 황제의 영토를 선포하는 일종의 정치적 행위였다. 이런 오악을 통해 오행사상과 유불선 3교를 융합한 민간신앙을 숭배하는 장소로 활용하면서 민심을 얻는 통치 도구로 삼았다.

중국의 힘을 빌려 삼국을 통일한 신라는 중국의 오악을 그대로 옮겨와 통치기반으로 삼았다. 즉 정치적 필요에 따라 산악숭배가 시작된 것이다. 이후 오악은 왕조에 따라 영토의 경계에 따라 다소 변화하기도 했다. 하지만 지리산은 언제나 남악南嶽이었다.

신라의 오악은 새로 편입된 지역의 호족 세력을 상징하기도 했다. 동악인 토함산은 석탈해가 산신으로 모셔진 석씨 세력의 상징적 산이었다. 중악은 압독국이 있었던 팔공산 지역으로 신라가 낙동강 유역으로 진출하는 길목에 있는 산이었다. 남악인 지리산은 가야세력을 상징하며, 서악인 계룡산은 백제세력을, 북악인 태백산은 고구려 세력을 염두에 두고 오악으로 정한 것으로 판단한다.

오악에 대한 제사를 매개로 각 지역 세력을 신라에 편입하고, 의례의 주관자인 국왕의 권위를 각 호족 세력에게 널리 알렸다.

이처럼 오악은 출발부터 국가적 진호와 깊은 관련성을 가진다. 오악에 대한 제사는 기본적으로 나라의 평안과 발전을 비는 것이었다. 국가를 수호하기 위해 호국신앙의 반영으로 산신에게 치제致祭했다. 이와 동시에 전국 각 방면의 지역 세력을 진압하려는 목적도 가졌다.

앞서 소개한 『삼국사기』 권32 제사지에 나오는 대사 · 중사 · 소사를 결정한 시기는 대체적으로 신라의 9주가 창설된 신문왕 5년(685) 전후로 추정한다. 중사中祀로서 지리산에 제사 지내는 산신은 성모, 천왕, 성모천왕, 마고 등이었다.

『삼국유사』 선도성모수희불사 편에도 나오는 내용이다.

> 진평왕 조에 지혜라는 비구니가 있었다. 현행賢行이 많은 여자로 안흥사에 거주했다. 새로이 불전을 수리하려다 힘이 미치지 못했다. 꿈에 한 여선女仙이 자태가 아름다운 모습을 갖추고 주옥으로 수식하고 와서 위로하면서 가로되, "나는 선도산 신모神母다" 네가 불전을 수리하려 하는 것을 기뻐하여 금 십 근을 시주하여 돕고자 하니 마땅히 내 자리 밑에서 금을 취하여 주존삼삼을 분식하고 벽상에는 오십삼불과 육류성중과 제천신과 널리 오악신군을, 그리고 매년 춘추이계의 10일에 선남선녀를 모아 일체의 중생을 위하여 점찰법회를 베풀어 항규를 삼으라 했다. 지혜가 놀라 깨어 무리를 데리고 신사좌하에 가서 황금 일백육십 양을 파서 얻어 일을 추진 성취하니 모두 신모의 지도한 바에 의한 것이다. 그 사적은 있되 법사는 폐지됐다.
>
> 신모는 본래 중국 제실의 딸로서 이름은 파소婆蘇이다. 일찍이 신선의 술법을 배워 해동에 내왕하여 오랫동안 돌아가지 아니했다. 그러

므로 부왕이 편지를 솔개 발에 매어 붙여 가로되 소리개가 머무는 곳에 집을 지으라 했다. 파소가 편지를 보고 솔개를 놓으니 이 산에 날아와 멈추므로 드디어 집으로 와선 지선이 되었다.

선도산 신모는 원래 경주 선도산의 산신이다. 중국 제실의 딸로서 파소婆蘇라는 이름을 가졌으며, 일찍 신선의 술법을 배워 해동에 내왕하여 오랫동안 돌아가지 않았다고 한다. 신라가 중국의 삼산오악 제도를 차용하면서 중국계 산신도 그대로 가져온 것이다.

지리산 산신의 근원은 천신이었지만 마고산신(할미)으로 변형된다. 마고는 사실 신라가 통일하기 이전의 지리산 산신의 원형인 셈이다. 보통 마고할미 전승은 해남 · 강진 · 옹진 등 주로 해안 도서지방에서 현재까지 내려오는 지역전설로서 거인신화의 대표적인 사례다. 제주도의 선망대(설문대)할망이나 안가닥 할미 전승도 이에 속한다. 내용이나 성격상 여

지리산 법계사 산신도 우리나라에서 가장 높은 곳에 위치한 절인 지리산 법계사 산신각에는 천왕할미로 상징되는 산신도가 걸려 있다.

쌍계사 성보박물관에 전시된 고대 산신 탱화 단군 시조의 모습과 도교적 상징인 구름 모자와 머리와 어깨 위에 새를 앉혀 많은 의미를 부여하고 있다.

성거인전승女性巨人傳承으로 통칭한다. 거인전승은 단순한 지역전설로서 별다른 서사내용이 있는 것이 아니라 마고할미의 키나 덩치가 커서 깊은 바다가 무릎이나 속곳에 닿았고, 흙을 모아 산과 섬을 만들었다는 이야기다.

서해안과 남해안에 폭넓게 분포하던 마고할미 전승이 지리산에 나타난다. 지리산 마고할미는 천왕봉의 성모천왕이라는 인물로 그려진다. 성모천왕은 마고할미, 노고로도 불리며, 이후 박혁거세의 어머니인 선도성모로 변신한다.

성모천왕은 몇 군데 기록이 전한다. 이능화의 『조선무속고』와 권태효의 『한국의 거인설화』에 나오는 내용이다.

> 세상에 전하는 말로는 지리산의 옛 엄천사에 법우화상이라는 사람이 있었다. 산간에 비가 내리지 않았는데, 홀연히 이상스럽게도 물이 불어 그 근원을 알고자 천왕봉 꼭대기에 올랐다. 키가 크고 힘이 센 여인을 보았다. 그 여인은 스스로 성모천왕이라 말하고, 인간 세상에 귀양 내려와 군과 인연을 맺고자 물의 술법을 적용했다 하면서 스스로를 중매했다. 드디어 부부가 되어 집을 짓고 사는데, 딸 여덟을 낳았으며 자손이 번식했다. 모두 무술을 가르쳤는데 금방울과 부채를 쥐고 춤을 추고 아미타불을 창하고 법우화상을 부르고 방방곡곡을 다니면서 무업巫業을 했다. 이 때문에 세상의 큰 무당은 반드시 지리산에 가서 성모천왕에게 기도해서 접신했다고 한다.

이는 그리스신화에 나오는 신과 인간이 어울려 같이 웃고 같이 즐기며 같이 우는 모습과 유사한 장면이 연상된다. 바로 신의 인간화된 모습이다. 신도 인간처럼 부부인연을 맺고 집을 짓고 자식을 낳고 산다는 신의 인간화 과정을 그대로 보여준다. 성모는 더는 신이 아니라 친근한 이웃집 여인으로 비친다. 여기서 또 중요한 한 가지는 지리산 산신에 도교가 나타나고 있다는 점이다. 중국 도교의 산신인 벽하원군은 두 보조자와 6명의 수행원을 거느린 여신이다. 8명의 딸을 낳은 성모천왕과 벽하원군은 별로 달라 보이지 않는다.

중국 오악에도 그렇지만 우리나라 산에 도교와 불교가 그대로 나타난다. 도교의 발상지는 중국이다. 중국에서 도교는 거의 서민종교이면서 민중신앙이다. 도교는 노자와 황제를 교주로 삼으면서 노자의 도가와는

지리산 산신상에 얽힌 사연과 수난사

지리산 산신의 모습은 어떤 모습일까?

우두성 구례문화원장은 "지리산 산신은 남신상과 여신상 두 가지 모습이 있다"고 말한다. 그러면서 그의 선친인 지리산의 살아 있는 전설이자 지리산 최초의 등산모임 '연하반' 초대회장인 우종수씨와 지리산 호랑이로 통하는 함태식씨가 산신각 앞에서 함께 찍은 빛바랜 흑백사진을 보여준다. 이미 고인이 된 두 사람은 등을 보이며 산신각을 바라보고 있다. 산신각은 1,000여 년 됐다는 여성 산신상과 음각으로 만든 남성 산신상 한 쌍이 나란히 세워져 있다. 1955년 5월 5일 '연하반'이 창립됐으니 그 사진은 60년쯤 된 듯하다.

여 산신상, 즉 천왕봉 성모석상은 어깨에 칼로 잘린 흔적이 있다. 전하는 바에 따르면 고려 우왕 6년(1380) 이성계 장군의 황산대첩에 크게 패한 왜군 패잔병들이 지리산에서 도망치면서 그 화풀이로 성모석상의 어깨를 칼로 마구 난도질하면서 부서졌다고 한다. 어깨에 선명하게 표시가 남아 있다.

1960년대 초 지리산 천왕봉에 있었던 선도성모와 남산신상 앞에 고인이 된 지리산 호랑이 함태식씨와 오른쪽 반쯤 보이는 사람은 지리산 최초 등산회인 '연하반' 초대회장을 지낸 우종수씨가 앉아 있다.

일제 강점기에도 성모석상은 수난을 당한다. 일제는 한민족의 숭배 대상이었던 성모석상을 벼랑 아래로 굴러 내버렸다. 산청에 살던 한 처녀가 굴러떨어진 성모상을 자기 집에 모셔 놓았다. 그런데 그녀는 신통력을 갑자기 얻었는지 곧 무당이 됐다고 전한다.

다시 천왕봉에 모셔진 성모석상은 1970년대까지 숱한 기도자들이 찾아왔다고 한다. 그러나 또 어느 종교단체의 집회에 참가했던 사람들에 의해 다시 벼랑 아래도 내던져지는 수난을 당한다.

그로부터 14년의 세월이 잊혀진 채 흐르는 듯했다. 1986년 6월 진주의 비봉산 과수원에 숨겨져 있던 성모석상의 두상 부분을 산청 덕산두류산악회와 국립공원관리공단, 천왕사 세 단체 대표가 진주 사람을 설득해서 다시 산청으로 가져오는 데 성공했다. 세 단체 중의 한 사람인 천왕사의 혜범 스님이 천왕봉 남쪽 통신골에서 몸통 부분을 찾아내 봉합 작업을 마친 뒤 천왕사 경내에 아예 이전하지 못하게 콘크리트로 접합, 고정해버렸다. 이에 두류산악회에서 "돌려 달라"고 소송을 제기했으나 패소한 뒤 지금에 이르고 있다.

천왕사는 조계종 산하 사찰은 아니지만 성모석상을 대웅전에 모신 뒤로 날로 번창하고 있다고 마을 주민들은 입을 모은다. 사찰 경내 부지도 날로 확대되고 있다고 전한다. 처음에 슬레이트 지붕의 초라한 집 한 채에서 시작한 천왕사는 불과 몇 년 사이에 신도가 급격하게 늘어나 여러 채의 건물이 들어섰다.

혜범 스님도 마을주민과 공단에서 돌려달라는 목소리가 있다는 사실을 잘 알고 있다. "또 누가 천왕할매를 훼손하거나 훔쳐 가면 어떻게 합니까? 내가 천왕할매를 찾았으니, 내가 안전하게 모시고 있어야지요."

조금 다르다. 후한 말기 장도릉이 창시한 오두미교라 불린 도교는 7세기 당나라 때 번성기를 맞는다. 이렇게 보면 한반도에는 그 이후에 건너왔을 것으로 추정된다. 불교는 신라에 4세기 후반 전래설이 유력하다.

따라서 애초 마고에서 시작된 산신은 삼국유사에서 성모로 변한다. 그 성모는 신라 시조인 혁거세와 왕비인 알영을 낳은 신모로 표현된다. 즉 하늘에서 내려온 천신의 딸인 선도성모가 박혁거세와 알영을 낳았고, 이들은 사후 성모천왕이라는 산신으로 변신한다. 이러한 성모신앙은 통일신라기에 지리산에 영향을 미쳤고, 이후 고려 시대에 지리산 성모천왕이라는 신격을 얻게 된다. 그 영향력은 불교국가인 고려 태조 왕건의 어머니인 위숙왕후설과 석가모니의 어머니인 마야부인설을 유발케 하는 계기가 됐을 것으로 짐작된다.

일부 재야사학자들은 마고를 실질적인 동이족과 한민족의 조상이자 최초의 국가로 간주한다. 한민족이 최초로 세운 국가가 바로 '마고지나麻姑之那'라는 것이다. 마고지나는 '마고의 나라'라는 뜻이다. 지금으로부터 1만 2,000년 전에 건국했다고 한다. 신빙성은 둘째 치고라도 어쨌든 마고할미는 지리산 산신의 원형으로 봐도 무리 없을 것 같다.

한국의 여러 신 중에서 마고는 무속신 중에서 최고의 신으로 분류된다. 마고는 태초의 음陰의 세계를 대표하는 인물로 상징된다. 하늘과 태양이 양陽의 세계라면, 음은 마고라는 것이다. 따라서 자연스럽게 여성신으로 간주한다. 여성신이 있으면 반드시 남성신이 있기 마련이다. 앞에서 언급한 이능화의 『조선무속고』와 권태효의 『한국의 거인설화』에 나오는 법우화상은 대표적인 지리산 남신이다. 남신은 자연스럽게 천신에서 인격신으로 변화한 것이다. 숭배대상의 중요한 변화이자 신격의 인간화가 이뤄졌다. 이는 신과 인간이 둘이 아니라는 신인불이神人不二라는 점에서 서양의 고대문명과 유사한 점을 발견할 수 있다. 다른 표현으로

'신인神人복합'과 '영 · 신靈身복합'이라고 한다. 이는 한국인의 신관神觀뿐만 아니라 신화를 보는 관점에서 매우 중요한 개념이다.

인간화된 지리산 남성신은 법우화상 외에 또 있다. 역시 권태효의 『한국의 거인설화』에 등장하는 내용이다.

> 지리산에 키가 36척(약 1,080㎝)에 다리가 15척이나 되는 마고 혹은 마야고라는 여신이 있었다. 그 여신은 선도성모, 노고라 불리는 천신의 딸이다. 마고할미는 반야봉에서 불도를 닦던 반야라는 남신과 사랑을 나누고 결혼했다. 그들은 천왕봉에 살면서 딸만 8명을 낳았다. 그러다 반야는 곧 돌아온다고 길을 떠난 뒤 돌아오지 않았다. 기다리다 지친 마야고는 긴 손톱으로 나무 밑동을 긁어 버렸다. 지리산의 나무들은 모두 껍질이 벗겨지고 말았다. 마야고는 이제나저제나 반야를 기다리며 나물에서 실을 뽑아 반야에게 줄 옷을 지었다. 그러던 중 반야는 구름으로 화하여 지리산으로 돌아왔지만 마야고의 앞에 머물지 않고 그냥 지나쳐 버렸다. 화가 난 마야고는 반야에게 주려던 옷을 갈기갈기 찢어 나뭇가지에 걸어놓았다. 갈기갈기 찢어진 옷이 바람에 날리어 반야봉으로 날아가니 바로 반야봉의 풍란이 되었다고 전한다. 후세 사람들은 반야가 불도를 닦던 봉우리를 반야봉이라 불렀고, 그의 딸들은 8도 무당의 시조가 됐다. 그 후 마야고는 천왕봉에 좌정하여 성모신이 됐다.

지리산 남신에 반야가 등장한다. 구체적인 이름을 가진 남성신으로는 법우화상과 반야가 전부다. 애초에 등장한 천신이 남성신이었을 것으로 추정할 수 있으나 단지 하늘의 아들로 숭배대상이었던 것으로 보인다. 천신에 대한 기록이나 신화는 전하는 바가 없다.

지리산 산신의 근원은 천신이었지만 여성신인 마고할미, 성모천왕과 혼인을 한 남성신 반야, 법우화상 등을 거치면서 신라 이후부터는 고려 태조 왕건의 어머니인 위숙왕후설과 마야부인설 등 더욱 다양해진다. 이는 불교의 영향이 매우 컸을 것으로 짐작된다. 사회의 지배이데올로기가 숭배하는 산신까지 바꿔버렸다.

신라에 불교가 전해진 4세기 후반 신라는 산신과 천신, 칠성신 등 다양한 형태의 신앙을 이전부터 가지고 있었을 것이다. 이에 불교는 토착신과의 갈등과 대립, 때로는 융합을 시도했을 것이다. 따라서 당시까지 절대적이었던 산신각과 칠성각을 사찰의 중심 공간인 대웅전 뒤에 배치함으로써 사람들이 대웅전 앞을 드나들면서 자연스럽게 불교적으로 절충시키기 위한 포석도 고려했을 것으로 추정할 수 있다.

불교는 고려 시대에 들어서 더욱 번성기를 맞는다. 산신의 구체적인 모습까지도 변화시켜 버렸다.

『삼국사기』와 『삼국유사』에 이어 이승휴의 『제왕운기帝王韻紀』에서도 '지리산 산신'에 대해서 자세히 언급하고 있다.

> 용왕이 다시 나와 사례하며 깊은 궁궐 속으로 인도하여 들어와서 맏딸을 아내로 삼거늘, 금털이 난 돼지와 칠보를 겸하여 주기를 비니, 이에 서강 물가로 실어 보냈다. 돌아와 송악에서 살았는데, 여기에서 성지를 낳았다. 성모聖母가 도선 선사에게 명하여, 이를 가리켜 명당이라 말하게 했다.
>
> —이승휴 『제왕운기』 본조군왕세계연대本朝君王世系年代 편

고려 태조 왕건의 출생과 도읍지에 관한 내용이다. 그의 어머니가 왕건을 출생하는 상황과 한국 풍수의 창시사 도선에게 천하의 명당을 찾아 도읍지를 정하는 과정을 설명하고 있다.

1960년대 지리산 정상모습 지리산 천왕봉 바로 아래 성모사 주변을 일제히 단장하고 있다. 두류산악회에서는 이 자리에 성모사를 복원할 계획을 하고 있다.

이를 일반적으로 '지리산의 천왕이 성모임을 밝히고, 성모가 도선에게 이곳이 명당임을 밝히게 하여 태조 왕건의 왕업이 이루어졌다'는 내용으로 기록하고 있다.

또 '신라 말기에 송도의 한 부인이 지리산에 들어와 산신에게 빌어 아들을 낳았는데, 그 아들이 후삼국을 통일하니 그가 바로 고려 태조 왕건이다. 왕건은 왕이 된 뒤 어머니를 상징하는 왕후의 석상을 만들어 지리산 천왕봉에 모시고 성모사라 했다'는 내용도 있다.

신라 시대까지만 하더라도 지리산 산신제는 천왕봉이 아닌 노고단에서 지낸 것으로 알려져 있다. 신라의 시조인 박혁거세의 어머니 선도성모를 지리산신으로 모시던 곳이 노고단이었다. 노고단은 '늙은 시어머니의 제사터'란 말인데, 마고麻姑란 말에 그 어원을 두고 있는 것으로 보인다.

고려 시대에 접어들면서 노고단이나 남악사가 아닌 천왕봉에서 고려 시조인 왕건의 어머니 위숙왕후를 모시는 것으로 변모됐다. 기록에 의하면, '왕건은 왕이 된 뒤 어머니를 상징하는 왕후의 석상을 만들어 지리산 천왕봉에 모시고 성모사라 했다'고 전하고 있다. 이때부터 지리산의 중심은 노고단에서 천왕봉으로 옮겨질 뿐만 아니라 지리산 산신도 마고·노고·선도성모(박혁거세와 왕후 알영의 어머니)에서 왕건의 어머니인 위숙왕후와 석가모니 부처님의 어머니인 마야부인으로 변하는 과정을 보인다.

왕건의 지시로 천왕봉 아래 건립한 성모사가 그 대표적인 상징이고, 성모사에 만든 왕후의 석상은 위숙왕후의 모습이었다. 성모석상은 그로부터 지리산을 상징하는 대표적인 신으로 존재하며 천여 년의 세월을 지키고 있다.

고려 조정은 왕건의 지시로 세운 성모사 내부에 제사를 전담하는 관리인 신관을 두었다고 전한다. 말을 탄 신관이 군위를 거느리고 왕방울을 울리며 남원, 곡성, 구례, 하동, 함양, 산청, 진주 등을 순찰하며 수령들이 모두 나와서 영접했다는 기록이 『지리산인문사적자료』에서 전한다.

성모사를 지리산 정상 천왕봉으로 두면서 고려 때부터 지리산 산신은 두 가지 유형으로 나뉜다. 천왕봉의 주신인 '성모聖母'와 노고단의 주신인 '노고老姑'로 대표되는 산신으로 바뀐다. 이는 시대적·상황적으로 매우 중요한 역사적 의미를 지닌다.

먼저 성모에 대해서 한 번 살펴보자. '성모'는 애초 박혁거세의 어머니인 선도성모를 가리켰지만, 고려 시대부터는 왕건의 어머니인 위숙왕후의 상징으로 슬며시 변모한다. 왕조에 따라 산신의 형태를 변신 중첩시키는 상황을 그대로 볼 수 있다. 고려는 또한 불교국가로서 통치 이데올로기인 불교의 가르침을 정책 전반에 반영한다. 불교 창시자인 석가모니도 당연히 필요했을 것으로 보인다. 석기모니의 어머니인 마야부인도 이 시기부터 산신의 모습으로 구체적으로 등장한다.

애초 『삼국사기』 권5 선도성모수회불사 편에 '선도산 신모는 중국 황실의 딸 사소沙蘇(파소婆蘇라고도 함)다. 그가 진한에 와서 아들을 낳아 해동의 시조가 되고 여자는 지선地仙이 되어 오래도록 이 산에서 살았다'라고 밝힌 바 있다. 그 해동의 시조는 다름 아닌 박혁거세를 말한다. 박혁거세의 어머니인 경주의 선도산 신모의 원조는 중국 황실의 딸 사소라고도 하고, 천신의 딸이라고도 한다. 중국의 오악제도를 그대로 가져오면서 중국계 산신 사소를 한국형 산신의 원조로 변신시킨 격이었다. 어쨌든 초기의 성모는 이들이다. 이 성모가 박혁거세를 낳았고, 사후 또한 산신 '성모'로 변했다. 신라가 삼국을 통일하자 성모는 경주 선도산에서 지리산으로 옮겨와 한반도의 핵심 산신으로 자리 잡았다. 이어 고려가 건국되면서 위숙왕후와 마야부인으로까지 산신의 주체가 확대된다.

여기서 우리는 한국인의 신관神觀을 엿볼 수 있다. 하늘의 아들인 천신天神이 하강하여 인군人君이 되면서 지상의 통치자가 되는 과정이다.

지난해 천왕제를 지내는 모습
두류산악회에서 매년 가을 천왕봉 아래 이전 성모사 자리에서 천왕제를 지낸다.

고대국가들이 대개 그렇듯이 정교政敎가 분리되지 않은 정치주술적 복합 형태를 띠고 있었다. 즉 신화와 역사가 아직 분리되지 않았다. 이는 동양뿐만 아니라 서양에서도 비슷한 정도가 아닌 똑같은 형태를 보인다. 그리스와 이집트에서 고대국가의 왕 이름이 전부 헤라클레스나 제우스 등의 이름을 띤 것은 이에 연유하기 때문이다. 그런 면에서 당시 통치자들은 천신인天神人으로 대표된다. 천신인이 바로 신인복합神人複合의 전형이었다. 건국신화의 주인공들은 정치주술 복합과 함께 '신인복합'을 보여주고 있는 셈이다. 박혁거세와 왕건도 똑같은 과정을 반복하고 있다. 신과 동등한 객체로 신성시하면서 왕으로 숭배하는 이데올로기를 만들고 있다.

천왕봉이 등장하기 전까지 지리산 산신의 중심이었던 노고단의 '노고'는 마고할미 산신으로 계속 전승된다. 하지만 고려 시대는 지리산의 중심이 노고단에서 천왕봉으로 옮겨가고, 산신제도 노고단보다 국가에서 주례하는 천왕봉으로 더욱 중심이 쏠린다. 하지만 태초의 산신은 마고, 즉 노고라는 사실에 대해서 어느 전문가도 이견의 여지는 없어 보인다. 재야사학자들은 마고를 실질적인 동이족과 한민족의 조상이자 1만 2,000년 전에 세운 최초 국가의 건국주로 간주한다. 그 태초 마고도 『삼국유사』에서는 성모로 변신하기도 한다. 당시까지는 노고단이 지리산신의 중심이었기 때문에 노고와 마고, 성모는 혼재할 수밖에 없는 상황이었다. 하지만 고려 시대부터 노고와 성모는 조금씩 구분되면서 서서히 천왕봉 계열의 산신과 노고단 계열의 산신으로 두 계파로 나뉘는 것을 알 수 있다.

왕건의 지시로 건립한 성모사聖母祠는 천왕봉 아래 멀지 않은 곳에 있었던 것으로 알려져 있다. 성모사에 가기 위한 가장 빠른 코스는 바로 백무동으로 올라가는 길이었다. 백무동 거의 끝 지점에 있었다고 전해진다. 백무동百巫洞은 지명에서 알 수 있다시피 많은 무당이 살았던 곳이다. 신라의 박혁거세와 고려 왕건의 어머니가 산신으로 변신한 성모사였으니 역술인이나 무속인들에게도 가장 영험한 장소로 당연히 주목받았을 것이다. 자연 무속인들은 성모사에 가기 위해선 백무동으로 몰렸고, 그 주변에 터전을 내렸다. 성모사에서 제사를 올릴 때는 수많은 사람이 백무동으로 몰려들어 발 디딜 틈이 없을 정도였다고 전한다.

고려 시대 때의 지리산 산신에 대한 기록이 몇 가지 전한다.

『고려사高麗史』 지리지 편에 '지리산이 있다. 두류산 또는 방장산이라고도 부른다. 신라에서는 남악으로 삼아서 중사中祀에 올랐으며, 고려에서 그대로 따랐다'고 기록하고 있다.

『동국이상국집東國理想國集』(고려 문신 이규보(1168~1241)의 시문집)에는 지리산 대왕(산신)에게 올렸던 기원문도 전한다. 고려 신종 2년(1199)에 쾌유를 비는 내용이다.

> 아무개 등은 모두 비재로서 원사의 요좌寮佐에 보임되어 장차 동도(경주)를 문죄하려 합니다. 대개 일군의 생사와 성패는 모두 통군에게 달렸습니다. 사람의 몸에 비유하면 통군은 머리이며, 요좌는 손이고 군졸은 발입니다. 어찌 머리에 병이 있는데 손과 발이 편안할 수 있겠습니까. 지금 우리 군사가 선주에 머무르고 있는데, 통군 상서 김공 아무개가 갑자기 미질微疾에 걸려서 기거가 불편합니다. 생각건대 산과 들에서 노숙하면서 바람과 안개를 맞아서 일어난 병입니까. 모르겠습니다만 다른 무슨 까닭이라고 있어서 그런 것입니까. 일군이 걱정과 두려움에 싸여서 그 연유를 알 길이 없습니다. 감히 중성衆誠을 내어 경건히 우리 대왕의 영靈에 기도합니다. 만일 신통한 힘을 빌려서 보지하고 구호하며, 김공에게 병을 낫는 기쁨이 있게 하여 즉시 건강을 회복하게

하여 주시면, 삼군의 복福일뿐만 아니라 대왕의 위령도 더욱 드러날 것입니다. 어찌 아름답지 않겠습니까. 먼저 옷 한 벌을 올려 작은 성의를 펴고, 병이 쾌유하면 다시 사신을 보내 제사를 올려서, 은혜의 만 분의 일이나마 보답하겠습니다.

『고려사高麗史』 충렬왕 편에 또 다른 기록이 나온다.

왕이 병이 들자 이죄二罪 이하를 석방했고, 섬에 귀양 보낸 자는 가까운 곳으로 옮기거나 면하여 개성으로 오게 했다. 홍자번에게 지리산에 제사를 올리도록 명했다.

지리산 산신에 제사를 지내 왕의 쾌유를 비는 내용이다. 나아가 고려 말 외적이 침입했을 때에도 지리산신사에 기도했다. 외적의 침입은 나라의 불행이며, 신의 수치로 여긴 것 같다. 지리산신의 신통력을 빌어 나라의 안녕을 빌었다고 볼 수 있다.

이 같은 모습은 조선 시대에 들어와서도 지리산 산신에 대해서 크게 변하지 않는다. 신라와 고려 시대의 국경이 다른 것과 달리 고려와 조선 시대의 국경은 비슷한 측면도 작용한다는 사실을 대변한다.

조선 『태종실록』 권28에 산천의 등제를 나누도록 한 내용이 나온다.

예조에서 산천의 사전제도를 올렸다. 본조에서는 전조의 제도를 이어받아 산천의 제사는 등제를 나누지 않았는데, 경내의 명산대천과 여러 산천을 점제에 의하며 제등을 나누소서. 임금이 그대로 따라서 악해독은 중사로 삼고, 여러 산천은 소사로 삼았다. 경성 삼각산의 신·한강의 신, 경기의 송악산·덕진, 충청도의 웅진, 경상도의 가야, 전라도의 지리산·남해, 강원도의 동해, 풍해도의 서해, 영길도의 비자산, 평안도의 압록강·평양강은 모두 중사였다.

『세종실록』에는 지리산 산신에 대해서 '지리산지신智異山之神'으로, 『경상도지리지』에서는 '지리산대대천왕천정신보살智異山大大天王天淨神菩薩'이라 하며, 이를 줄여 '대대천왕大大天王'으로 기록하고 있다. 천왕은 결국 천왕봉의 신령이라는 의미다.

조선 시대에는 이전과 같이 더 이상의 천신화天神化나 신인화神人化된 새로운 산신은 등장하지 않는다. 이는 박혁거세나 왕건과 같이 조선의 건국주 이성계도 비슷한 신비주의나 신성시하는 작업을 벌였을 것으로 추정되지만 그 이상의 신격화는 이뤄지지 않았다는 의미로 통한다. 천신화나 신인화 작업이 사후 누구에게나 해당하는 건 아니라는 의미다. 살아있는 동안 또는 탄생 시에 이미 신비로운 징표를 지녔거나 그 같은 변신이 가능한 인물이라야 가능했다. 이성계는 사실 최영에게 발탁된 장군이었으며, 최영 장군의 그늘에 가려 있다가 어느 순간 최영 장군을 처형하고 왕이 된 인물이라는 점에서 그를 신격화하는 작업은 아무래도 무리가 따랐을 것으로 보인다. 반면 최영 장군은 한국 최고의 산신으로 모셔진다는 점에서도 이성계와 비교할 수 있다.

하지만 지리산에 새로운 산신이 등장한다. 조선 시대 역사서나 문헌에서 새롭게 등장하는 산신은 태을산신이다. 『동국여지승람東國輿地勝覽』에 '태을이 (지리산) 위에 거하니 여러 신선이 모이는 곳이며, 용상龍象들이 사는 곳'이라는 내용이 나온다. 이어 조선 후기 실학자 이중환의 『택리지』 명찰 편에도 '지리산은 태을이 사는 곳으로 신선들이 모이는 곳이다'라고 기록하고 있다.

1 | 2 | 3

1. 지금은 고인이 됐지만 1970년까지 지리산 왕봉에서 성보석상을 지킨 김순용 옹의 생 모습
2. 두류산악회에서 천왕사 맞은편에 새로 만 성모석상
3. 천왕사에 콘크리트로 고정한 원래의 성모석

태을은 천지만물의 출현 또는 성립의 근원인 우주의 본체를 인격화한 천제天帝로, 태을성은 곧 북극성이며, 병란·재화·생사 따위를 맡아 다스린다고 하는 신령한 별이다. 이 별을 신격화한 것이 태을성신이다. 태을성신은 인간의 길흉화복을 관장하면서 인간의 수명을 관장하는 칠성신의 역할을 하는 신격이기도 하다. 따라서 태을성신은 칠성신앙과도 밀접한 관련이 있다. 칠성신은 민간에서 산신과 더불어 중요한 신으로 받들어 모셔지는 신격이다. 또한, 태을은 도교에서 북극성을 신격화하는 신성의 하나다. 지리산을 도교신앙의 성지로 인식했다는 사실을 알 수 있다. 지리산 산신에 대한 중요한 인식의 전환점이 되기도 한다.

지리산 산신에 대한 인식은 조선 시대 들어서 도교, 그리고 유교와 성리학의 영향을 받은 산신으로 새롭게 태어난다. 도교는 이미 샤머니즘적 요소를 상당히 융합하고 있었기 때문에 서민 생활에 스며드는 건 별로 어려운 문제가 아니었다. 전통 샤머니즘 칠성신은 태을성신과 합해지는 과정을 보인다. 산신과 도교의 융합이다. 그뿐만 아니라 천제라는 개념은 유교와 성리학에서 볼 수 있는 개념이다. 유교에서 신은 크게 두 부분으로 나뉜다. 첫째는 고대 문헌에서 나타난 신으로, 흔히 상제上帝 혹은 천天으로 표현된 인격신을 가리킨다. 둘째는 주자朱子를 비롯한 성리학적인 의미에서의 신이다. 특히 주자는 이理를 매우 중요시했던 만큼 성리性理와 귀신·정신·혼백을 뚜렷이 구별하여 전자를 오로지 '이'라 한다면 후자를 '기'라고 했다. 귀신·정신·혼백은 기이므로 유類를 따라 감응할 수 있으나 이는 감응되는 것이 아니라고 한다. 하지만 이는 기의 뿌리가 되고, 이는 쉬지 않고 순환하는 천지조화의 회로와 같은 것이어서 날마다 무한히 생기는 기의 원천이 되므로 기가 끊어져 없어지는 일은 있을 수 없다고 주장한다. 이처럼 주자는 신이라는 말을 따로 사용하지 않고 그 신에 해당하는 최고의 초월적 원리로 내세우고 있다.

조선 시대는 불교국가인 고려와 달리 통치 이데올로기인 유교와 성리학의 이념이 산신에게까지 영향을 미치고 있다.

지리산 산신은 정사正史에만 등장할 뿐 아니라 유람록에서도 나타난다. 조선조 유학자 점필재 김종직의 천왕봉 산행기 『유두류록』에 '성모 사당은 삼간 판옥인데, 지붕의 너와에는 큰 쇠못을 박아 매우 견고하며 두 사람의 화공 스님이 벽에 그림을 그리고 있었고, 눈과 눈썹머리 쪽진 데와 얼굴에 색감을 진하게 칠하여 눈길을 끌었다'라고 기록하고 있다.

김일손의 『두류기행록』에서도 '거처하는 백성들에게 물으니 이 (지리산 산)신을 마야부인이라고 하는데, 이는 속이는 말입니다. 점필재 김공(김종직)은 우리 동양의 박학다식한 큰 선비인데, 이승휴의 『제왕운기』에서 징험하여 이 신을 고려 태조의 비妃인 위숙왕후라고 했으니 믿을 만합니다. 위숙왕후는 열조烈祖를 이끌어 세워 삼한을 통일하여 우리나라 사람들을 분쟁의 고통에서 벗어나게 했으니 큰 산에 사당을 세워 영원히 흠향하는 것은 순리입니다'라고 기록하고 있다.

개인적인 유람록이긴 하지만 산신에 대해선 어김없이 언급한다. 그리고 산신의 대상에 대해선 당시에도 약간 혼란스러운 부분을 엿볼 수 있다. 이는 사실 약간의 논리적 근거를 갖고 누가 무슨 주장을 하더라도 완전 얼토당토않은 주장 외에는 어느 정도 먹혀들기 마련이다. 정확한 사실을 알고 있는 사람은 아무도 없기 때문이다. 하지만 지리산 산신에 대한 큰 틀은 시대에 따라 다소 바뀌기는 했지만 몇 가지로 정리된다. ① 천신의 딸인 성모 마고설, ② 신라 시조인 박혁거세의 어머니 선도성모설, ③ 고려 태조 왕건의 어머니 위숙왕후설, ④ 석가모니의 어머니 마야부인설, ⑤ 태을성신을 포함한 여러 신선 거주설 등이 주된 지리산 산신이라는 사실은 누구도 부인하기 어렵다.

왕건의 지시로 만들어진 성모사에 모셔진 지리산 산신의 성모석상은 일부 전문가들은 복장 양식이나 스타일이 40대의 신라 여인상이라고 한다. 하지만 1천여 년 이상 세월이 흐르는 동안 한국인의 전형적인 상징으로 여겨져 왔다. 때로는 선도성모로, 때로는 위숙왕후로 변신에 변신을 거듭했지만, 본질은 하나였다. 바로 한민족의식을 계승한 우리 조상의 모습이라는 것이다. 가슴에 두 손을 모으고 앉아 있는 두 자 높이의 이 석상은 마치 모진 풍파 속에서 시달려 온 한민족의 역정을 가감 없이 보여주는 소박하면서 아담한 모습 그 자체다.

산청 두류산악회, 매년 독자적으로 성모제·천왕제 두 차례 지내

『삼국사기』에 따르면 신라 때부터 지리산은 남악으로 불리며, 매년 봄가을에 국가의 안녕과 풍년을 비는 제사를 지냈다고 했다. 구례군에서 일제강점기 때 중단된 국가적 행사인 남악제를 되살려 노고단 아래 남악사에서 매년 4월 20일 곡우 전후해서 지리산남악제를 지낸다.

고려 시대부터 지리산의 중심은 노고단에서 천왕봉으로 바뀐다. 이후부터 노고단에서 남악제를 계속 지냈는지에 대한 기록은 찾기 쉽지 않으나 천왕봉에서 산신제를 지냈다는 기록은 문헌에 자주 등장한다. 구례에서는 해방 이후 남악제를 부활시켜 산신제를 지내고 있지만, 천왕봉에서도 산신제를 계승해서 지내고 있을지 궁금했다. 천왕봉의 행정구역은 함양과 산청이다. 특히 함양은 백무동이 있는 곳이다. 산청은 천왕봉에 갈 수 있는 가장 근접한 위치에 있는 곳이다.

1970년까지 천왕봉 아래 성모사에 성모석상이 존재했던 것으로 산청의 여러 관계자가 증언했다. 그리고 산청에서도 지리산 산신제를 지냈다고 했

구례문화원장 우두성씨가 지리산 남악제를 지내는 남악사를 가리키며 설명하고 있다.

다. 산신제를 지낼 때 모셨던 전통적인 석상인 천왕할매 또는 성모석상은 여러 수난을 당한 과정을 확인할 수 있었다.

1972년 창립한 산청 두류산악회에서 그 이듬해인 1973년부터 매년 추석 이후 10월 초 좋은 날을 택해 천왕봉 아래 성모사가 있었던 자리에서 천왕제를 올린다. 헌관은 당연히 두류산악회 회장이 맡는다. 아헌관은 시천면장이, 종헌관은 두류산악회 감사가, 축관은 두류산악회 고문이 각각 맡아 진행한다. 조선 시대 큰 제사를 지낼 때는 임금이 직접 초헌관을 맡기도 했다. 민간 단체의 산악회지만 제문은 조선이나 고려시대 때 지냈던 내용과 별로 다르지 않아 보인다.

'단군기원 4349년(2016년 기준) 팔월 스무하룻날 덕산두류산악회는 마흔세 번째 천왕제향을 받들어 올립니다. 천제天帝여! 온 나라의 모든 일이 풍성하고 편안하게 하여 주시고 민족통합의 기운이 성숙하게 신조神助하여 주시옵소서. 온 인류가 평화로운 질서 속에서 자유로운 삶을 누리게 하여 주시옵소서. 천지에 가득한 가을 기운을 받아 만기萬機가 형통정연하게 음우하여 주시옵소서. 간수한 제수를 차리고 향연을 올리오니, 강림하시어 흠향하시옵소서!'

그런데 산청에는 성모석상이 두 군데나 있다. 두류산악회에서 매년 가을에 천왕제를 지내는 석상과 천왕사에 모셔진 석상이 그것이다. 천왕사에 있는 성모상이 원래 석상이다. 진주 과수원에 버려진 석상을 국립공원관리공단과 두류산악회, 천왕사 세 단체 대표가 과수원 주인을 설득해 다시 천왕봉 인근으로 가져오는 데 성공했다. 김임규 당시 지리산국립공원 관리소장은 "그때 돌려받은 성모석상은 공단에서 보관하고 있었는데, 1983년 천왕사 혜범 스님이 가져가 지금에 이르고 있다"고 말했다.

천왕사 주지는 성모석상을 다른 곳으로 이전하지 못하도록 천왕사에 아예 콘크리트로 접합해서 고정해버렸다. "공동으로 관리하자"는 공단과 두류산악회의 주장을 아예 무시하고 혼자 독점해버린 것이다. 소송하기도 했으나 돌려받지 못하자 두류산악회에서 회원들과 뜻을 같이하는 산청 주민 500여 명의 지원을 받아 천왕사 맞은편에 모양은 비슷하면서 크기는 훨씬 더 크게 해서 성모석상을 독립적으로 세웠다.

두류산악회에서 지내는 산신제는 천왕제와 성모제로 나뉘어 있다. 천왕제는 천왕봉 바로 아래 성모사가 있었던 자리에서 지내고, 성모제는 매년 봄 새로 세운 성모석상에서 지낸다. 두류산악회는 장기적으로 공식 예산을 지원받아 천왕봉 아래 원래 있었던 성모사를 복원한 뒤, 그 자리에 성모석상을 옮겨놓을 계획을 하고 있다.

조출환 두류산악회 회장은 "성모제와 천왕제를 산청주민들과 같이 지내기 때문에 군민단합에 큰 힘이 되고 있다"며 "군청에서 예산만 제대로 확보하여 1970년대까지 있었던 천왕봉 아래 성모사에 성모석상을 세운다면 산청군민들의 단합뿐만 아니라 지리산 정기를 새로 받을 수 있을 것으로 보인다."고 말했다.

지리산 산신제 지내는 구례 남악사
지리산 산중인 우두성 구례문화원장

지리산 산신제는 현재 구례·산청에서 지낸다. 구례는 군에서 적극적으로 지원하고 문화원에서 직접 주최한다. 산청에서는 덕산 두류산악회에서 지낸다.

구례는 지리산남악제를 가장 일찍 시작해서 해마다 4월 20일 곡우 전후해서 열린다. 광복 후 유지와 군민들이 지리산신제를 봉행했다는 역사성을 내세워 올해로 71회째를 지냈다. 매년 주제는 '천년의 역사 속으로 떠나는 여행'. 신라 때부터 이어온 행사를 구례가 앞장서서 지내고 있다는 사실, 즉 역사성을 앞세우고 있다. 특히 국가적 제사를 지냈던 지리산신사가 천왕봉이 아니라 노고단에 있었다고 주장한다. 신라 시절 천왕봉에 있었던 제장을 고려 시대에는 노고단 또는 노고단 근처로 옮겼다는 것이다. 그 근거로 이승휴의 『제왕운기』를 제시한다.

'노고단이라는 곳은 우리 태조가 일찍이 여기에서 기도하여 지리산신의 감몽을 받았으므로 남악사를 남원 소의방(지금 구례 산동면 당동) 당촌으로 옮겨 세웠다. 길상봉(노고단)은 또한 문수봉이라고도 하는데, 지리산 세 개의 봉 가운데 조봉인 까닭에 남악사를 이곳에 세운 것이다. 그 터가 지금도 남아 있다.'

구례 문화원장 우두성씨가 구례 남악제와 산신에 대해서 설명하고 있다.

사실의 진위를 차치하더라도 구례군은 지리산 산신제에 있어서는 제일 앞서는 건 사실이다.

산신제의 위패는 '지리산지신智異山之神' 또는 '지리산대대천왕천정신보살智異山大大天王天淨神菩薩' 이를 줄여 '지리산대대천왕智異山大大天王'이라고 쓴다.

남악제례는 유교식으로 진행한다. 산신과 유교는 어울릴 것 같지 않지만 제사 방식과 복식 등 엄격한 고증을 거쳐 확인했다고 한다. 다른 지역의 산신제가 불교식 또는 무교식 산신제를 지내는 것과는 구별된다. 2005년 남악제에는 전국의 유림 대표가 참여하기도 했다. 유교식 산신제를 계승하는 전통 문화축제로 자리매김하는 계기가 됐다.

유교식 산신제는 조선 시대 국가 제사의 성격을 반영하는 것이기도 했다. 국가 주도형 산신제는 일제 강점기에 사라졌다. 그것을 구례군이 재현해서 지내고 있다고 자부하고 있다. 그래서 국가지정 무형문화재로 등재하기 위한 노력도 동시에 펴고 있다. 역사적 근거가 충분치 않아도 산신제의 역사성과 전통성을 강조하며 남악제의 정통성을 내세우고 있다.

구례군의 애초 계획은 "2015년 연말쯤 지리산남악제를 국가지정 문화재 무형유산으로 문화재청에 신청할 예정이었으나 안타깝게도 마무리가 조금 미진해 2016년으로 해를 넘기게 됐다"고 우두성 문화원장은 말했다. 구례군은 2011년 '지리산남악제의 역사와 문화'라는 주제로, 2013년엔 '지리산 남악제의 전승과 축제연구'에 관한 학술심포지엄을 3번이나 개최하는 등 2003년부터 지리산남악제를 무형문화재로 등재하기 위한 작업을 꾸준히 해왔다고 우 원장은 덧붙였다. 현재 남악사는 전라남도문화재자료 제36호로 지난 1984년 2월 29일 지정된 상태다.

매년 4월 곡우 때만 되면 구례에서는 "삼가 주찬을 갖추어 민관이 함께 모여 정성을 들이오니 지리산신이시여! 영원토록 흠향하옵소서."라는 고축문이 지리산 자락에 울려 퍼진다.

구례 화엄사 옆 남악사에서 남악제례를 올리고 있다.

구례 유림회에서 남악사를 올리고 있다. 구례 산신제는 전국에서 유일하게 유교식으로 진행한다.

03

중악 팔공산은 갓바위 산신說

일부선 김유신 장군도 거론… 한때 신라 수도로 천도 움직임도

팔공산은 신라 삼산 오악 중 중악이다. 오악은 통일신라가 각 지역의 대표적인 명산을 지정해서 국가적인 제사로 왕이 직접 주관해서 지내던 곳이다. 신라는 통일 전 수도 경주를 중심으로 삼산과 왕경오악이라는 형태로 산악숭배신앙을 가졌다. 통일 이후 신문왕대에 이르러 중국 호국신의 개념인 오악까지 수용하여 삼산 오악제도를 국가체제로 정비한다. 『삼국유사』와 『삼국사기』에 이 같은 기록이 그대로 전한다. 산악숭배신앙이 바로 산신으로 나타나는 호국신이며, 그 산신에게 지내던 산신제는 지금도 그 전통을 계승하고 있다.

매년 3월 12일 전후해서 열리는 팔공산 산신제에 온갖 플래카드가 나부낀다. 그 중 어느 산신제를 가더라도 꼭 빠지지 않는 내용이 팔공산 산신제에도 그대로 보인다. '천하대장군, 지하여장군' '팔만사천 용왕대신' '북두대성 칠월성신' '천지신명 옥황상제' '팔도명산 산신천왕' '개국시조 단군천왕' 등이다.

여기서 반드시 파악하고 넘어가야 할 중요한 내용이 있다. 우리 전통

사상인 천天지地인人과 관련된 부분이다. '천하대장군 지하여장군'은 말 그대로 하늘에서 내려온 장군과 지하에서 올라온 장군이 지상에서 수호신으로 좌정해서 마을을 지킨다는 것이다. 하늘은 양이고 땅은 음, 즉 음양 오행사상의 한 축인 하늘과 땅을 숭앙했던 전형적인 우리 전통신앙의 한 측면을 보여준다. '팔만사천 용왕대신'은 우리 전통신앙에서 존재했던 바다의 신이다. 용왕대신은 뭍으로 올라와 해수관음보살로 화했다. 지금 한국의 4대 기도처로 알려진 남해 금산 보리암, 양양 낙산사 홍련암, 여수 향일암, 강화 석모도 보문사도 모두 바다의 용왕신앙이 불교가 한반도로 전래하면서 불교식으로 절충한 신앙 형태다. 이들 사찰은 바다를 앞에 두고 있는 점이 공통으로 나타난다. '북두대성 칠월성신'은 개념에서 짐작할 수 있듯 하늘의 신이다. 하늘의 신은 인간이 죽으면 돌아가는 곳에 있으며 인간의 수명과 죽음을 관장하기도 했다. 사람이 죽으면 원래 자리도 돌아간다는 의미로 '그 사람 돌아갔다'는 말은 그래서 나온 개념이다.

팔공산 갓바위 기도인파 한반도 고유의 산신숭배가 불교가 유입되면서 절충과정을 거쳐 나타난 불상으로 추정하는 팔공산 관봉석조여래좌상, 일명 갓바위다.

하늘과 땅, 그리고 바다의 대표적인 신, 즉 우리 전통사상인 천지인 삼재사상이 산신제에 그대로 반영돼서 등장한다. 이는 산신이 우리 고유 신앙이라는 사실을 결정적으로 반증한다. 우리 전통신앙에서 말하는 삼신은 산신과 용왕신, 칠성신이다. 이 삼신이 산신제에서 모두 모셔지는 것이다.

고대 신라인들에게 최고의 신앙은 산악(산신)숭배 사상이었다. 통일 전에도 산신신앙은 존재했다. 이는 『삼국유사』 권1 기이 김유신 조에 잘 나타난다. '(김유신은) 칠요七曜의 정기를 타고 나서 등에 칠성七星 무늬가 있고 또 신이한 일이 많았다. …(중략)… 나림奈林 · 혈례穴禮 · 골화骨火 세 산신이 백석이 고구려 간첩이라는 사실과 고구려로 유인되고 있다는 사실을 알려준다. 김유신은 백석을 죽이고 세 신에게 제사를 지낸다.'

김유신은 호국신인 나림 · 혈례 · 골화 세 산신의 도움을 받아 목숨을 건지고 통일의 기틀을 다져나간다. 또 『삼국사기』 권41 열전 제1 김유신 조에는 '김유신이 공산 (산신) 난승에게 방술의 비법을 전수 받는다'는 기록이 나온다. 이 같은 사실은 삼국통일 전에 이미 신라는 호국신을 모시는 산신숭배 사상을 가졌다는 것을 알 수 있게 해준다.

『삼국사기』 권32 잡지 제사 조에 '3산 · 5악 이하 전국의 명산 · 대천을 나눠 대사大祀 · 중사中祀 · 소사小祀로 한다.'는 기록이 나온다. 대사 3산은 첫째가 나력奈歷(습비산 : 지금의 낭산), 둘째 골화骨火(경주의 금강산), 셋째 혈례穴禮(청도 오리산)다. 이 3산은 이미 통일 전부터 신라의 호국신으로 숭배하던 곳이었다. 3산의 공통점은 신라 건국 시기의 3소국의 시조 탄강지誕降地와 관련 있다. 박 · 석 · 김 세 시조는 모두 하늘에서 알로 내려와 탄생한 신화를 가진다. 이들이 바로 하늘에서 산신으로 강림한 것을 말하며, 신라 지배계급의 조상신이다. 따라서 산악숭배 사상이나 산신신앙은 고대 신라의 전통신앙으로 파악할 수 있다.

팔공산 전경 조명래 팔공산연구소 소장은 "신라 중악 중에 유일하게 국립공원으로 지정되지 않은 산이 팔공산"이라며 "전국에서 가장 많은 사람이 찾고 가고 싶은 산으로 꼽히는 팔공산이 최대한 이른 시일 내 국립공원으로 지정돼야 한다."고 강조했다.

반면 오악은 중국에서 받아들였던 것으로 학자들은 보고 있다. 통일 신라는 국경의 개념과 더불어 국방을 더욱 굳건히 다지기 위해 전국을 방위 개념으로 5곳의 산에 왕이 주관하는 산신제를 올린다. 그 오악이 동악 토함산, 남악 지리산, 서악 계룡산, 북악 태백산, 중악 부악父岳(공산이라 하며 지금의 팔공산)이다. 지리산은 가야, 계룡산은 백제, 태백산은 고구려의 영토로 지역마다 대표적인 한 곳에 호국신을 둔 셈이었다. 일종의 국경의 개념이기도 했다.

오악은 중국의 제도를 받아들였지만, 통일 이후 이질적 집단을 하나로 묶는 화엄사상의 화엄종 명찰이 전국적으로 창건되면서 산악에 기존 산신사상과 절충하는 과정을 거친다. 태백산 부석사, 토함산 불국사, 지리산 화엄사, 계룡산 갑사, 팔공산 미리사 등 대표적 화엄사찰이 잇달아 창건된다. 오랜 고유사상인 산신신앙에 외래 종교인 불교가 융합되면서 한반도만의 새로운 불교문화가 싹트기 시작한다. 그런데도 고유의 산신 신앙은 민간에서 그 전통을 이어받아 오늘날까지도 계승되고 있다. 중악 부악도 화엄사상에서 예외가 아니었다. 오히려 한반도 다른 지역의 그 어느 산보다 더 깊은 불심을 드러냈고, 팔공산 곳곳에 대사찰을 창건하는 등 불교문화를 꽃피웠다. 그 유산은 지금도 어렵지 않게 찾을 수 있다.

특히 중악 부악은 유일하게 별칭을 가진 산이었다. 부악이며 공산이었다. 부악은 '아버지의 산'이란 의미다. 왜 부악이란 지명이 유래했는지에 대해서는 자세히 알려진 바가 없다. 단지 신라가 신문왕 9년(689) 팔공산으로 천도를 고려할 정도로 중요시됐던 산으로서 아버지의 산이란 지명이 붙은 것이 아닌가 추정할 뿐이다. 일부 사학자는 "신라의 지배세력인 김씨 족단의 발상지이기 때문일 것"이라고 짐작한다. 김씨 족단들은

매년 3월 12일 전후해서 팔공산 산신제가 열린다.

경주로 들어가기에 앞서 대구 부근에 정착한 까닭에 팔공산을 아버지의 산이라 불렀던 것으로 파악한다. 그래서 부악을 앞에 내세우고 공산을 괄호 속에 병기하고 있다.

공산은 국가의 공식적인 산이라는 의미와 신성한 산이란 주장으로 나뉜다. 국가의 공식적인 산은 김씨 족단이 경주에 들어가기에 앞서 거주했던 산인만큼 국가적으로 매우 중요한 산이었다는 의미다. 경북대 사학과 문경현 명예교수는 "공산은 신성한 산이란 의미"라고 말한다. "공산의 어의는 곰뫼란 뜻이다. 곰을 한자로 표기하기 위해 공으로 적었고, 곰은 북반구에서 널리 숭배됐던 토테미즘 사상의 하나로 신성시되던 동물을 말한다. 따라서 공은 신성을 나타내고, 뫼는 산으로 신성한 산이란 의미" 라고 주장했다.

오악의 중악으로써 공산 혹은 부악으로 불리며 불교문화를 꽃 피웠던 팔공산은 원효의 수도처로서, 김유신의 훈련장으로서, 일연의 도량처로서 역사서에 매우 많이 등장한다. 그뿐만 아니라 산신에 관한 기록도 어렵지 않게 찾을 수 있다. 『삼국유사』 권4 심지계조心地繼祖 조에 동화사 창건 설화에 팔공산 산신에 대한 내용이 나온다.

> 심지가 속리산의 영심永深으로부터 간자簡子를 받아 중악으로 돌아오자, 산신이 두 선자仙子를 데리고 그를 맞이하여 산기슭으로 데려갔다. 산신은 심지를 인도하여 바위 위에 앉히고 그들은 엎드려 삼가 정계正戒를 받았다. 이어 심지는 말했다. "이제 적당한 땅을 가려서 성간자聖簡子를 봉안하려 하는데, 이는 우리만이 정할 일이 아니니, 그대 세 사람과 함께 높은 곳에 올라가 간자를 던져서 점을 쳐보자." 그러고는 그들과 함께 산꼭대기에 올라가서 서쪽을 향해 간자를 던지니, 간자를 바람을 따라 날아갔다. 이때 산신이 노래를 지어서 불렀다. 가렸던 바위, 멀리

물러나 숫돌처럼 평탄해지고, 낙엽이 날아 흩어지니 앞이 밝아지네. 부처의 뼈로 만든 간자를 찾아내어, 정결한 곳에 모시고 정성을 다하리라. 노래를 부르고 나서 숲속 샘에서 간자를 찾아 그곳에 당을 짓고 간자를 모셨다. 지금 동화사 참당 북쪽에 있는 작은 우물이 바로 여기이다.

여기서 등장하는 심지는 헌덕왕의 아들로서 심지 왕사로 불린 승려였다. 중악의 산신이 진표의 간자를 중악으로 전해온 심지를 맞이하여 함께 길지를 택해서 당堂을 짓고 간자를 모셨다는 내용이다. 산신이 심표로부터 정계를 받았다고 한다. 심지 왕사는 이외에도 산신의 힘을 얻어 팔공산 동쪽에 천성사, 북쪽에 중암암과 묘봉암, 서쪽에 파계사, 남쪽에 동화사를 창건했다. 이 가운데 중암암中巖庵은 바위에 뚫린 구멍이 절의 출입문 구실을 하는 '돌구멍 절'로 통한다. 중암암에서 김유신이 17세 되던 해인 611년 삼국통일의 웅지를 품고 찾아 수련하면서 산신 '난승'을 만난 장소로 전한다. 은해사 일주문을 지나 4㎞가량 들어가면 나온다. 이 같은 사실로 볼 때 산신신앙은 불교와 전혀 마찰 없이 자연스럽게 절충되고 있었다는 사실을 짐작할 수 있다.

김유신이 삼국통일 전 팔공산에서 훈련하면서 산신을 만났다는 기록도 『삼국유사』 권1 기이1 김유신 조에 자세히 전한다.

유신공은 진평왕 17년(595) 을묘에 태어났는데, 칠요의 정기를 받고 태어났기 때문에 등에 칠성의 무늬가 있었다. 그에게는 신기하고 기이한 일이 많이 있었다. 나이 18세 되던 해 임신년에 검술을 익혀 국선이 됐다. 이때 백석이란 자가 있었는데 어디서 왔는지 아무도 몰랐다. 유신은 고구려·백제 두 나라를 치기 위해 밤낮으로 모의를 하고 있었다. 백석이 그 일을 알고 유신에게 고하기를 "제가 공과 함께 먼저 적국에 들어가 정탐을 한 연후에 도모하는 것이 어떻겠습니까?"라고 했다. 유신이 기뻐하며 백석을 데리고 밤에 길을 떠났다. 고개 위에서 막 쉬고 있는데 두 여자가 따라 왔다. 여인이 말하기를 "공이 말씀하는 바를 잘 알겠으나, 바라건대 공께서 백석을 잠시 떼어놓고 우리와 함께 수풀 속으로 들어가면 실정을 말하겠습니다."고 했다. 이에 그들과 함께 들어가니, 낭자들이 문득 산신山神으로 변하더니 말을 했다. "우리들은 나림奈林 · 혈례穴禮 · 골화骨火 등 세 곳의 호국신인데, 지금 적국의 사람이 낭을 유인하여 가는데도 낭이 그것을 모르고 따라가므로 낭을 말리려고 여기에 온 것입니다"고 했다. 말을 마치자마자 자취를 감췄다. …(중략)… 공이 곧 백석을 죽이고 온갖 음식을 갖춰 삼신三神에게 제사를 지내니 모두 다 나타나서 흠향했다.

『삼국사기』 권41 열전 제1 김유신 조에도 비슷한 내용이 등장한다.

공의 나이 15살에 화랑이 됐다. 당시 사람들이 기쁘게 따랐다. 그의 화랑도를 용화향도龍華香徒라 했다. 진평왕 건복 28년 신미(611)에 공의 나이 17살에 고구려, 백제, 말갈이 국경을 침범하는 것을 보고 분개하여 적국을 정벌할 뜻을 품었다. 홀로 중악석굴에 들어가 재계하고 하늘에 고하여 맹세하기를 적국이 무도하여 이리와 승냥이 범이 되어 우리 국토를 침략하여 거의 편안한 해가 없습니다. "나는 한낱 미약한 신라인으로서 재주와 힘을 헤아리지 않고 뜻을 화란을 맑게 하고자 하오니 상천은 굽이 살피사 나에게 힘을 빌려주소서."라 하였다. 수도한 지 나흘 만에 문득 한 노인이 거친 옷을 입고 와서 말하기를 "이곳에는 많은 살모사와 맹수가 있어 무서운 곳인데 귀소년이 여기 와서 혼자 있으니 어찌 된 일인가", 유신이 말하기를 "어른께서는 어디서 오셨습니까, 존명을 알려주실 수 있겠습니까" 하니 노인이 "나는 일정한 주소가 없이 인연을 따라가고 머무르네. 이름은 난승難勝일세." 공이 이 말을 듣고 그가 비상한 사람인 것을 알고 재배하여 나아가 "나는 신라 사람입니다. 나라의 원수를 보니 마음이 아프고 근심이 되어 여기 와서 만나는 바가 있기를 원하고 있었습니다. 바라옵건대, 어르신께서는 저의 정성을 어여삐 여기시어 방술을 전수하여 주옵소서." 노인은 잠자코 말이 없었다. 공이 눈물을 흘리며 간청하여 마지않고 6, 7차례에 이르니 노인이 그제야 "그대는 어린데도 삼국을 병합할 마음을 가졌으니 어찌 장하지 않겠는가." 하고는 비법을 전수하면서 조심해서 함부로 전하지 말라, 만일 불의하게 쓴다면 도리어 재앙을 받을 것이다. 말을 마치고 작별을 하여 2리쯤 갔는데 쫓아가 바라보니 보이지 않고 오직 산 위에 오색과 같은 찬란한 빛이 나타나 있을 뿐이었다.

여기서 등장하는 난승이 바로 팔공산 산신의 구체적 이름이라고 문경현 교수는 말한다. 『삼국사기』와 『삼국유사』의 다른 부분에서도 팔공산 산신이나 국가적 제사에 관한 비슷한 기록이 상세히 전한다.

고려 시대에 들어서는 무신집권 세력이 경주, 영천, 청도, 대구, 청송 등지에서 민란이 발생하자 토벌작전을 펼쳐 난을 평정한 뒤 공산에 올렸던 3번의 제사 기록이 이규보의 『동국이상국집東國李相國集』에 그대로 나온다. '제공산대왕문祭公山大王文' '헌마공산대왕문獻馬公山大王文' '공산대왕사제문公山大王謝祭文'이 이의 기록이다. 요약하자면, '여러 산을 호위로 삼아 구름을 타고 기운을 부리시는 신령으로 뭉쳐진 공산 산신이 관군에게 손을 빌려주어 무사히 난을 진압하게 되었다'는 내용이다. 이 같은 제사 기록으로 볼 때 고려까지도 국가가 산신제를 주관했던 것으로 여겨진다.

조선 시대에 들어서 유교가 국교로 정해짐에 따라 불교는 상대적으로

팔공산 갓바위에는 연중무휴 기도객이 끊이질 않는다.
정성껏 기도를 올리면 한 가지 소원은 꼭 들어준다고 한다.

밀려나고 산신제도 관심에서 멀어진다. 『조선왕조실록』 세종실록지리지에는 공산을 두고 '해안현 북쪽 11리 거리에 있다. 신라 때는 부악이라 일컫고, 중악에 비겨 중사中祀를 지냈는데, 지금은 수령守令에게 제사를 지내게 한다.'고 기록하고 있다.

『신증동국여지승람』 제26권 경상도 대구도호부에는 '공산 · 팔공산이라고도 일컫는데, 해안현에서 북으로 17리에 있다. 신라 때에 부악이라 일컫고, 중악에 비겨 중사를 지냈다. 팔공산을 둘러싸고 있는 것은 대구도호부 및 하양, 신녕, 부계, 인동, 팔경 등의 읍이다'라는 내용이 있다.

『여지도서』 대구 산천 조에는 '팔공산은 해안현 북쪽 17리에 있는데, 신라 때 부악 또는 중악이라 했으며, 중사를 지냈다. 팔공산을 둘러싸고 있는 것은 부府와 하양河陽, 신녕新寧, 의흥義興, 인동仁同, 칠곡漆谷 등 읍이다. 기우제를 지내는 제단이 있고, 고려 태조의 고적이 있으며, 신녕 화산으로부터 이어왔다'는 내용이 전한다.

이 같은 기록은 팔공산 산신이 어떠한 형태이던 존재했던 것으로 파악된다. 공식 기록에 나타나는 팔공산 산신의 호칭은 '공산천왕' 혹은 '공산대왕'으로 통한다. 지리산 산신을 천왕이라 부르는 것과 거의 같은 격이다. 그 천왕의 거처가 바로 천왕봉이다. 천왕봉은 대개 천신天神이 산신으로 산에 내려오면서 붙은 지명과 관련이 깊다. 같은 신격이지만 위계가 있는 것인지 아니면 수평적 관계인지 규명하기란 아직 쉽지 않다.

속리산 산신도 천왕이다. 『신증동국여지승람』 권16 보은현 조에 '속리산 산신은 대자재천왕大自在天王이다. 그 산신은 하늘에 있는 천신인데 10월 인일寅日에 속리산 법주사에 내려와 45일간 머물다가 하늘나라로 돌아간다.'는 기록이 있다. 이것이 신라 시대 산신에 대한 성격을 가장 잘 보여준다. 이 기록만으로 볼 때는 천신이 곧 산신이고, 산신이 곧 천신인 셈이다. 태백산 산신도 다르지 않다. 태백산 산신은 태백산천왕이

선본사에서 바라본 삼층석탑(오른쪽)과 왼쪽 봉우리에 있는 팔공산 갓바위

다. 『신증동국여지승람』 권34 삼척도호부 사묘 조의 태백산사 분주에 '태백산 정상에 천왕당이라는 부르는 산신사당이 있어 이를 대천왕사라 했다. 봄과 가을에 제사를 지냈다'는 내용이 있다. 가야산 산신은 일반적으로 정견모주로 알려져 있으며, 이를 정견천왕 또는 정견성모라고 칭한다. 가야산 해인사에는 정견천왕사가 있다. 산정에는 정견천왕의 주처인 천왕봉이 있다. 비슬산(포산) 산신을 정성천왕, 영축산 산신을 변재천녀로 부르는 것도 산신의 본 신이 천왕이라는 사실을 보여준다. 영남알프스에 있는 재약산 동남의 가지산 최고봉 천황봉은 천황의 거주처이기 때문이라고 한다.

이 같은 기록으로 볼 때 팔공산은 신라 시대부터 오악의 명산으로서, 천신이 산정 봉우리로 내려왔다는 사실을 추정할 수 있다. 또한, 산신의 호칭을 천왕으로 하는 것으로 볼 때는 정상 봉우리 지명도 천왕봉으로 부르지 않았을까 짐작도 가능하다. 지금은 비로봉으로 알려져 있다. 명산 팔공산에 천신인 본향 산신이 당연히 좌정했을 터이고, 그 이후 인신도 좌정하지 않았을까 여겨진다. 통상적으로 명산에는 본향산신과 인신이 동시에 좌정한 경우가 많기 때문이다.

그러면 팔공산 산신은 과연 누구일까 하는 궁금증이 생긴다. 팔공산과 관련한 숱한 인물들이 거론된다. 원효부터 김유신, 승려 일연, 왕건, 신숭겸 등 역사적 인물들이 많다. 일부 학자들은 김유신 장군을 팔공산 산신이라고 주장한다. 김유신은 널리 알려져 있다시피 대관령 산신이다. 하지만 강릉에 침범한 말갈족을 무찌르기 전 이미 팔공산에서 오랜 기간 화랑도로서 훈련했다. 산신 난승으로부터 비법을 전수받아 말갈족을 쫓아내고 삼국통일의 대업을 이루는 기반을 쌓았다. 이 같은 사실로 볼 때 팔공산 산신이 될 만한 충분한 자격은 갖추고 있다.

김유신이 팔공산 산신이라고 주장하는 근거는 그의 주요 활동무대였다는 점을 든다. 그뿐만 아니라 김유신 영령은 경주의 무덤 대신 팔공산 장군봉 장군당을 즐겨 찾는다고 한다. 김유신 영령은 김유신사祠, 효령사孝靈祠 등으로 불리는 자신의 사당에 머물며 당나라 장수 소정방蘇定方, 귀화한 당나라 장수 이무의 혼령에게 팔공산 구석구석을 안내한다. 그가 수도한 은해사 골짜기의 중암암, 그 옆의 깊은 샘인 장군수, 건들바위, 삼인암, 만년송, 말 형상 바위에서 무예를 연마한 말머리바위 등 김유신의 흔적은 팔공산 곳곳에 남아 그의 영령과 같이한다고 전한다. 하지만 문경현 교수는 "김유신 산신에 대한 공식기록이 역사 문헌 어디에도 등장하지 않는다."고 말하며 "근거 없는 주장"이라고 일축한다.

사실 김유신이 팔공산 산신이라는 주장은 내용상으로도 맞지 않는 것으로 판단된다. 『삼국사기』에 등장하는 심지왕사는 팔공산 산신에게 정계를 주어 동화사를 창건한다. 반면 김유신도 팔공산 산신 난승으로부터 비법을 전수받아 삼국을 통일하는 토대를 마련한다. 산신 '난승'은 그의 이름에서 삼국통일이 쉽지 않다는 사실을 암시한다. 어려운 승리라는 의미다. 하지만 김유신은 난승을 완승으로 끌어낸다. 김유신과 심지왕사는 시기적으로는 약 200년 시차가 있어 연결될 수 있으나, 김유신은 사후 대왕으로 추대된 인물이며, 심지왕사는 그냥 왕사로 존재한다. 그런 관계에서 김유신 산신이 심지왕사에 엎드려 정계를 받았다는 내용은 쉽게 이해하기 힘든 부분이다. 만약 산신이 여러 위位 존재하며, 다른 산신이 심지왕사에 다가와 정계를 받았다고 보면 가능한 일이다. 이렇게 보면 산신이 매우 복잡한 관계로 얽혀진다.

팔공산 산신에 대한 또 다른 주장은 팔공산 갓바위가 산신의 한 전형이라는 부분이다. 이는 대표적으로 충북대 고고미술사학과 김춘실 교수의 주장에서 찾아진다. 김 교수는 "팔공산에서 중사의 제사를 지내던 장소가 어딘지 파악하는 게 우선이다"며 "하지만 어디에도 흔적과 기록이 남아 있지 않다. 아마 팔공산 산신제는 일찌감치 불교에 흡수되어 전통적인 단묘가 사라진 것으로 보인다. 다만 최근까지 마을 주민들이 『관봉석조여래좌상』에 기우제를 지내던 것에 비춰보면 갓바위가 바로 팔공산 산신의 흔적일 수 있다"며 조심스럽게 추정했다.

위에서 내려다본 선본사(오른쪽 계곡 파인 곳)와 정상 능선에 있는 갓바위

팔공산 갓바위 옆으로 새로운 해가 떠오르고 있다.

김 교수의 근거는 『삼국유사』 심지 왕사와 관련된 내용을 든다. 심지 왕사가 정상 바위 위에서 산신을 앉히고 정계를 주었다는 내용은 중악의 산신이 심지 왕사를 마중 나온 곳이 바로 관봉석조여래좌상이 있는 장소일 가능성이 높다는 주장이다. 이 주장은 시기적으로는 맞아떨어진다. 전문가들은 관봉석조여래좌상, 일명 갓바위가 9세기 즈음 건립된 것으로 추정한다. 9세기면 심지 왕사가 활동했던 시기다. 김 교수는 "관봉석조여래좌상에서 처음 보이는 보개(갓)는 일반 불상과 다른 국가수호의 천신, 즉 산신의 의미를 포괄하고 있다는 신앙적 내용을 표현하기 위해 처음으로 고안된 장치가 아닐까 여겨진다."고 말했다. 김 교수는 또 "관봉석조여래좌상은 팔공산의 오악에 대한 전통의 산신제사가 불교적 의례로 바뀌면서 조성된 불상"으로 추정했다. 김 교수는 결론적으로 "전통적으로 높은 산정에 산악제사를 지내던 제단이 있는 곳이 불교사원으로 흡수되었건 또는 흡수되지 않고 병존하건, 같은 영역에 사찰이 들어오고 불상이 조성된 점은 국가수호를 전통의 산신제사에만 의존했던 것에서 불교의 확산과 더불어 부처의 위신력과 교화로 국가 안위를 빌게 했다는 것으로 해석된다."며 "이는 한국인이 전통적으로 갖고 있던 산악숭배나 바위신앙이 불교와 융합하면서 나타나게 되는 실제적인 사례에 해당한다."고 주장했다. 김 교수는 "산악신앙은 치병과 기우, 용왕숭배 등 주술적인 면이 강한데, 이 점이 불교로 환원되면서 현대에 약사도량으로 부활한 것으로 보인다."고 강조했다.

이 같은 주장은 공식기록은 없지만 하나의 이론으로서 충분히 검토할 만한 것으로 보인다. 현재 팔공산 제단의 흔적은 정확한 고증을 거친 것은 아니지만 일부에서는 중봉의 꼭대기라고 한다.

어쨌든 산신신앙은 한민족의 대표적인 고유신앙이다. 일반적으로 하늘과 땅, 산과 물은 인간의 삶을 지배하고 통제하는 절대적 존재로 여겼다. 그들을 숭배의 대상으로 삼은 건 지극히 자연스러운 이치였다. 그 가운데 하늘은 가장 강력한 힘을 지닌 자연물이었으며, 거기에 가장 가까이 다가갈 수 있는 산은 그다음으로 여겼다. 하늘에는 천신이 있고, 산에도 늘 머물면서 지키고 있는 주인이 있다고 여겼다. 그것이 바로 산신이다. 이는 한반도의 산에만 해당하는 것이 아니라 지구상 모든 산에 해당한다고 민속학자와 인류학자들은 주장한다.

04

서악 계룡산엔 자연계 '산신 원형성' 유지

상상계~현실계 연결… 조선시대 수도 됐으면 달라졌을 수도

계룡산 산신은 누구일까? 남성일까, 여성일까? 통일신라 시대의 오악인 지리산은 구체적인 산신의 실체가 드러나는데, 같은 오악이었던 계룡산에는 왜 나타나지 않을까? 계룡산 산신은 언제부터 유래했을까? 이런 의문을 갖고 계룡산 일대를 샅샅이 훑고 다녔다. 산신이나 계룡산 관련 전문가라는 전문가는 다 찾아서 만났다. 산신의 실체는 끝내 밝혀지지 않았고, 알 수 없었다.

하지만 매우 중요한 새로운 사실을 발견했다. 이전에 소개한 산신과는 또 다른 산신의 존재를 확인할 수 있었다. 의미 있는 소득이었다. 이른바 '산신의 원형'에 관한 내용이다.

먼저, 기록에 전하는 계룡산 산신부터 살펴보자. 계룡산은 잘 알려진 대로 조선의 진산이 될 뻔했던 산이다. 계룡산을 진산으로 한 신도안을 조선의 도읍지로 정하려고 1년여 조성작업을 하다 산신의 반대로 공사를 중단했다는 전설이 전한다. '신도안과 이성계'라는 제목으로 전하는 내용이다.

> 태조가 무학대사와 함께 신도안에 도읍을 옮기려고 사흘 동안 역사를 하면서 주춧돌을 마련했다. 이때 무학의 꿈에 계룡산신이 현몽해서 "여기는 오백 년 후에 정씨의 팔백 년 도읍지가 될 터이니 한양으로 가라"고 했다. 그래서 한양으로 가서 처음 왕십리에 자리를 잡았다가 다시 산신의 계시를 받아 십 리를 더 가서 (지금의) 자리를 잡았다.

금계포란형+비룡승천형=계룡산

통일신라 오악으로 지정된 계룡산은 특히 조선 시대에서는 왕도를 건설하기 위한 1년여 작업을 벌이기도 했던 명산이다. 암벽으로 이뤄진 주능선은 강한 기운이 뿜어져 나와 기도발이 좋은 영산으로 알려져 있다.

이성계는 무학대사와 함께 계룡산을 비롯한 전국의 산을 돌면서 산신기도를 했던 것으로 알려져 있다. 계룡산 사련봉四連峰에 살고 있는 신모가 해몽으로 태조의 건국을 예언했다고 해서, 신모를 위해 사당을 짓고 제사를 지냈다는 전설도 전한다. 또 풍수 보는 사람이 신도안의 형세를 왕에게 바치면서 "이곳이야말로 새로운 도읍지로서의 면모를 갖추기에 손색이 없는 곳인 줄 압니다."라고 했다고도 한다. 이처럼 계룡산은 이미 명산반열에 올라 회자됐던 산이다.

계룡산신에 대한 역사서에 나오는 내용이다.

중국 역사서 『삼국지三國志』 예조濊條에 '(동이족은) 호랑이를 (산)신으로 여겨 제(사)를 지낸다.'고 되어 있고, 『신당서新唐書』 동이전에도 '신라 사람들이 산신에게 제사 지내기를 즐겨 한다.'고 기록하고 있다. 또 『한원翰苑』 백제조에 '계산동치관사서이동화鷄山東峙貫四序以同華'라고 나온다. 계산동치가 바로 계룡산을 가리킨다. 중국에까지 일찌감치 명산으로 알려졌다는 사실을 방증하는 기록이다.

『삼국사기』 권32 잡지 제1 제사 조에 전국의 명산대천을 삼산 오악으로 나눠 제사를 지냈다고 했다. 오악 중 서악이 바로 계룡산이다. 삼산오악을 지정한 시기는 통일신라 직후 신문왕 시절로 추정한다. 명산으로서의 평가뿐만 아니라 정치적으로도 중요하게 여겨졌을 것으로 짐작할 수 있는 대목이다.

하지만 고려 시대에는 계룡산에 대한 기록을 찾기가 쉽지 않다. 『고려사』 잡사 조에서 무등산신, 금성산신, 감악산신, 목멱산신, 마리산, 지리산 등과 관계된 제사 기록은 있지만, 계룡산 제사에 대한 기록은 전혀 없다. 또한 '국내 신지神地 모두에게 훈호를 주다' '명산대천에 모두 신호神號를 내리다' '국내 명산대천에 가호加護하다' '내외의 명산대천에 가호하다' '모든 명산대천으로 사전에 실린 것은 모두 신호를 내리다' 등의 『고려사』 세가에서 보이는 가호 기록에서도 나타나지 않는다. 고려 시대의 계룡산은 오히려 정치적으로 이용되지 않았고, 왕조에 순종적인 지역으로 평가할 수 있다. 왜냐하면, 태조 왕건은 결혼으로 지방 호족세력들을 묶어 통치하려 한 측면이 강했고, 그 지방의 대표적인 산들을 지정해서 산신제를 지내거나 가호를 내렸기 때문이다.

반면 조선 시대는 천도 관계로 계룡산이 매우 자주 등장한다. 『태조실록』 3권 1393년 '전국의 명산 · 대천 · 성황 · 해도의 신에게 봉작을 내리다' 편에 '이조에서 경내의 명산 · 대천 · 성황 · 해도의 신을 봉하기를 청하니, 송악의 성황城隍은 진국공鎭國公이라 하고, 화령 · 안변 · 완산의 성황은 계국백啓國伯이라 하고, 지리산 · 무등산 · 금성산 · 계룡산 · 감악산 · 삼각산 · 백악白嶽의 여러 산과 진주의 성황은 호국백護國伯이라 하고, 그 나머지는 호국의 신이라 하였으니, 대개 대사성大司成 유경이 진술한 말에 따라서 예조에 명하여 상정한 것이었다.'

여기서 조선 왕조에서 계룡산 산신에 호국백의 작호를 내린 사실을 알 수 있다. 고려 시대엔 평가받지 못했던 계룡산이 다시 주목받은 이유는 새로운 도읍지로서의 민심을 얻기 위한 명분으로 작용했을 가능성이 있다. 이를 계기로 계룡산은 조선왕조 내내 일정한 대우를 받았다.

『태종실록』 28권 태종 14년(1414)에 '예조에서 산천에 지내는 제사에 대한 규정을 상정하다' 편에 '예조에서 산천의 사전祀典제도를 올렸다. 삼가 『당서唐書』 『예악지禮樂志』를 보니, 악嶽 · 진鎭 · 해海 · 독瀆은 중사中祀로 했고, 산 · 임 · 천 · 택澤은 소사로 했고, 『문헌통고文獻通考』의 송나라 제도에서도 또한 악 · 진 · 해 · 독은 중사로 했습니다. 본조本朝에서는 전조의 제도를 이어받아 산천의 제사는 등제를 나누지 않았는데, 경내의 명산대천과 여러 산천을 빌건대, 고제古制에 의하여 등제等第를 나누소서.'

임금이 그대로 따라서 악 · 해 · 독은 중사로 삼고, 여러 산천은 소사로 삼았다.

'경성 삼각산의 신神·한강의 신, 경기의 송악산·덕진德津, 충청도의 웅진, 경상도의 가야진, 전라도의 지리산·남해, 강원도의 동해, 풍해도의 서해, 영길도의 비백산鼻白山, 평안도의 압록강·평양강은 모두 중사中祀였고, 경성의 목멱, 경기의 오관산·감악산·양진, 충청도의 계룡산·죽령산·양진 명소, 경상도의 우불산·주흘산, 전라도의 전주 성황·금성산, 강원도의 치악산·의관령·덕진 명소, 풍해도의 우이산·장산곶이·아사진·송곶이, 영길도의 영흥 성황·함흥 성황·비류수沸流水, 평안도의 청천강·구진 익수는 모두 소사이니, 전에는 소재관所在官에서 행하던 것이다. 경기의 용호산·화악, 경상도의 진주 성황, 영길도의 현덕진·백두산은 이것은 모두 옛날 그대로 소재관에서 스스로 행하게 하고, 영안성·정주 목감·구룡산·인달암因達巖은 모두 혁거革去했다. 또 아뢰었다.

개성의 대정大井·우봉牛峯의 박연朴淵은 이미 명산대천이 아니니, 빌건대, 화악산·용호산의 예에 의하여 소재관에서 제사를 행하게 하소서. 임금이 그대로 따랐다.'

『조선왕조실록』에 기록된 계룡산신에 대한 제사만 따로 살펴보면 다음과 같다.

> '태종 13년 9월 18일 내시를 보내어 계룡산의 신에게 제사를 지내다.'
>
> '태종 13년 10월 5일 내시를 보내어 계룡산의 신과 웅진의 신에게 제사 지내다.'
>
> '성종 24년 5월 21일 국가에서 귀후서歸厚書를 설치하고 태백산, 계룡산 등지의 신에게 바쳤다가 물린 물건을 주어 재목을 사는 데에 쓰게 한 것은 위로 대부大夫에서 아래로 사서인士庶人까지 다 관곽을 얻어

서 상용喪用에 이바지하기 위한 것인데, 이제 제천정濟川亭을 중수하는 중들에게 옮겨 주었으니 귀후歸厚에서는 관곽의 재목을 사지 못하므로 인거군人鋸軍 30명이 다 일이 없게 되었습니다.'

'숙종 29년 7월 29일 명산대천이 모두 소사에 기록되어 있는데, 유독 제주도 한라산만이 빠져 있어서, 이를 소사에 새로 편입시키고, 그 제례와 축문은 치악산과 계룡산의 경우에 따를 것을 윤허했다.'

이처럼 계룡산 산신은 역사서에 수없이 등장한다. 하지만 그 실체에 대해서는 지리산이나 토함산, 태백산, 소백산, 가야산과 같이 밝혀지지 않고 있다. 그 실체는 주로 인격신이었다. 하지만 산신의 실체는 다양한 형태로 존재한다는 사실을 계룡산에서 일부 확인할 수 있었다.

계룡산 산신은 왜 구체적 실체가 나타나지 않고 그냥 산신 그 자체로 존재하는가에 대해서 궁금하다. 이에 대해서 한양대 문화인류학과 조홍윤 명예교수는 "계룡산에는 산신의 본향이 그대로 존재하기 때문"이라고 말한다. 이게 바로 산신의 원형이라고 강조한다. 조 교수는 "산신을 제대로 분석하기 위해선 원형분석 방법을 제대로 작동시켜야 한다."며 "샤머니즘적 상상계로 이를 파악해야 한다."고 강조했다. "산신의 원형에 있어서, 초기엔 무속과 갈등을 빚기도 하지만 어떤 것은 원형 구조를 그대로 유지하고, 어떤 것은 부분적으로 바뀐다."고 말한다.

조 교수는 산신이 존재하는 근거를 (저승)상상계와 (이승)현상계로 구조로 나눠 설명한다. 상상계와 현상계를 탯줄처럼 연결하며 흐르는 강이 왕래의 통로가 된다. 상상계와 현상계는 상호 보완의 관계에 선다. 어느 쪽이나 홀로 존재할 수 없다. 서로 다른 쪽에 생명을 준다. 상상계의 꽃으로서 현상계의 어머니를 살려내고, 현상계의 꽃밭이 상상계의 꽃밭이 된다고 한다. 이를 연결하는 통로의 강을 왕래하는 사신이 바로 산신

중악단 중앙에 산신도가 모셔져 있다.

이고, 세속적으로는 무당(샤먼)이라는 것이다. 이 산신의 원형이 바로 상상계의 꽃밭이라고 설명한다.

조 교수는 이어 산신을 본향 산신과 일반 산신 두 부류로 나눈다. 일반 산신은 전국의 명산에 있는 산신을 말하고, 본향 산신은 집안의 조상 대대로 묻혀 있는 조상신적 성격을 띤다. 제일 위로 올라가면 단군으로 대표되는 한민족의 산신으로 연결된다. 일반 산신과 본향 산신은 서로 그물처럼 얽혀 있다. 여기서 중요한 본향과 원형은 산에 대한 인식과 개념으로도 관련된다.

산은 고래로 인간에게 성스러운 곳이다. 인류는 동서고금을 막론하고 산을 신성하고도 거룩한 공간으로 믿어왔다. 땅에서 바라보면 산은 점점 뻗어 하늘로 올라간다. 산 정상에서 내려 보면 인간 세상이 모두 발아래 펼쳐져 한눈에 들어온다. 그곳은 하늘과 가장 가까운 지점이다. 그래서 산은 하늘과 땅을 연결하는 우주축이자 우주의 질서와 안녕을 관장하는 중심으로서의 우주적 산이라는 관념이 인류 초기부터 형성돼 왔다. 힌두교 · 불교 · 자이나교의 중심산인 수메루Sumeru산이 그렇고, 유대교의 시온Zion산도 마찬가지다. 중국 불교의 4대 성지인 오대산 · 구화산 · 아미산 · 보타산도 이와 별다르지 않다. 아메리카 대륙의 인디언 성지인 세도나도 비슷한 경우에 속한다. 이러한 관념 아래 산은 여러 신성한 성격, 즉 신령의 거처, 생산의 주관자, 생명의 공급자, 망자의 거소 등으로 인식됐다. 이처럼 애초에 산신이 존재했던 그 형태를 본향 또는 산신의 원형이다. 어떤 성별에 대한 구분은 없다. 계룡산이 바로 여기서 그 본향의, 원형의 산신이 유지되고 있다고 한다.

그러면 의문이 생기지 않을 수 없다. 계룡산 산신은 그만큼 오래됐고, 중간에 한 번도 변형과정을 거치지 않고 어떻게 그대로 보존할 수 있었을까? 이에 대해 조 교수는 "계룡산 인근은 옛날에 나도 답사를 수차례 가봤는데, 의외로 오래된 문화적 배경을 가지고 있는 사실을 확인할 수 있었다"며 "신석기를 기반으로 한 철기문화 유적들이 여기저기서 발굴됐다"고 말했다. 그러면서 "결정적으로는 왕도가 아니어서 감염될 위험이 매우 적었다"고 나름대로 분석했다. 조 교수는 이어 "계룡산은 숨기도 좋고 튀기도 좋은 산"이라고 덧붙였다.

공주대 사학과 이해준 교수도 크게 다르지 않은 설명을 했다.

중악단에는 평일에도 많은 사람이 찾아와 절을 하며 치성을 올린다.

계룡산 산신에 대한 정체성은 확실하게 잡히는 것이 없다. 일반적 산신으로만 본다. 다른 일반 명산은 고려 시대 들어서 인격신 지역신의 성격을 많이 띠지만 계룡산은 여전히 그대로였다. 산신의 성性은 보는 시각에 따라 달리 나타난다. 불교에서 보는 눈과 지배권에서 신을 보는 관점과 무속에서 보는 관점이 다 다르다. 따라서 성도 어느 특정한 성을 규정하기보다는 그때그때 다르게 나타날 수 있다고 본다. 우리가 현장답사를 나가 보면 산 밑과 산 중턱이나 위의 문화가 상당히 다른 것을 볼 수 있다. 산에서 사는 사람은 자연과 가까워 과거 샤머니즘적 요소가 아직 상당히 강하게 남아 있는 모습을 쉽게 볼 수 있다. 상여가 남아 있는 마을을 보면 자연과 인간의 삶이 밀접한 관련이 있는 곳에서는 여전히 행해진다. 산신도 이와 마찬가지라고 본다. 자연과 밀접한 관련이 있던지, 산신과 어떤 특정한 연결고리가 있으면 현재까지 강하게 남아 있을 것이다.

산신이라고 해서 영생하는 것은 아니다. 한때 왕성하게 믿어지던 산신령도 시간이 흐른 뒤 죽어 소멸한 경우가 많다. 산신의 탄생을 위한 기본 조건들이 더는 충족되지 않고 인간의 사회적 공감이 더욱더 유효하지 않으면 산신은 소멸할 수밖에 없다. 결국, 산신도 인간과 밀접한 관련성을 가진다는 얘기다. 이를 역으로 해석하면 엄청나게 두려운 사실을 발견하게 된다. 산신의 보살핌과 가호가 없다면 인간은 이미 인간이 아니고 소멸할 뿐이라는 사실이다. 그래서 종교가 있고, 산신이 있다고 한다. 계룡산 산신은 정말 산신의 원형을 그대로 유지하고 있는지, 과연 그대로 유지하고 있다면 얼마나 더 지속할지 관심사가 아닐 수 없다.

우리나라 유일 산천제인 '계룡산 중악단 산신제'
고대부터 이어온 행사 일제시대 때 중단… 무유불 3교가 함께 제례 진행

현재까지 유일하게 전승되는 산신제는 계룡산 산신제다. 물론 이것도 과거부터 줄곧 유지됐던 건 아니다. 구한말까지 개최되다가 일제 강점기 때 중단됐던 걸 지역 민속학자와 향토사학자들이 고증을 거쳐 복원해냈다. 지금의 산신제를 개최하기까지 난관도 많았다. 1998년 현대판 산신제를 개최하기까지의 일등공신은 지역 민속학자인 당시 공주민속극박물관장 심우성 씨이다.

심 관장은 내심 기도발과 영발이 좋다고 소문난 계룡산에서 세계무속대회를 개최할 계획을 세웠다. 친척 관계였던 당시 충남도지사 심대평 지사와 대회 개최는 합의했지만 내용 면에서는 계속 이견을 보였다. 심 관장은 "국내 기도처 1위로 꼽히는 계룡산(2위는 태백산, 3위 지리산)을 세계에 알려 지역 브랜드로 삼을 절호의 기회"라고 주장했다. 반면 심 지사는 "무속대회는 다른

우리나라 유일의 산신제가 개최되는 계룡산 중악단 전경
중악단을 감싸고 있는 능선이 주능선이고, 오른쪽이 정상 천왕봉이다.

종교와 갈등을 일으킬 소지가 있고, 도에서 예산을 지원하면 다른 종교의 반발을 감당할 수 없다"고 설득했다. 갈등 중재자로 공주대 이해준 교수를 찾았다.

불교식 산신제 중악단 앞마당에서 열리는 계룡산 중악단 산신제에서 불교식 행사로 진행하고 있다. 산신도가 걸려 있는 장면이 무불융합의 한 단면을 보여주는 듯하다.

이해준 교수는 당시 상황을 이렇게 설명했다. "지사한테 갑자기 전화가 왔는데, 다른 사람이 해결할 수 없는 문제를 이 교수가 꼭 해결해야 한다"며 바로 나오라고 했다. 이 교수는 즉시 나가서 설명을 들었다. 그리곤 한 마디로 중재했다. "무속대회는 한편으로 치우치니 산신제로 유불선을 모두 포함하면 되지 않냐"고. 그래서 지금 유불선 3교가 모두 산신제 행사의 한 부분을 맡아 진행한다. 사실 유불선 3교가 하나의 행사에 다른 식으로 진행하는 제례 그 자체만으로도 이색적으로 볼만하다.

유교식 산신제례는 조선 시대 『국조오례의』에 따라 국행제의 순서로 공주향교에서 진행한다. 초헌관, 아헌관, 종헌관이 차례로 나와 산신에 제를 올리고 국태민안과 무사안녕을 기원한다. 웅진단에서도 수신제례도 함께 올림으로써 산천을 중시하는 원래 산신제의 의미와 기능을 되찾고 있다.

보물 제1293호 중악단에서 열리는 불교식 산신제는 우리나라에서 유일하게 남은 산신단으로써 그 가치를 더한다. 불교는 삼국으로 들어올 때부터 무불융합巫佛融合 과정을 거쳐 한반도에 안착한다. 통일신라를 거쳐 고려 때는 팔관회와 연등회를 통해 무불식 행사가 벌어진다. 팔관회는 불교 신자가 밤낮 하루 동안 부처의 팔계를 지키며 수행하는 불교의 법회지만 산신제 기간에 펼쳐진다. 연등회에서는 부처의 공덕이 찬양된다. 이들은 불교적 명칭을 취하고 있으나 그 속 내용은 고대의 천신제를 그대로 답습하고 있다. 호국을 위한 시조제, 기복제의 성격을 지니며, 천신·용신·산신·하천신에게 제물을 바치는 사실에서 그런 사실을 확인할 수 있다. 산천제는 고려 시대까지 성행했으나 조선 들어서 쇠퇴하기 시작해 구한말과 일제를 거치면서

유교식 산신제 계룡산 중악단 산신제를 공주향교에서 유교식으로 진행하고 있다.

무속식 산신제 계룡산 중악단 산신제의 무속식 진행의 한 장면. 한 무속인이 작두에 올라 굿을 진행하고 있다.

억압으로 일부 지역에서만 명맥을 유지했다.

무속식은 산신 용왕굿과 천황굿을 거쳐 12작두굿을 벌이고 성황당 뒤풀이로 끝난다. 대회 초기에는 네팔과 동남아 일부 국가에서도 무속인들이 참가했으나 해를 거듭할수록 예산감소와 지자체의 외면으로 행사 규모가 축소되고 있다. 참여 인원도 매년 감소하고 있다.

계룡산 산신제 보존회 김경수 사무국장은 "산신제의 기본 취지는 전통을 살리면서 현대에 희망적 메시지를 주는 행사로 발전시키고 싶으나 뜻대로 잘 되고 있지는 않다."면서 "전국 30여만 명에 이르는 무속인들이 한자리에 모이는 한국 무속의 메카로 상징화하는 작업을 성공시켜 지역경제 활성화에 보탬이 되고 싶다"고 포부를 밝혔다.

05

북악 태백산은 조선 초 단종이 산신으로

단종 관련 전설 · 유적들 많아… 그 이전 원형성 기록은 없어

한국에서 오늘날까지 행해지는 전통 집단의식은 약 500건 이상 된다고 민속학자들은 말한다. 그중 114건은 산신山神을 대상으로, 109건은 마을 수호신을, 68건은 기타 수호신을, 23건은 산과 강의 신을, 23건은 조상신을, 11건은 나무의 신을, 164건은 기타 군소 신을 대상으로 하고 있다. 마을 수호신도 일부는 산신으로 화하는 경우도 더러 있다. 그렇게 보면 산신에 대한 전통 집단의식이 압도적으로 많이 행해진다는 사실을 알 수 있다. 왜 그럴까?

동서양을 막론하고 고대 사회는 하늘에서 천신天神이 내려왔다. 첫 도착지가 바로 산이다. 하늘과 가장 가까운 곳일 뿐만 아니라 인간이 함부로 범접할 수 없는 신성한 공간으로 쉽게 만들 수 있기 때문이다. 실제 동서양의 신들은 전부 산에서 인간과 만남이 이뤄졌다. 산에서 인간을 만나 인간으로 화化해 인간 세상을 다스리는 신이 되는 과정은 동서양 공통으로 거친다. 왕이 되어 인간들이 모시기도 하고, 이후 산신이나 신이 되기도 했다.

하늘에서 내려온 천신은 주로 남자였다. 땅의 산신인 여신을 만나 인간 세상을 열었다. 따라서 여산신은 죽은 후에 산신이 되는 것이 아니라 처음부터 산신이었으며, 천신을 제외한 남산신은 죽은 후에 비로소 신격을 얻는 인격신의 경우가 많다. 지리산의 마고할미 산신이 원래부터 산신인 대표적 사례다. 일종의 고대 모계사회의 반영일 수도 있다. 반면 김유신 장군, 최영 장군, 남이 장군, 임경업 장군 등과 같이 죽은 후 산신이 되는 대표적 인물은 대부분 남자 산신이다. 호국의 성격과 마을 수호신격인 서낭신 성격을 동시에 띤다. 태백산 산신인 단종도 이에 속한다.

태백산 이름은 우리 역사서에 매우 자주 등장한다. 『삼국유사』 제1권 기이 편에 '환웅은 삼천 명의 무리를 이끌고 태백산太伯山 꼭대기에 신단수 아래로 내려와서 그곳을 신시神市라고 불렀다. 이 분을 바로 환웅천왕이라고 한다. 환웅천왕은 풍백風伯 · 우사雨師 · 운사雲師를 거느리고, 곡식 · 생명 · 질병 · 형벌 · 선악 등 인간 세상의 360여 가지 일을 주관하여 인간 세상을 다스리고 교화시켰다. …(중략)… 단군은 장당경藏唐京'으로 옮겼다가 후에 아사달로 돌아와 숨어서 산신山神이 되었으니, 나이가 1908세였다'라고 나온다.

사길령 단종 산신도 백마를 타고가는 단종의 모습이 그려진 사길령 산신각 안에 있는 산신도

저자 일연은 여기 등장하는 태백산은 묘향산이라 주장했고, 아사달은 구월산 또는 평양으로 역사학자들은 추정한다. 따라서 『삼국유사』의 앞뒤 문맥으로 볼 때 단군과 관련된 태백산은 지금의 태백산이 아니라는 사실을 짐작할 수 있다. 또한, 지금 태백산과 한자도 다르다. 지금의 태백산은 흰 '白'이고, 『삼국유사』는 우두머리 '伯'자를 쓴다. 정황상 환웅이 인간 세상으로 내려올 때 바람의 우두머리와 비와 구름의 스승을 데리고 오려면 제일 만형격인 우두머리 산으로 내려올 수밖에 없었을 것으로 추정할 수 있다.

『삼국사기』 신라 일성이사금 편에 태백산이 처음 등장한 '일성이사금 5년(138) 겨울 10월에 북쪽으로 순행하여 몸소 태백산太白山에 제사 지냈다'고 기록돼 있다.

『삼국사기』 제사지 중사 편에 '오악은 동쪽 토함산, 남쪽 지리산, 서쪽 계룡산, 북쪽 태백산, 중앙은 부악 또는 공산이라고도 한다.'고 나온다.

『삼국유사』에도 '전국의 명산 · 대천을 대사삼산大祀三山 · 중사오악中祀五岳 · 소사小祀로 나눴다. 대사삼산은 첫째가 경주에 있는 나력奈歷산, 둘째가 영천에 있는 골화骨火산, 셋째가 청도에 있는 혈례穴禮산이다. 오악은 동악 토함산, 서악은 백제 지역이었던 계룡산, 남악 지리산, 북악은 고구려 지역이었던 태백산, 그리고 중악은 공산(지금 팔공산)으로 지정했다'고 기록하고 있다.

『고려사』 열전 김방경 편에 '어느 날 선산에 성묘하기를 빌거늘 왕의 아들 김순金恂을 태백산제고사로 삼아 보내어 이를 따라가게 하니…'라고 나온다.

『세종실록』 세종 편에 '(세종 5년) 김해의 제석당과 나주의 금성당과 삼척의 태백당과 그 밖의 외방 각 고을의 신당을 모두 조사하여 동서

활인원과 귀후소에 나누어 소속시키고, 그 신에게 제사하고 쓰다 남은 물건은 있는 곳의 관원으로 하여금 이를 거두어서 소속된 곳에 바치게 할 겁니다'고 돼 있다.

『세조실록』 세조 편에는 '(세조 2년) 명산대천의 제사는 모두 삼국과 전조의 구제를 의방해서 한 것이므로, 의논할 만한 것이 많이 있습니다. 용흥강은 우리 태조께서 흥운하신 땅이고, 묘향산에 이르러서는 단군이 일어난 곳이며, 구월산에는 단군사가 있고, 태백산에는 신사神祠가 있는 곳이며, 금강산은 이름이 천하에 알려졌고, …(중략)… 삼각산을 중악, 금강산을 동악, 구월산을 서악, 지리산을 남악, 장백산을 북악으로 삼고, 백악산을 중진으로, 태백산을 동진으로, 송악산을 서진으로 삼고 (후략)…' 등으로 기록하고 있다.

조선 성현成俔의 『허백당집虛白堂集』에 태백산신이라는 말이 구체적으로 거론된다.

> 태백산신이라는 것은 무슨 신인가? 그 산의 동쪽으로 대해로 들어가면 삼척이 되고, 서쪽으로 꺾으면 영춘(충북 단양군에 있는 지명)이 되고, 남쪽으로 돌아 엎드리면 죽계 및 여러 주와 경계를 이룬다. 산은 비록 높으나 사전祀典에 실리지 않은 것은 백성과 국가에 공과 베풂이 없기 때문이다. 3도의 사람이 산꼭대기에 당堂을 짓고 상像을 설치하여 제사를 지낸다. (후략)…

『신증동국여지승람』에는 두 군데나 나온다. 강원도 삼척도호부에는 '태백산사가 꼭대기에 있는데, 세간에서 천왕당이라 부른다.'고 있고, '(태백산은) 삼척부 서쪽 120리에 있다. 신라 때는 북악이라 하여 중사에 기재되어 있다.'고 기록하고 있다.

조선 중기 허목許穆(1595~1682)이 지은 『척주지』에는 '풍속에 귀신을 믿어 태백산 정상에 천왕사를 지어 놓고 봄과 가을에 큰 제사를 지냈다. 여기서 기도드리는 모든 사람은 재계하고 소를 끌고 가 천왕사 아래에 매어놓고는 뒤돌아보지도 않고 달아났다. 이는 돌아보면 재앙이 뒤따른다고 생각했기 때문이다. 이에 관에서는 감고를 정하여 그 소들을 관에서 거두어들였는데, 이를 퇴우退牛라고 했다. 1667년(효종 8)에 충학이라는 승려가 이 사당을 불태워 버려 음사淫祠가 비로소 없어졌다'고 전한다.

허목의 『기언記言』 제28권에는 '문수산 정상은 모두 흰 자갈이어서 멀리서 바라보면 눈이 쌓인 것 같으니, 태백이란 명칭이 있게 된 것은 이 때문'이라고 기재돼 있다. 문수산은 지금 태백산 정상 아래쪽 문수봉이라 불리는 그곳을 말한다.

역사서에 나온 기록으로 볼 때, 환웅이 내려온 태백산과 단군이 산신이 된 태백산은 명확히 지금의 태백산은 아닌 듯하다. 하지만 지금의

단종의 묘인 장릉

태백산에서 분명히 산신에 대한 제사는 국행제로서 관에서 매우 자주 지낸 사실을 알 수 있다.

그러면 그 실체는 누구일까? 『허백당집』에도 구체적으로 태백산신을 언급하지만, 인격적 주체는 거론하지 않고 있다. 신라 시대 북악이었고, 고려 시대에도 국가적으로 제사지내는 장소였으며, 조선 시대에도 동진일 만큼 명산은 분명했지만 산신화 된 인격신은 아직 등장하지 않고 있다. 분명히 제사지내는 대상은 있었을 텐데 누구인지 밝히지 못했던지, 추상적 대상에 제사를 지냈던지…. 현재로서는 정확히 알 수 없다. 다만 민속학자들은 "태백산신은 천신·왕신·서낭신·부처 등의 복합적 신격으로 나타났다"고 말한다. 일종의 절대적 권위를 가진 추상적 대상이라는 말이다.

하지만 그 자리를 단종이 꿰차고 들어간다. 태백산 산신으로. 어떻게 가능했을까? 단종은 왜 산신이 됐을까? 잠시 단종의 짧은 생애(1441~1457)를 한 번 살펴볼 필요가 있다.

단종은 세종의 손자로, 아버지 문종의 늦둥이로 얻은 귀한 손이었다. 문종은 조선 왕조 중 유일하게 상처하고 재혼하지 않은 왕이었다. 즉 죽을 때 왕비가 없었다. 어린 단종이 즉위했을 때 흔히 대비大妃가 수렴청정하지만 대비나 대왕대비 누구도 수렴청정 할 사람이 없었다. 문종의 동생인 야심 가득한 수양대군이 사실상 수렴청정을 했다. 단종은 8세 때 왕세손, 10세 때 왕세자, 12세 때 왕에 올라 14세 때 결혼했지만 이후부터 급격한 인생 하강 곡선을 그린다. 수양대군에 밀려 15세 때 상왕, 이어 노산군으로 강봉 되고 영월로 유배, 또 서인으로 강봉되고 17세에 죽임을 당한다. 역사적 사실을 기술했지만 한 마디로 일찌감치 부모를 여의고 삼촌한테 가진 것 다 뺏기고 죽임을 당한 비극적 인물이 단종이다. 많은 서민의 가슴에 한恨을 남기고 동정심을 얻을 만했다.

단종의 죽음에 대한 전설은 서민들의 동정심을 더욱 부채질했다. 세조는 단종에게 사약을 내린다. 금부도사 왕방연이 사약을 들고 간다. 그는 단종 복위를 꾀했던 인물이다. 차마 못 할 짓이라는 사실을 누구보다 잘 알고 있다. 전설에는 어린 단종에게 사약을 못 내리고 독약 그릇을 강물에 던져 버리는 것으로 나온다. 독약을 가져가는 사자使者들이 몇 차례 자살하자, 단종은 결심한다. 관노官奴인 복득이에게 방 안에서 목을 매고 명주 줄을 당기라고 명한다. 복득이는 개를 잡는 줄 알고 힘껏 당겼다가 단종이 목을 맨 사실을 뒤늦게 알고 대성통곡하고 역시 자살했다고 전설은 전한다. 단종은 삶부터 죽음까지 모두 비극으로 점철돼 있다.

비극은 인간의 마음속 깊은 곳에 있는 착한 심성을 부각시킨다. 무한한 동정심을 불러일으킨다. 나아가 죽지 말아야 할 사람이 죽었다고 인식하게 한다. 그리고 신격화로서 억울한 죽음을 보상해야 한다고 마을 공동체 사람들이 믿게끔 된다. 후대 들어 다시 왕으로 복원된다. '역시 죽지 말았어야 할 인물이야, 신이 될 만했다'고 마을 공동체 모두가 신으로서 완전히 인정하는 단계로 들어간다. 이때는 신격화가 아니라 이미 신神이 된 상황이다. 이것이 대체로 그려진 단종의 신격화 과정이다.

세조는 단종을 노산군으로, 다시 서인으로 강등한다. 그리고 사약을 내린다. 바로 그 시간, 홍문관 부수찬을 거쳐 한성부윤을 역임한 추익한秋益漢(1383~1457)이 단종을 위로하러 갔다가 이상한 일을 겪는다. 그는 머루랑 다래를 단종에게 갖다 바치곤 했다. 그날도 추익한은 머루 다래를 가지고 영월읍으로 가고 있었다. 수라리재를 넘어 내려가자 백마가 영월 쪽에서 수라리로 오고 있었다. 거리가 좁혀짐에 따라 백마에 타고 있는 사람은 단종이었다. 화사한 용포를 입고 검은빛 익선관을 쓴 단종의 얼굴은 슬프도록 곱게 보였다. 추익한은 바로 그 자리에 엎드리며 "마마, 어디로 가십니까?"라고 물었다. 단종은 한참 동안 물끄러미 바라보다가

태백산 천제단에 등산객이 오르고 있다.

"나는 지금 태백산 산신이 되기 위해서 가는 길이다"고 사라졌다. 이상한 생각이 들어 추익한은 황급히 읍내로 달려갔다. 읍내는 긴장된 분위기 속에 흐느낌이 조용히 깔리고 있었다. 단종은 이미 죽었다. 추익한도 다시 수라리재에 돌아가, 쓰러져 정신을 잃었다. 그리고 영영 다시 일어나지 못했다. 역사적으로도 단종이 죽었다는 소식을 듣고는 절명했다고 전한다. 추익한도 단종과 함께 태백산신령이 됐다는 전설이 있다.

전설은 계속된다. 세조는 단종의 시신을 거두는 자는 삼족을 멸한다는 엄명을 내렸다. 모두가 주저할 때 엄홍도가 지게를 지고 강물에 던져진 단종의 시신을 몰래 수습했다. 엄동설한이었다. 산에는 눈이 내려 땅이 보이질 않았다. 갑자기 노루가 뛰어 달아났다. 노루가 앉았던 자리는 눈이 녹아 있었다. 그 자리에서 쉬다가 다시 일어나려는데 지게 목발이 땅에서 떨어지지 않았다. 엄홍도는 할 수 없이 그 자리를 파서 단종을 모셨다. 그리고 몸을 감추었다.

엄홍도가 단종의 시신을 가매장하고 나서 한참 세월이 흘렀다. 영월은 인심이 흉흉해진다. 군수가 부임하는 즉시 이유 없이 죽어갔다. 아무도 군수로 오려고 하지 않았다. 그때 박충원이 영월군수로 부임했다. 어느 날 밤 단종의 혼령이 나타났다. 혼비백산했지만 혼령은 "내가 너를 해치러 온 것이 아니다"며 달래며 말을 이었다. "내 말을 잘 들어라. 내가 산에서 눈비를 그대로 맞고 있는 것을 너는 아느냐?"며 다그치고 돌아서서 나갔다. 박 군수는 정신을 바짝 차리고 따랐다. 혼령이 어느 곳에 도착하더니 잠시 머무르다 사라졌다. 이튿날 박 군수는 관노를 데리고 어제 그 산으로 갔다. 겨우 혼령이 잠시 머물던 장소를 찾아 봉분을 정성스럽게 쌓았다. 그 후로는 영월군수가 변을 당하는 일이 없었다고 전설은 전한다. 단종의 신격화 과정이고, 어떻게 보면 전형적인 산신화 과정으로 볼 수 있다.

진정한 신이 되기 위해서는 신화에서만이 아니라 역사적인 과정도 필수적으로 거친다. 중종 11년(1516)에 중종은 우승지 신상을 영월에 보내 노산군의 묘에 치제致祭를 하게 한다. 이어 1541년 군수 박충원에 의해 단종의 묘역이 실제로 조성된다. 흉흉한 민심을 수습하는 결정적 계기가 되는 사건이다. 즉 단종 영혼에 대한 위로와 달래기는 사회적 안정으로 연결된다.

'조선국태백산단종대왕지비'라고 쓰인 비석
단종비각 안에 세워져 있다. 탄허 스님이 쓴 비석이다.

그리고 단종 승하 241년 뒤인 숙종 24년(1698)에 다시 단종으로 복위됐다. 1698년 죽음을 무릅쓰고 올린 신규의 상소로 일단락됐다. 신규의 상소는 '사육신은 옛 임금을 위하여 절개를 굽히지 않고 죽음으로써 임금의 사랑과 은혜를 입었는데, 하물며 육신의 옛 임금은 오히려 죽어서도 편안함을 얻지 못하고 제사에도 왕례를 쓰지 않으니 전하께서 불쌍함을 굽어 살피시옵소서'라고 올렸다. 당시 숙종은 "이번 회의에 참석지 않은 2품 이상의 관리는 파직시키고 당상관 이하는 잡아서 그 죄를 엄히 다스리라"고 하명할 정도로 주요 관심사였다고 『숙종실록』에 기록하고 있다. 숙종은 노산대군을 단종으로 복위시키고 능호도 노릉魯陵에서 장릉莊陵으로 추봉했다. 지금의 장릉이다.

단종비각 태백산 정상 바로 아래 있으며 탄허 스님이 직접 쓴 글씨로 유명하다.

어린 단종이 유배 생활을 한 청령포
걸어서 탈출할 수 없는 천혜의 요새 같은 곳이다.

사길령 산령각 단종이 이 길을 지난 것으로 알려져 있으며, 강원도와 경상도를 넘나드는 보부상들의 쉼터 역할과 안녕과 평화를 기원하는 서낭당 역할을 했다.

영월 장릉에서 태백산 단종비각까지(백두대간 영주 고치령까지라는 설도 있음) 단종이 태백산 산신이 되기 위해 다닌 중심길 12군데에 단종을 모시는 서낭당과 산신각이 있었다고 전한다. 영월읍 보덕사 산신각, 영월읍 청령포 동제, 김삿갓면 내리 단종산신각, 중동면 유전리 서낭당, 중동면 녹전리 서낭당, 중동면 두릉서낭당, 와석리 서낭당, 태백 어평 서낭당, 태백 혈리 새길령 산신당, 정선군 여량 서낭당, 태백산 단종대왕비각(또는 경북 영풍 고치령 산신당), 삼척 도계리 서낭당 등 12개소가 대표적인 단종 산신각 또는 서낭당이다. 아직까지 많은 사람들이 찾는 서낭당이나 산신각은 새길령(사치령 또는 사길령) 산령각과 태백산 단종대왕비 등이다. 새길령은 옛날에는 정상부 인근에 천령이라 있었으나 강원도와 경상도를 넘나드는 보부상들이 너무 힘들어 새 길을 낸 곳이 바로 새길령이다. 지금은 사길

태백산 천제단에서 눈이 덮여 있어도 한 무속인이 제단을 향해 기도를 올리고 있다.

령이란 커다란 비석이 세워져 있다. 태백산 단종비각에는 '조선국태백산 단종대왕지비朝鮮國太白山端宗大王之碑'라고 새겨진 비석이 있다. 탄허 스님이 직접 쓴 글씨라고 한다. 비석 뒷면의 내용도 탄허 스님이 직접 작성했다고 적혀 있다. 단종비각의 현판글씨도 탄허 스님이 직접 썼다.

이 비석은 1950년대 태백산 정상 아래 있는 망경사 주지인 김진정행이라는 보살에게 단종 혼령이 나타나 "내가 태백산에 있는데 아직 표식이 없구나, 네가 비석을 하나 세우도록 하라"고 해서 세웠다고 한다. 영월과 태백으로 가는 길목 웬만한 곳에는 아직 단종 산신은 어렵지 않게 볼 수 있다. 그래서 '단종은 죽지 않았다'고 말한다. 역사에서 단종은 죽었지만, 신화에서 여전히 살아 있다는 것이다.

“삼척 산신은 단종이 아닌 공양왕”

김강산 전 태백문화원장 주장… 삼척 전문가 “공양왕은 육백산서 죽어” 일축

김강산 전 태백문화원장은 “영월, 정선, 태백의 산신은 단종이지만 삼척의 산신은 공양왕이라”고 말한다. 웬 생뚱맞은 주장인가 하면서도 확인하기 위해 삼척시립박물관과 문화원을 찾았다. 삼척시립박물관 학예사들은 금시초문이라고 한다. 그 분야의 전문가인 김도현 박사를 소개했다. 김도현 박사는 “전혀 근거 없는 소리”라고 한 마디로 일축했다. 그는 “공양왕이 삼척에 유배 와서 죽기는 했지만, 그가 삼척의 산신이라는 처음 듣는 얘기”라고 말한다. “또 공양왕이 죽은 산도 태백산이 아니라 육백산 인근”이라며 “산신이 되려면 육백산이라면 모를까 태백산신은 얼토당토않은 주장”이라고 강조했다.

김 전 문화원장이 주장하는 요지는 다음과 같다.

> “이성계 일파에 왕으로 추대됐으나 용도폐기 되고 원주로, 고성 간성으로, 다시 삼척으로 유배됐다. 공양왕을 죽이러 전투병을 보냈으나 공양왕은 극렬히 저항한다. 저항은 오히려 처참한 죽음을 재촉하는 결과를 가져왔다. 능지처참으로 참수형 당하며 목은 가져가 고양이 묻히고 몸통만 참석에 묻히는 신세가 됐다. 억울한 죽음은 하늘이 대신 갚는다. 따라서 공양왕은 태백산 삼척의 산신이 됐으며, 다른 정선·영월·태백 쪽의 태백산 산신은 단종이다.”

지금 공양왕이 고양과 삼척 두 군데 묘지가 있는 것은 사실이다. 하지만 태백산 산신과는 전혀 상관없다는 게 학계의 주장이다.

『조선왕조실록』에 따르면 공양왕은 “내가 본디 임금이 되고 싶지 않았는데 여러 신하가 나를 강제로 왕으로 세웠습니다. 내가 성품이 불민不敏하여 사기事機를 알지 못하니 어찌 신하의 심정을 거슬린 일이 없겠습니까?”

하면서 왕위를 물려주고 원주로 갔다고 한다. 동년 8월 7일 간성군에 두었다가 모반의 기운이 있다는 신하들의 상소가 이어지자 태조 이성계는 태조 3년(1394) 3월 공양왕 3부자를 삼척에 안치시켰다. 이후 신하들의 계속된 상소와 공양왕을 앞세운 모반 계획을 접한 이성계는 마침내 삼척의 공양왕에게 교지를 전하고 그와 두 아들을 1394년 4월 17일 교살한다. 능은 경기도 고양에 있고, 강원도 삼척시에도 있고, 강원도 고성산 자락에도 있다. 공양군으로 강등됐던 공양왕은 조선 태종 16년에 공양왕으로 추봉돼 지금에 이르고 있다.

삼척에 있는 공양왕릉

06

中祀 기타 속리산은 전형적 여성 산신

전략적 요충지로 역할… 女산신 위로 차원 '남근'놀이 행사

산악신앙의 다른 말은 산신숭배다. 산신숭배는 상고시대부터 세계 어느 곳에서나 있었던 제례의식이다. 한반도에서도 예외 아니다. 신라는 삼국을 통일하고 첫 작업이 산신숭배를 체계적으로 정리하는 일이었다. 그 기록이『삼국사기』제사 조에 고스란히 나온다.

신라는 삼산三山 오악五嶽 이하 전국의 명산대천에 지내는 제사를 대사·중사·소사로 나눴다. 대사 삼산은 경주 주변에 있는 나력·골화·혈례산으로 수도 서라벌을 방어하기 위한 호국신의 성격이 강했다. 중사는 오악 이하 사진四鎭·사해四海·사독四瀆, 그리고 '기타'로 구분하며, 전국토의 방위별 국방 거점 역할을 했다. 소사는 전국의 명산을 통일신라 이전의 전국 지방세력이 지닌 각각의 신앙을 신라의 사전祀典체계 속에 거의 그대로 편입시켰다. 소사의 산신은 지역민의 안정과 단합 외에 국가통합기능까지 맡았다. 소사의 신으로서 지방 호족세력이 대거 좌정한 사실은 이를 뒷받침한다. 대흥의 봉수산신이 소정방, 적성의 감악산신이 설인귀, 순천의 해룡산신이 박영규, 순천의 인제산신이 박봉란, 의성의 남산산신이 염홍방 등이 좌정해 있다. 소사의 산신은 장군이면서 민간의 영웅신이라는 특징을 띈다. 특히 소정방과 설인귀는 당나라 장수로서 상당 기간 신라에 체류하면서 산신으로 좌정할 정도로 지역민들에게 강한 인상을 남겼던 것으로 여겨진다. 신라의 대사 · 중사 · 소사 제전祭典은 당나라 『예악지禮樂志』에 '악진해독岳鎭海瀆은 중사이고, 산림천택山林川澤은 소사'로 나눈 내용을 그대로 따랐다.

그런데 수도 서라벌을 제외하고 유일하게 중사 · 소사 두 제사지에 포함된 곳이 눈에 띈다. 매우 이례적이다. 속리산이 그 경우에 해당한다. 중사 '기타'에 속리악俗離岳(삼년산군)이 올라있고, 소사 24 명산 중에 가아악嘉阿岳(삼년산군)이 올라 국가 주도의 산신제를 매년 지낸 것이다. 속리산이 대단히 중요한 전략적 요충지도 아닌데 어떻게 그럴 수가 있었을까? 도대체 산신제의 대상인 속리산 산신과 무슨 관계가 있을까?

미륵대불과 국보 팔상전
속리산의 아홉 봉우리가 법주사의 미륵대불과 한국 유일의 5층 목탑 건물인 팔상전을 둘러싸고 있는 형국이다.

속리산 관음봉
속리산 관음봉과 주능선이 노을에 희미하게 비쳐 신비감을 자아낸다. 마치 부처님이 내려다보고 있는 듯하다.
(사진 : 국립공원관리공단 제공)

배 모양의 법주사 터
속리산 주능선 위에서 법주사를 내려다봤다. 법주사 터는 배가 항해하는 형국이라고 한다.

속리산은 한국전쟁 때는 북한군이 침범하지도 않은 산간오지였다. 이곳 마을 사람들은 전쟁이 터진 줄도 모르고 살았다고 한다. 속리산 법주사에 국보나 보물이 파괴되지 않고 온전하게 보전된 것도 이 때문이다. 그런 곳에 중사 · 소사의 국행 행사에 모두 포함됐다면 분명 특별한 이유가 있을 것이다. 두 국행 행사의 대상이 된 산신은 제법 영향력도 컸을 법하다. 이를 파악하기 위해선 먼저 이 지역의 역사부터 살펴볼 필요가 있다.

삼년산성은 신라 자비마립간 13년(470)에 축성 기간 3년이 걸려 완공

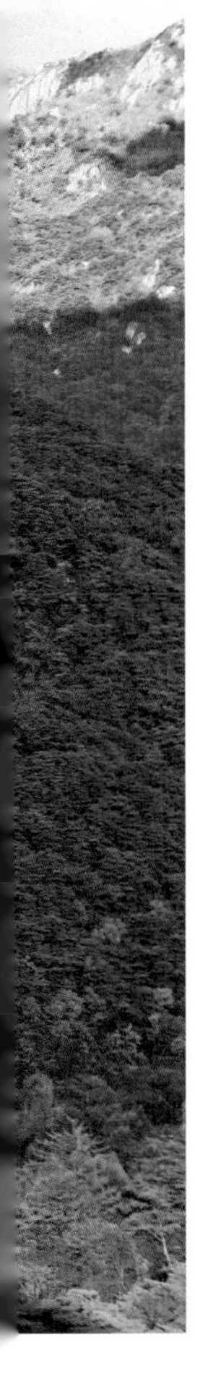

했다고 해서 삼년산성이라 명명했다는 기록이 『삼국사기』에 나온다. 일찌감치 신라가 점령한 사실을 알 수 있다. 여기서 매우 중요한 역사적 사건이 발생한다. 삼국을 통일한 김유신 장군의 할아버지인 김무력 장군이 삼년산성의 성주로 있을 때, 백제 성왕의 목을 베며 전투에 승리하는 중원 장악의 일대 전기를 마련한다. 신라가 한창 국위를 떨칠 때인 진흥왕 시절의 사건이다. 이후 신라는 한강을 자유롭게 드나들며, 당나라와 교류할 수 있었다. 지금의 지정학적 위치는 별로 중요하지 않게 보일 수도 있지만 당시로써는 백제와 신라, 고구려 삼국이 군사적으로 대치한 접경 지역이었다. 백제와 신라로서는 북으로 진출하는 관문이었고, 특히 신라는 한강 진출의 교두보였다. 축성한 뒤에도 소지왕이 두 차례나 직접 순행하고, 삼국통일 직전에는 태종 무열왕이 삼년산성에 머물며, 직접 당나라 사신을 맞이했다. 당시로써는 그만큼 군사 전략적으로 중요한 장소였다. 실제 이곳은 지대가 그리 높지 않은데도 산성에 올라서면 주변 사방 지세를 한 눈에 내려다볼 수 있다.

그런 전략적 요충지를 국행 두 행사에 포함시켜 산신제를 지내는 것은 어찌 보면 당연한 조치였다. 특히 삼국을 통일한 김유신뿐만 아니라 신라의 여러 왕에게도 다년간 의미 있는 장소였다. 신라가 명산대천의 제사제도를 정비할 때 속리산을 중사 '기타'로 지정한 사실만 봐도 고민한 흔적을 역력히 볼 수 있게 해준다. 사실 중사는 전국의 방위별 지역 거점이 되는 오악이 중심이었다. 그런데 오악도 아니고, 더더욱 사진·사해·사독에도 포함되어 있지 않았다. 하지만 뺄 수도 없었다. 고대부터 전략적으로 매우 중요한 장소는 분명했다. 그래서 중사 기타에 포함했을 가능성을 조심스럽게 추측한다.

중사·소사 지정 이후의 사건이긴 하지만 헌덕왕 시절 신라의 9주 중 4주를 장악하며 김헌창이 반란을 일으켰을 때 신라군이 삼년산성을 중심으로 반란군을 격퇴했고, 또한 후삼국 견훤이 삼년산성을 먼저 점령하며 왕건을 물리쳤던 일 등은 삼년산성이 전략적으로 매우 중요한 지역이라는 사실을 알 수 있게 해준다. 이 같은 사실을 바탕으로 문화재청은 보은 삼년산성과 온달산성 등 주변 7개 산성을 한데 묶어 세계문화유산 잠정목록에 등록했다.

그런데 속리산 산신에 대한 기록은 별로 없다. 큰 국행을 매년 두 차례나 지냈으면 당연히 크게 남아 있을 법도 한데…. 그 중요한 단서가 『신증동국여지승람』 권16 보은 현에 자세히 나온다. 일단 보은 현 산천 조부터 살펴보자.

> 속리산은 고을 동쪽 44리에 있다. 봉우리 아홉이 뾰족하게 일어섰기 때문에 구봉산이라고도 한다. 신라 때는 속리악이라 일컫고 중사에 올렸다. 산마루에 문장대가 있는데, 층이 쌓인 것이 천연으로 이뤄져 높게 공중에 솟았고, 그 높이가 몇 길인지 알지 못한다. 그 넓이는 사람 3,000명이 앉을 만하고, 대臺 위에 구덩이가 가마솥만한 것이 있어, 그 속에서 물이 흘러나와 가물어도 줄지 않고 비가 와도 더 불어나지 않는다. 이것이 세 줄기로 나눠서 반공半空으로 쏟아져 내리는데, 한 줄기는 동쪽으로 흘러 낙동강이 되고, 한 줄기는 남쪽으로 흘러 금강이 되고, 또 한 줄기는 서쪽으로 흐르다가 북으로 가서 달천(남한강 지류)이 되어 김천으로 들어간다. (후략)…

속리산이란 지명이 신라 시대부터 일찌감치 명명됐음을 알 수 있다. 또 흔히 말하는 속리산 삼파수에 대한 유래도 언급하고 있다. 이어 같은 책 사묘 조에 산신에 대한 내용이 소개된다.

> 대자재천왕사大自在天王寺는 속리산 마루에 있다. 그 신神이 매년 10월 인일에 법주사에 내려오면, 산중 사람들이 풍류를 베풀고 신을 맞이하여 제사 지내는데, 신은 45일간 머물다가 돌아간다.

대자재천왕이 속리산 산신이며, 이를 모시는 사당이 대자재천왕사라는 사실을 알 수 있다. 그러면, 대자재천왕사는 도대체 누구이며, 뭘 말하는 걸까?

속리산 산신과 불교의 절충과정이 연상된다. 산신의 위패에 불교식 이름이 등장하기 때문이다. 대자재천왕을 살펴본 뒤 법주사와의 관련성도 따져보면 어느 정도 파악할 수 있을 것 같다.

불교에서 대자재(천왕)는 대천세계를 주재하는 신을 말한다. 불교 유마경維摩經에 따르면, 한 세계는 중앙의 수미산을 중심으로 사방에 4대주이고, 그 바깥 주위를 대철위산이 둘러싸고 있으며 이것을 일세계 또는 일사천하一四天下라 한다. 1천 개의 사천하를 합해 일소천세계라 하고, 1천 개의 소천세계를 합해 일중천세계라 하고, 1천 개의 중천세계를 합해 일대천세계라 한다. 한 마디로 어마어마한 세계이다. 그 세계를 관장하는 신이 속리산 산신의 위패에 적힌 '대자재천왕'이다. 산신의 이름 속에 이미 불교가 절충된 모양새다.

『일체경음의』 마애수라 조에는, '마혜수라는 정확하게 마혜습벌라摩醯濕伐羅라고 하는데, 산스크리트어로 마혜는 대大이고, 습벌라는 자재自在이며, 이를 천왕이라 하는 것은 대천세계 중에서 자재를 얻기 때문이다'고 설명한다. 마혜수라는 또 범왕梵王, 나라연那羅延, 마혜수라摩醯首羅 셋으로 나뉘고, 이를 '법 · 보 · 응' 삼신이라 한다. 마혜수라는 법신이고, 나라

연은 보신이고, 범왕은 응신이라 한다. 마혜수라는 신체를, 나라연은 화신을, 범왕은 현신을 의미한다고 한다. 우리나라에서는 법신을 대체로 현세에 광명을 내리는 비로자나불로 해석한다. 보신은 수행의 경과로 얻은 몸을 말하며, 아미타불을 상징한다. 응신은 중생을 구제하기 위해 여러 현상으로 나타나는 몸을 말한다. 법신은 삼신 중 보신과 응신을 나타날 수 있게 하는 모체가 된다.

인도 시바교에서는 대자재천을 '만물의 근본'이라 하고, 세계를 창조한 신으로 삼아 주신으로 신봉한다. 그 만물의 근본이 대자재천의 '남성 성기'다. 생명의 탄생을 결정하는 남성의 성기를 주신으로 신봉한 것이다. 북인도 발로사성 위쪽엔 대자재천의 부인인 비마라천녀의 상이 있다. 영험이 많아 많은 사람이 기도하기 위해 찾았다고 한다. 우리나라 여신에게는 '~천녀'란 위패가 많이 사용된다. 비마라Vimala는 범어로 '묘하게 큰 여성의 성기'를 가리킨다. 이처럼 인도 부족국가에서는 사람의 성기를 신앙하는 경우가 더러 있었다고 한다.

속리산 산신제의 하이라이트인 송이놀이 여 산신을 위로하기 위해서 유래했다고 전한다.

일부에서는 인도 시바교의 성기신앙, 즉 주신인 대자재가 우리나라에 불교가 전래될 때 따라 들어왔다고 주장한다. 그 잔재가 속리산에 남아 있다는 것이다. 근대 들어 한국 산신 연구의 선구자격인 이능화는 그의 저서 『조선무속고』에 다음과 같이 기록하고 있다.

> 법주사 승려에게 들은 바에 의하면 대자재천왕제는 매우 음란했다고 한다. 제석 날 여러 시중이 모여 제사를 하는 데 나무로 남근을 만들어 거기에 붉은 칠을 하여 그것을 들고 춤을 추며 신을 위안했다.

조선 시대 산신제는 매우 음란한 장면이 많이 연출됐다고 여러 기록에 전한다. 산에서 남녀가 산신제를 지내며 뒤엉키기도 하고, 이 과정에서 풍기문란 한 사건이 자주 발생해 관가에서 이를 단속하고 금지하기까지 했다고 한다.

속리산 정이품송이 마치 송이같이 솟아있어 남성을 상징하는 듯하다.

어쨌든 속리산 산신제를 지낼 때 남근을 들고 춤을 추던 놀이는 '송이놀이'로 전승되어 지금까지 산신제의 주요 행사로 벌어진다. 송이는 남근과 비슷하게 생겨 스님들이 남근을 지칭하는 은어로도 사용했다.

하지만 남근놀이의 유래에 대해서 다른 주장도 있다. 인도 시바교가 한반도에 들어오면서 성기숭배 신앙도 같이 들어온 것이 아니라 성기숭배는 원래 원시신앙의 주요한 한 부분이었다는 주장이다. 세계 곳곳에서 유물로 발견되는 남녀의 성기가 그 주장을 뒷받침한다. 이러한 신앙은 한반도에서도 구석기, 신석기 시대에 존재했고, 일부 지역에서 남근과 여근이 유물로 출토되고 있다.

단지 속리산에서 남성 성기를 갖고 춤을 추며 놀았던 행사는 속리산 산신이 여신이기 때문에 그 여신을 위로하기 위해 바쳐진 공물의 성격이 크다고 주장한다.

보은문화원 이사이면서 보은신문 편집국장을 역임한 박진수씨는 "속리산 정이품송 앞에서 속리산을 바라보면 속리산 여신 앞에 남성의 상징이 우뚝 솟아 있는 것을 느낄 수 있습니다"고 말한다. 정이품송이 남성의 상징을 간접적으로 보여주고 있다는 것이다. 실제로 정이품송을 가만히 보고 있으면 영락없는 남성의 상징과도 같다. 그는 "송이놀이도 사실은 송이가 남근 같이 생겼기 때문에 나무로 만든 남근을 갖고 놀다가 너무 노골적이라는 지적에 남근과 비슷하게 생긴 송이로 대체한 행사로 발전했을 가능성이 높습니다."고 설명한다. 여성 산신을 위로의 차원에서 공물로 남근을 바쳤다는 주장과 맥락을 같이 한다.

여기서 우리는 중요한 사실을 알 수 있다. 속리산 산신이 여신이기 때문에 남성의 상징을 공물로 바쳤고, 법주사에서 그 행사를 주최했다는 사실이다. 이는 원래 산신 행사에 불교가 터전을 잡으면서 절충과정을 무난히 거쳤다는 것으로도 해석할 수 있다.

한국 유일의 5층 목탑 속리산 팔상전 배의 형국인 법주사 터를 가라앉지 않게 하려고 목탑으로 조성했다고 한다.

그렇다면 여신이라는 근거는 무엇인가? 여러 관련 서적을 뒤져도 어디에도 속리산 산신이 여신이라는 구체적인 근거는 없다. 혹시 원시 모계사회에서 일반적으로 성행했던 모계 중심의 성격과 이름이 아직 그대로 전승되고 있는 건 아닐까. 실제로 현대에 이르기까지 모계사회의 흔적은 사회 곳곳에 남아 있다. 특히 실체가 없는 산신에 여신이 좌정했다는 구체적 사례는 매우 많다. 단군이 나라를 다스린 뒤 산신이 됐다는 건국신화 이후 모계 중심인 원시사회에서는 여산신이 일제히 좌정한다. 그 여산신이 누구인지 실체에 대해서는 전혀 알 수가 없다. 이어 남성 중심인 고대국가에 들어와서는 산신이 남성 산신으로 바뀌어 좌정하기 시작한다. 산신도 씨족·부족사회에서 국가로 발전하고, 종족 번식의 모계에서 호국·방위로 전환하는 남성 중심의 사회 패러다임을 따라 그대로 반영하는 사실을 알 수 있다.

그런데 법주사 포교국장 무경 스님의 설명에 희미하게나마 여산신의 근거를 엿볼 수 있었다.

> 속리산 지형은 악산입니다. 법주사 뒤로는 아홉 봉우리가 솟아 법주사를 감싸고 있는 형국입니다. 법주사가 터전을 내린 모양새를 유심히 보면, 전형적인 배 모양입니다. 법주사 옆으로 개울이 흐릅니다. 그 사이로 법주사가 터전을 잡았습니다. 배가 가라앉을까 봐 석탑 대신 목탑을 조성했습니다. 지금 한국 유일의 5탑 목탑인 팔상전을 법주사 중앙에 세워 가라앉지 않게 중심을 잡게 했던 겁니다. 법주사는 속리산 아홉 봉우리가 뒤에서 감싸고 배가 앞으로 전진하는 그런 형세의 터입니다.

법주사 터가 전형적인 배의 형세라고 한다. 그렇다면 배는 여성성이다. 배의 여성성을 설명하는 몇 가지 이유가 있다. 우선 첫째, 배의 생명은 곡선에 있다. 곡선이 얼마나 잘 나오느냐에 따라 배의 성능이 좌우된다고 한다. 곡선은 여성의 상징이다. 둘째, 배 표면의 페인팅 작업은 여성의 화장에 비유된다. 페인팅을 잘 해야 녹 방지와 저항을 줄일 수 있고, 파도와 바람, 햇빛으로부터 배를 보호할 수 있다. 셋째, 항로, 즉 인생을 바로 이끌 남자가 필요하며, 좀처럼 하반신 노출을 하지 않는다. 하반신 노출은 큰 사건과 연결된다. 넷째, 배는 일정 시간마다 노폐물을 배출한다. 다섯째, 배는 남성만이 탄다. 배에 여성을 태우면 탈이 난다는 속설이 그래서 생겨났다. 이러한 이유로 해서 배 진수식 때, 선박과 진수식장 간에 연결된 밧줄을 반드시 여자가 끊어야 한다는 것이다. 이는 여성의 자궁에서 나오는 아기의 탯줄을 끊는 행위와 똑같이 비유되기 때문이다.

그런데 법주사 무경 스님의 설명에 속리산 산신은 전형적인 여산신이었던 김제 모악산 금산사와 양산 영축산 통도사, 대구 동화사와 유사점이 발견됐다. 한국의 대표적인 미륵신앙인 점이다. 미륵신앙은 현세보다 미래를 중요시한다.

법주사 터가 배 형세라는 것은 반야용선을 상징한다. 반야용선은 불교에서 차용한 샤머니즘 용어이며, 사바세계에서 피안의 극락정토로 건너갈 때 타고 가는 배를 가리킨다. 이는 혼란한 현세를 극복하고 미래를 밝혀줄 미륵불을 상징한다. 미륵불은 혼란스러운 상황에서는 빛을 발하지만 나라가 안정되고 강력한 왕권 중심사회에서는 그 힘을 잃는다.

속리산 법주사의 삼성각

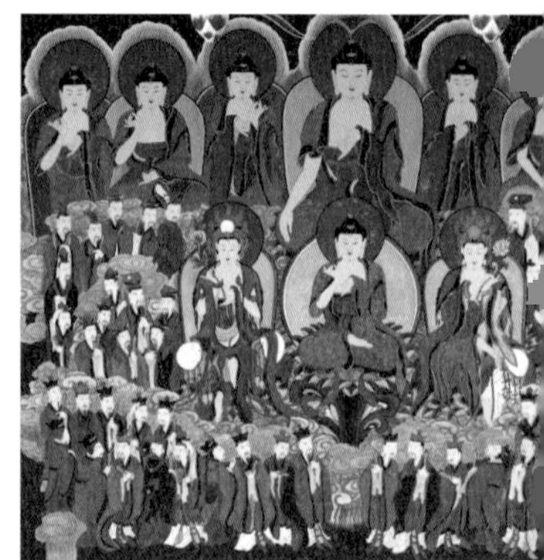

속리산 법주사 삼성각에 있는 산신도 왼쪽부터 독성도, 칠성도, 산신도

금산사와 같이 백제 유민이 미래를 기약하는 이념이 필요한 지역에서는 계속 유지되지만, 속리산 법주사는 신라 땅으로서 삼국을 통일한 마당에 더는 미륵의 존재는 필요 없게 됐다. 따라서 법주사의 미륵신앙도 자연 시들해진다. 이에 맞는 현세와 진리 추구 자체를 중시하는 비로자나불이나 사상적 통일을 꾀하는 화엄종이 슬그머니 미륵불을 대체한다. 시대적 정치적 상황에 따라 신앙의 대상도 바뀌는 것이다. 산신도 이와 다르지 않다.

법주사 무경 스님도 "절이 기존 사상과 이념을 유지하느냐, 대중들에게 맞춰 가느냐 하는 문제는 그 지역과 주민들의 요구에 맞게 변화할 수 있습니다. 인기 있는 부분만 살아남는 건 진리의 세계도 마찬가지입니다. 그건 어떻게 보면 속세를 떠나 법이 머무는 자리라며 속리산에 법주사를 창건한 의신조사의 뜻과도 맞아떨어지는 것입니다"라고 설명했다.

잠시 법주사의 유래를 살펴보자. 『속리산대법주사본말사기俗離山大法住寺本末寺記』에 의하면, '의신 조사가 553년(진흥왕 14) 법주사를 창건될 당시 서역으로부터 구법을 하고 돌아와, 흰 노새에 불경을 싣고 와서 이곳에 주석했기 때문에 법보法寶인 불경을 보장保藏했다는 뜻에서 이 절의

이름을 법주사로 부르게 됐다고 한다.'고 기록하고 있다. 부처님이 설법한 법이 머무르는 절이라는 의미다. 법주사 창건설화와 관련한 마애석각이 속리산 아홉 봉우리 중의 하나인 수정봉에서 떨어졌다는 법주사 추래암의 마애석불에 그대로 그려져 있다. 추래암에 의신조사와 노새의 그림이 희미하게 여기저기 보인다. 이때까지는 미륵신앙이 아니다.

하지만 8세기 중엽 금산사를 창건한 진표율사가 법주사를 중건한다. 이때부터 미륵신앙으로 변한다. 지금 미륵대불도 그 이념을 반영한 것이다. 우리나라 절이나 산 이름에 미륵 · 용화 · 도솔 등이 있는 것은 100% 미륵신앙과 관련 있다.

그런데 8세기 중엽이면 신라가 이미 삼국을 통일하고 나라의 안정을 꾀하고 있을 때인데 다시 미래를 지향하는 미륵신앙이 싹 터는 건 조금 논리적 · 시기적으로 맞지 않다.

이에 대해 무경 스님은 "우리 민족의 산신신앙은 내세관과 밀접한 관련 있을 것"이라고 추정했다. 현재의 상황과 상관없이 내세관은 항상 미래를 지향하기 때문이라고 설명한다. 우리 국민은 전통적으로 좋은 복을 받아 태어나서, 죽어서도 좋은 세상에 가기를 바라는 기복신앙을 매우 신봉했다. 사후세계와 출생 전 세계에 대한 불확실성으로 원시신앙인 산신신앙은 기복신앙으로 발전했다. 이 산신신앙이 기복신앙의 성격을 띤 채 불교와 절충하고, 이에 따라서 한국에서 지장보살과 비로자나불이 지배적인 불상이 됐다는 것이다. 산신과 불교가 밀접한 관련성을 가질 수밖에 없는 구조다. 이는 어느 면에서 산신의 성격 규정이기도 하다. 또한, 그 성격에 맞춰 각 절마다 부처를 모시고 있다는 설명이다. 속리산 산신 대자재천왕의 정체성과 그 여성성에 대한 이해도 어느 정도 되는 듯했다.

산신기도와 관련된 이성계의 일화도 속리산에서 구전된다. 법주사 상환암 도암 스님은 "이성계가 조선 왕으로 즉위하기 전 속리산에서 백일기도를 올리고 산신의 계시를 받고 조선을 개국했다"고 말한다. 이성계는 전국의 명산을 찾아다니며 산신에게 기도 올린 것으로 유명하다. 도암 스님은 또 "속리산 상환암에 민간에서는 특히 영검한 산신이 머무는 것으로 알려져 얼마 전까지 고시생들이 제법 기거했다"고 덧붙였다. 세조는 가파른 고갯길을 넘어와 속리산 산신을 만나 병을 고쳤다고 전한다. 『동국여지승람』은 '속리산 천왕봉에 천왕사라는 사당을 두어 산신제를 거행했다'는 사실을 기록하고 있다.

이처럼 산신숭배는 왕조에서나 민간에서 각각의 성격에 따라 실체는 뚜렷하지 않지만 다양한 형태로 전승되고 있다. 왕조에서는 국가수호나 왕조보존과 같은 이념과 가치로, 민간에서는 사후세계에 대한 기복신앙과 같은 형태로 '다른 가치 · 같은 신'을 모시고 있다.

일부에서는 고려왕조의 풍수지리설은 산악숭배의 또 다른 형태라고 설명한다. 산신의 좋은 기운을 받은 땅이 명당이고, 그 명당은 바로 왕조의 텃밭이라는 거다. 명당의 개념은 민간에도 그대로 적용돼, 현대까지 면면히 이어져 내려오고 있다. 산신신앙이든, 풍수지리설이든.

조선 후기 호영 스님이 그린 것으로 알려진 법주사 전도
산으로 둘러싸인 법주사 터가 얼핏 배의 형국으로 보인다.

2장

신라 소사小祀 명산의 신神들

가야산은 정견모주 신화가 산신으로
설악산, 한국 산신의 메카說
대관령은 영웅신화 김유신 장군이 산신 좌정
영축산은 변재천녀 산신 등장
무등산은 나주 금성산과 산신 주도권 다툼
소백산, 죽령 개척한 죽죽장군 좌정설
감악산, 당나라 장수 설인귀 산신 좌정

01

가야산은 정견모주 신화가 산신으로

가야 시조모… 만물상 상아덤서 천신 이비가지 만나

정견모주
에서 2015년 12월 공식 지정한 표준 영정

가야산은 고대 가야국의 진산이다. 정교政敎가 분리되지 않은 고대국가는 국가의 안녕과 평화를 위해 하늘에 제사를 지내는 제사장이 국가의 통치자와 겸했다. 따라서 국가를 건국한 왕은 신격화된 건국신화가 반드시 뒤따랐다. 하늘로부터 받은 왕권을 더욱 신성시하고 통치권을 공고히 다지는 차원에서라도 신화적으로 만들었다. 왕을 낳은 부모부터 왕까지 신과 관련된 이야기로 각색됐다. 어디까지가 역사이고, 어디까지 신화인지 구분이 되지 않을 정도였다. 모든 고대국가가 그렇듯이 가야도 당연히 건국신화가 있다. 그런데 재미있게도 가야에는 두 가지 건국신화가 존재한다.

『고려사』 지리지 경상도 김해도호부 편에

다음과 같은 내용이 나온다.

> 후한 광무제 건무 18년 3월에 가락의 9간干인 아도我刀·여도汝刀·피도彼刀·오도五刀·유수留水·유천留天·신천神天·오천五天·신귀神鬼 등이 물가에 모여 술을 마시다가 구지봉을 바라보니 이상한 기운이 있었다. 가서 보니 자색紫色 새끼줄에 매인 금합金合이 하늘에서 내려오는 것이었다. 합을 열고 보니 해처럼 둥근 여섯 개의 금빛 알이 있으므로 아도의 집에 가져다 두었다. 이튿날 아홉 사람이 다 모여서 또 열어보니 알 여섯 개가 껍질이 쪼개져서 여섯 동자가 되어 있었다. 나이는 열다섯쯤 되었고 용모가 매우 거룩하여, 모두 절하며 축하했다. 동자는 나날이 자라나서 10여 일이 지나자 신장이 9자나 됐다. 무리가 드디어 한 사람을 받들어서 임금으로 삼으니, 이가 곧 수로왕首露王이다. 금합에서 났다 하여 성을 김씨라 하고 나라 이름을 가야라 하니, 신라 유리왕儒理王 18년(서기 41년, 박혁서세의 손자)의 일이다. 나머지 다섯 사람도 각자 헤어져 가서 다섯 가야 임금이 되니, 동쪽은 황산강黃山江(지금의 낙동강)을, 서남쪽은 바다를, 서북쪽은 지리산智異山(당시 표기는 地理山)을, 동북쪽은 가야산伽倻山을 경계로 했다.

이와 같은 내용은 『삼국유사』 가락국기 편에도 유사하게 소개하고 있다. 김해를 본거지로 둔 금관가야에 대한 내용이 주류를 이룬다. 반면 대가야를 중심으로 한 내용은 이와 완전히 다르다.

『신증동국여지승람』 권29 고령 현 건치연혁 편에 다음과 같이 소개하고 있다.

가야산 만물상의 전경 온갖 기기묘묘한 바위들이 다양한 자세로 서 있는 듯한 모습이다.

고령 현은 본래 대가야국이다. 시조 이진아시왕伊珍阿豉王(내진주지內珍朱智라고도 한다)로부터 도설지왕道設智王까지 무릇 16세 520년이다. 최치원의 『석이정전釋利貞傳』에 "가야산신伽倻山神 정견모주正見母主가 천신 이비가지夷毗訶之에 감응하여, 대가야의 왕 뇌질주일惱窒朱日과 금관국의 왕 뇌질청예惱窒靑裔 두 사람을 낳았다. 뇌질주일은 이진아시왕의 별칭이고, 청예는 수로왕의 별칭"이라 했다. 그러나 가락국 고기古記의 육란六卵의 전설과 더불어 모두 허황한 것으로써 믿을 수 없다. 또 『석이정전』에는 "대가야국의 월광태자는 정견의 10세손이요, 그의 아버지는 이뇌왕異腦王이며, 신라의 영이찬迎夷粲 비지배比枝輩의 딸에게 청혼하여

태자를 낳았으니, 이뇌왕은 뇌질주일의 8대손이라 했다." 그러나 이 또 한 참고할 것이 못 된다.

『삼국유사』에도 이와 비슷한 내용이 나온다. 여기서는 금관가야가 아닌 대가야 중심으로 건국신화를 완전히 새롭게 구성했다. 가야산 산신 정견모주에 대한 부분만 맥을 같이할 뿐이다. 정견모주를 얘기하기 전에 먼저 왜 두 개의 건국신화가 존재하는지부터 한 번 살펴보자.

가야의 건국신화는 당연히 금관가야부터 시작했을 것이다. 1세기 중반 건국한 금관가야를 비롯한 6가야는 한반도의 철기문화를 주도했다. 족장 중심의 연방 체제를 유지했다. 건국 시기는 인도 아유타국 허황옥이 금관가야의 시조 김수로왕과 혼인한 것으로 알려진 서기 48년과 비슷하게 맞아떨어진다. 하지만 고구려 광개토대왕이 신라의 요청으로 남해안을 침범하는 왜구를 격퇴하기 위해 남하한 5세기부터 금관가야는 급격히 국력이 약해진다. 가야 연방제의 중심은 자연스럽게 내륙에 있던 대가야로 옮겨졌을 것으로 추정된다.

엄청나게 많은 역사적 사실은 차치하고 대가야가 6가야의 중심이 됐다는 사실은 대가야 중심의 새로운 건국신화가 당연히 필요했을 성싶다. 하늘에서 내려온 천신 이비가지와 가야산 산신 정견모주가 혼인해서 두 아들을 낳았고, 큰아들 뇌질주일은 대가야의 시조 이진아시왕이고, 작은아들 뇌질청예는 금관가야의 시조 김수로왕이 됐다는 신화는 이렇게 탄생했을 것으로 추측된다.

형이 큰 나라인 금관가야가 아닌 대가야의 시조로 둔갑한 사실은 이 신화가 금관가야 이후 각색했을 가능성을 간접적으로 시사한다. 이에 대해서는 역사적으로 따져볼 필요가 있다. 금관가야의 멸망연대는 532년으로 알려져 있지만, 대가야는 562년이다. 금관가야는 광개토대왕이 왜구를 격퇴하기 위해 남하한 5세기부터 국력이 쇠약해져 사실상 신라와 병합됐다고 사학자들은 주장한다. 반면 대가야는 독자세력을 구축해서 6세기 중반 멸망할 때까지 끝까지 저항했던 것으로 알려져 있다. 김유신이 금관가야의 후손이라는 사실은 이미 널리 알려졌지만, 대가야의 후손에 대해서는 들어본 바가 없다. 가야 역사에 대한 기록의 부재는 저항세력에 대한 흔적 자체를 모조리 없애버린 영향도 컸으리라 판단된다. 따라서 승자의 기록인 『삼국사기』나 『삼국유사』는 가야의 역사를 끝까지 저항한 대가야에 대해서 호의적으로 평가했을 리가 없을 것이다. 오히려 대가야의 형제신화(또는 설화)보다는 금관가야의 '6란신화(설화)'에 더 힘이 실렸을 가능성이 크다.

형제설화든 6란설화든 이들의 어머니인 정견모주는 모든 역사서에 가야산 산신으로 기록돼 있다. 사실 가야산은 대가야의 진산으로서, 대가야가 중심이 된다. 금관가야의 진산은 김해에 있는 야트막한 산이며, 그 산에서 알이 내려왔다고 전한다. 따라서 가야산 산신을 언급하면 대가야를 중심으로 전개할 수밖에 없다는 논리로 귀결된다.

정견모주를 중심으로 한 가계는 남편인 천신 이비가지, 큰아들 뇌질주일, 작은아들 뇌질청예로 구성된다. 이비가지는 일본식으로 이히고伊日者, 즉 '이서국의 제사장'이라는 의미다. 정견모주도 이서국의 후예로서 제사장 역할을 한 여인으로 추정한다. 즉 이서국의 제사장 정견모주는 가야산 정상에서 하늘에 제사를 지내는 장소에서 천신 이비가지를 만나 혼인해서 두 아들을 낳았다고 전한다.

정견모주와 이비가지가 만난 장소가 가야산 만물상 끝자락에 있는 '상아덤'이다. 상아는 '여신'을 일컫는 말이고, 덤은 '바위'를 가리킨다. 여신이 사는 바위란 뜻이다. 하늘에서 내려온 뾰쪽하면서 화살촉같이 생긴 바위가 땅에 있는 바위를 쪼갠 듯 양쪽으로 벌어진 그사이에 절묘하게 꽂혀 있다. 인간의 손으로 그렇게 만들었으리라고 상상하기 힘든 모습이다. 이곳이 바로 가야산 산신 정견모주가 천신 이비가지를 만나 부부의 연을 맺었다는 전설이 서린 신비스러운 장소이다.

전설에 따르면, 여신은 백성들에게 살기 좋은 터전을 마련하려는 일념으로 밤낮없이 하늘에 소원을 빌었다. 그 정성을 가상히 여긴 천신 이비가지는 어느 날 오색구름 수레를 타고 상아덤에 내려왔다. 천신과 산신은 성스러운 땅 가야산에서 부부의 연을 맺고 아들 둘을 낳았다. 형은 아버지 천신을 닮아 얼굴이 해와 같이 둥그스름하고, 아우는 어머니 여신을 닮아 얼굴이 갸름하고 흰 편이었다. 형은 대가야의 시조 이진아시왕이 됐고, 동생은 금관가야국의 수로왕이 됐다고 전한다. 이 전설은

가야산 만물상 끝자락에 있는 상아덤
산신 정견모주가 천신 이비가지를 만난 장소로 알려져 있다.(사진 : 대가야박물관 제공)

최치원의 『석순응전』과 이를 인용한 『동국여지승람』에 나온다. 하지만 『석순응전』과 『석이정전』은 현존하지 않는다. 조선 시대에 편찬한 『동국여지승람』에 인용될 정도면 당시까지는 존재했다는 얘기다. 그 이후 전란 등으로 소실이나 분실됐을 것으로 추정한다. 참고로 순응과 이정은 802년 해인사를 창건한 승려들이다. 최치원은 이들 승려에 대한 이야기를 전기형태로 쓴 책이 『석순응전』과 『석이정전』이다. 여기에 가야산 산신과 해인사 창건에 관련한 내용이 많이 나온다고 한다.

사실 한 국가의 건국은 어느 날 갑자기 태초에 세상이 창조되듯 뜬금없이 생겨날 수가 없다. 수많은 단계를 분명 거쳤을 것이다. 하지만 건국 신화는 그 이전 단계는 모조리 무시되는 특징을 나타낸다. 시조부터 완전히 새로운 국가로 변신한다. 가야도 마찬가지다. 가야는 일본서기에 나오듯 이서국이라는 작은 부족국가로 존재했을 가능성이 크다. 이서국에서 점차 세력을 키워 가야라는 연맹체로 성장하고 이후 국가로 발전했을 것으로 보인다.

이름에서도 그 가능성을 찾을 수 있다. 대가야의 시조는 이진아시왕이며, 다른 이름은 뇌질주일 또는 내진주지였다. 여기서 '뇌질'의 뜻은 노리들 또는 누리들이며, 노리와 누리는 고어古語로 '세상'이란 의미다. 이는 평원을 나타낸다. 내진이나 이진도 음은 다르나 그 의미는 비슷하다고 역사학자들은 추정한다. 특히 이진伊珍에서 '이'는 위上, '진'은 들이나 도리의 뜻이 되어, 귀인의 존장이라는 의미로 결국 '세상을 다스리는 귀한 사람'이란 뜻이 된다고 해석한다.

여기서 우리는 지리산에서와 마찬가지로 한국인의 신관神觀을 다시 한 번 확인할 수 있다. 하늘의 아들인 천신이 강림해서 땅의 신과 혼인해서 아들을 낳는다. 이 아들이 지상의 통치자가 되고 신격화된다. 이른바 천신인天神人이고, 신인복합神人複合이다. 고대사회에서는 동서양을 막론하고 이와 같은 과정을 거친다. 신인복합은 사실 어디까지가 역사이고, 어디까지가 신화인지 구별할 수 없다. 기록fact적 역사와 허구fiction적 신화가 혼재하는 상황을 현실적으로 구별해 내기란 불가능하다. 그렇다고 신화를 무시할 수 없다. 신화가 역사적으로 증명된 사례도 세계사적으로 상당수 있기 때문이다. 대표적으로 '노아의 방주'나 '트로이전쟁' 같은 것들이다. 특히 트로이전쟁은 터키의 트로이 유적이 발굴되면서 수천 년간 구전되어오던 신화가 마침내 역사적 사건으로 입증됐다. 가야 건국 신화도 어디까지가 신화고, 어디까지가 역사인지 실제로 알 수 없지만 현존하는 역사적 사실로 하나씩 구분할 수밖에 없다. 그뿐만 아니라 언젠가 역사적 사실로 증명될지는 아무도 모를 일이다.

하지만 정견모주는 '한 부족의 제사장'으로서 실존 인물이었다는 사실은 역사적으로 매우 구체성을 띤다. 그런데 정견모주가 가야 건국 이후 한참 지나서야 각색되었을 가능성이 매우 높다. 정견이라는 이름 자체가

해인사 국사단에 있는 산신도 정견모주가 두 아들과 함께 있는 모습을 그렸으며, 수호신도 옆에 있다.

합천문화원 이병생 향토연구소 소장이 국사단 산신화를 보며 정견모주에 대해 설명하고 있다.

지닌 특성과 건국 당시의 시대적 분위기를 비교할 때 연결되지 않은 부분, 즉 의문의 여지가 많이 남기 때문이다.

정견모주는 기본적으로 불교식 명칭이자 개념이다. 정견正見은 불교에서 깨달음을 얻기 위해 취해야 할 8가지 바른 자세 중에 으뜸으로, 글자 그대로 '바로 본다.'는 의미이다. 불교에서 세상을 바로 본다는 의미는 매우 심오한 뜻을 지닌다. 모주母主도 성모에서 유래했을 것으로 보인다. 대가야의 마지막 왕이자 정견모주의 10세손으로 알려진 월광태자도 불교식 명칭이다.

한반도에서 불교가 처음 도래한 시기는 서기 372년 고구려 소수림왕 때이다. 신라에는 이보다 몇 십 년 뒤인 거의 4세기 말에 들어온다. 가야가 건국될 시기인 1세기 중반에는 불교보다는 샤머니즘과 같은 종교 이전의 신앙이 지배하던 상황이었다. 당시 정견모주도 하늘에 제사를 지내는 제사장으로서 역할을 하던 시기였다. 그런데 이 시기에 건국한 가야가 불교식 명칭과 개념을 사용했으리라고 상상할 수 없는 일이다. 최소한 5세기 이후 가능했을 것으로 추측된다.

그러면 어느 때, 누가 건국신화를 새롭게 각색했을까? 이에 관한 정확한 기록이 없기 때문에 아무도 알 수 없다. 하지만 사학자들은 월광태자와 그의 측근이나 후손들이 불교적으로 윤색했을 가능성이 높다고 본다. 지금 합천 야로의 월광사는 월광태자가 창건한 절이며, 그 이후 해인사를 창건한 순응과 이정은 의상의 법손이며 월광의 후손으로 추측하기 때문이다. 따라서 '형제신화'는 대가야가 독자적으로 세력을 구축했던 6세기 당시의 상황에서 탄생했을 것으로 봐야 한다. 가야산은 대가야 시대 당대부터 가야 건국의 성소로 인식됐고, 가야산 산신 정견모주는 대가야 왕실의 최고 정점에 있는 인물로서 신화적으로 탄생시킬 필요가 있었을 것이다. 신라가 대가야를 병합하고 가야산을 소사인 가량악으로 편제한 것은 가야산이 가지는 상징성과 전통 제사 장소를 계승하는 의미도 함께 작용했으리라는 추측이 가능하다.

신라 이후 소사 가량악, 즉 가야산에서 매년 수차례 국가 제례인 산신제를 지냈다. 기우제까지 지낸 기록도 남아 있다. 고려 시대에도 명산으로 등재되어 국제國祭가 행해졌으며, 조선 시대에 들어서도 그 전통은 계승됐다. 『신증동국여지승람』에는 대가야의 건국신화가 그대로 인용돼 있고, '정견모주를 모시는 정견천왕사正見天王祠가 해인사 경내에 있다'고 기록돼 있다. 지금은 정견천왕사는 어디 있는지 알 길이 없다. 해인사 내 국사단에 정견모주의 흔적을 유일하게 찾을 수 있다. 정견모주와 두 아들을 그린 산신화도 걸려 있다.

국사단은 해인사 일주문을 지나 대웅전 가기 전 중간 지점 오른편에 자리 잡고 있다. 국사단 앞 안내문에는 '국사단은 국사대신을 모신 단으로서, 국사대신은 도량이 위치한 산국山局을 관장하는 산신과 토지가람신을 가리킨다. 가야산신인 정견모주(깨달음의 어머니)는 하늘의 신 이비가(지가 생략)와의 사이에 두 아들을 두었다. 큰아들 이진아시왕은 대가야국을, 작은아들 수로왕은 금관가야국을 각각 건국했다고 한다. 국사대신은 인간 세상을 손바닥 보듯이 하면서, 신비스러운 현풍玄風을 떨쳐 해인사에 재앙을 없애고 복을 내린다. 가람을 수호하는 신을 모셨기 때문에 도량 입구에 배치되어 있다'고 하였다.

합천문화원 전 향토문화연구소장 이병생씨는 "가야산 상아덤에는 산신 정견모주가 천신 이비가지를 만나 몸을 합하는 돌 모양이 상징적으로 아직 전한다."며 "만물상 끝나는 지점 하늘과 통하기 가장 좋은 장소에 자리 잡고 있다"고 설명했다. 또 "정견모주는 가야산 산신일 뿐만 아니라 해인사 수호신으로서도 자리매김한다."고 덧붙였다. 주민들에게 어려움이 닥치거나 나라가 힘들 때 국사단에서 제사를 올린다고 말했다.

가야산에서 조선 시대 때 산신제나 기우제를 지낸 기록을 한 번 살펴보자.

『세종실록지리지』 경상도 합천군 조에 '산형이 천하에 뛰어났고, 지덕은 해동에 짝이 없으니, 참으로 정수精修할 땅이다'고 돼 있다. 『태종실록』 권31 태종 16년 2월 6일에 '내시 별감을 보내어 가야산 산신에게 제사를 지냈다'는 기록이 있다.

『선조실록』 권174 선조 37년 5월 26일에 '경상도 관찰사 이시발이 장계하기를, 한재旱災가 너무 심합니다. 가야산 · 우불산 · 주흘산 등의 곳에서 기우제를 지낼 향축香祝과 예폐禮幣를 내려 보내주소서 라고 했는데,

해인사 경내에 있는 국사단 전경

예조에 계하했다'고 기록하고 있다.

정동락 대가야박물관 학예담당은 『삼국사기』에 나오는 소사 가량악에서 제사를 지내던 장소를 찾아 수년째 가야산을 샅샅이 뒤지고 있다.

가야산 정상에서 출토 된 기와조각들 고령 대가야박물관 정동락 학예담당이 가야산 정상 우두봉에서 찾은 통일신라 기와조각들을 보관하고 있다.

우두봉에서 찾은 기와조각은 통일신라부터 조선까지 연대를 추적할 수 있다. 이는 이곳에 분명 제사를 지내던 어떤 형태의 사당이나 암자와 같은 건물이 존재했을 것이란 사실을 암시한다. 다시 말해서 우두봉에서 국가 제례를 지냈을 가능성이 매우 크다. 다만 조선시대 들어서부터 산 아래로 내려오는 양상을 보인다. 하지만 사당은 사당대로 분명 존재했을 것으로 본다.

가야산 이름은 불교가 전래되기 이전에는 소머리산 또는 우두산이라 불렀고, 불교 전래 후 범어梵語에서 가야는 소를 뜻하므로 가야산이란 이름이 정착됐을 것으로 본다. 또한, 가야산은 부처의 주요 설법처로서 신성시되는 산이라 불교 성지로 꼽힌다. 『동국산수기』에는 우두산牛頭山, 비봉산飛鳳山, 또는 상골산象骨山, 상봉 등으로 부르기도 한다고 기록돼 있다. 다양한 산 이름을 거치면서 한 가지 변하지 않는 사실은 그 산의 산신이 정견모주라는 것이다.

정견모주의 영정을 얼마 전 정부에서 공식적으로 살려냈다. 역사적 인물로서 다시 태어났다는 의미다. 역사 속의 정견모주와 신화 속의 정견모주, 그리고 산신으로서 정견모주에 대해서 정리된 기록을 언제쯤 볼 수 있을까. 그 날이 빨리 오기를 기대해본다.

'가야고분군' 세계유산 잠정 목록에 등재

대가야 건국 시조의 어머니이자 가야산 산신인 정견모주의 영정이 정부 표준영정으로 제작됐다.

대가야의 주요 근거지였던 고령군에서 건국신화에 대한 역사적 사실을 확인하고, 나아가 가야국의 존재를 널리 알리고 세계유산 잠정목록에 등재된 가야 고분군에 대한 사회적 인식을 확산시키기 위한 목적으로 2015년 12월 완성했다고 밝혔다. 고령군은 2014년부터 영정 작업을 시작해서 전문가들로 구성된 문화체육관광부의 영정동상심의위원회의 고증과 수정 작업을 거친 끝에 표준영정 제96호로 공식 지정받았다고 확인했다.

정견모주 표준영정은 가야국 시조의 어머니로서 위엄 있는 여성상을 나타내고, 가장 왕성하면서 활동적인 40대 중반의 나이로 설정했다. 위풍당당한 국모의 풍모와 근엄함을 동시에 갖추고, 자신감 있는 모습을 표현하였다. 정제된 안정감을 나타내도록 전체적으로 철선법을 사용했으며, 특히 쌍구법을 많이 사용해서 부귀와 권위를 강조했다. 복식도 깊이 있게 고증했다. 머리는 고구려 벽화고분에 등장하는 여인상을 참고, 중후한 이미지를 살려내려고 했다. 또 권위의 상징으로 가야 금관의 입식 장식을 고졸古拙하게 표현한 관장식을 배치했다. 의상도 고구려벽화에 나오는 복식을 토대로 참고했다.

고령군은 "표준영정을 기반으로 가야라는 고대국가의 역사적 사실을 가야문화권에 속한 지자체간 공유하며, 세계유산 잠정목록에 등재된 고령의 지산동 고분군과 김해 대성동 고분군 및 함안 말이산 고분군과 함께 가야 고분군에 대한 인식을 공동으로 확산시켜 나갈 방침"이라고 밝혔다. 나아가 가야문화권의 통합 정견모주 사당 건립과 영정 봉안 및 '정견모주제' 봉행 등의 후속 사업을 추진할 계획으로 있다.

정견모주 표준영정을 제작한 손연칠 경주 동국대 명예교수는 그간 성삼문·이익 선생 등 다수의 표준영정을 만든 전문가다.

현재까지 정부에서 지정한 표준영정 중 대가야 및 고령과 관련한 영정은 1997년 제작한 우륵과 함께 2건이다.

02

설악산, 한국 산신의 메카說

지명은 금강산보다 더 오래… 봉정암 뒤 암벽 봉우리가 산신봉

설악산은 『삼국사기』 제사 조에 나오는 소사小祀 24개 명산 중의 하나였다. 신라 시대부터 국행제를 지냈다. 고려 시대까지는 국가에서 주관했고, 조선 시대 들어서는 지방으로 이관됐다. 조선시대는 유교가 국교였으니 산신제보다 조상숭배를 우선시했다.

여러 왕조에 걸쳐 명산으로 분류돼, 산신제를 지냈는데도 불구하고 산신에 대한 기록이 없다. 구전으로는 봉정암을 '한국 산신의 메카'라고 지칭한다. 한민족 전통신앙인 산신신앙의 본거지로서 최고의 기돗발터, 즉 한국 최고의 기도터로 통한다. 팔공산 갓바위 마애불상 못지않게 영험한 기도처로 알려져 있다. 풍수지리에서는 봉황이 부처님 이마로 들어간 자리라고 해서 최고의 명당으로 여긴다.

봉정암은 또한 부처님 진신사리를 봉안한 한국의 5대 적멸보궁 중의 한 곳이다. 한국 산신의 메카와 5대 적멸보궁. 굳이 따지자면 불교의 성지와 산신신앙의 메카가 서로 충돌한다. 오대산 산신의 경우, 오대에 각각의 보살이 좌정해 있어 산신의 입지가 좁아 잘 알려지지 않을 수 있다고 했다. 마찬가지로 불교 최고의 신인 부처의 진신사리가 봉안된 자리에 산신이 좌정해 있기엔 뭔가 격이 맞지 않은 느낌이다. 산신도 불교의 한 신으로 절충된 상황이라 더욱 그렇다.

그런데 어떻게 설악산이 산신의 메카로 알려졌을까? 이해가 되지 않은 부분이다. 오세암 주지 일념 스님이 나름 해석을 했다.

> 설악산이 산신의 메카라고 하는 건 정확히 알 수 없지만, 장중한 기운을 느낄 수 있어 산신이 거처하기에 좋은 장소라서 그런 얘기가 나오지 않았을까 짐작할 뿐이다. 기암괴석과 깊은 계곡은 산신이 머물기 적합한 곳이다. 그리고 기암괴석으로 인해 기氣가 센 곳으로 느껴질 수 있다. 기가 센 곳은 좋은 기도처로 알려져 있다.

봉정암에서 산신과 관련된 재미있는 전설이 전한다. 실화라고 한다.

> 봉정암에 한 땡추중이 주인 노릇을 했다. 어느 날 신심 깊은 거사가 백일기도를 하러 왔다. 거사는 눕지도 않고 백일기도를 계속했다. 출타했다가 보름 만에 돌아온 땡추중은 이내 잠에 곯아 떨어졌다. 꿈에 하얀 수염의 노인이 나타나 "버릇을 못 고치면 우리 집 개를 보내겠다."고 했다. 거사는 조심하라고 경고했다. 그러나 땡추는 코웃음을 칠 뿐이었다. 며칠 후 다시 나간 땡추중은 다시 보름 만에 돌아왔다.
>
> 자정쯤 갑자기 벼락이 치더니 방문이 활짝 열리면서 누군가 땡추중을 덜컥 집어 던져버리는 것이었다. 순식간이었다. 거사는 정신을 가다듬고 찾으러 나섰다. 오세암 가는 길 15리쯤 땡추중이 시신이 어지럽게 흩어져 있었다. 거사는 오세암에 이 사실을 알리고 땡추중의 시신을 거둬 화장해 주었다.

한국 산신의 메카로 불리는 봉정암

봉정암에서 오세암으로 넘어가는 길에서 본 용아장성

산신이 허투루 사는 승려와 사람에게 경각심을 주려는 조치였다고 구전되는 일화다.

그런데 인근 오세암五歲庵에서는 조금 더 구체적인 전설이 전한다. 오세암의 유래와도 관련된 내용이다.

> 오세암은 643년 또는 645년 창건 당시엔 자장이 관음 진신사리를 모셨다고 해서 관음암觀音庵이라고 했다. 고려 시대 설정雪頂조사가 암자를 중수하고 그의 다섯 살 된 조카가 일찍이 부모를 잃어 같이 살았다. 겨울이 오기 전 영동에 갈 일이 있어 설정은 암자에 조카를 혼자 남겨두고 떠났다. "머지않아 올 테니 관세음보살을 생각하며 기다리라"

고 당부했다. 그날 밤부터 눈이 내려 도저히 돌아올 수 없었다. 이듬해 봄이 돼서야 왔다. 이럴 수가…. 조카는 건강하게 기다렸다. "인자하신 어머니가 오셔서 젖과 밥을 주셨습니다."라고 했다. 바로 관세음보살이었다. 그 오세동자는 견성득도했다고 전한다. 또 다른 설도 있다. 김시습이 단종이 죽자 오세암에 머물렀다. 김시습은 5세 때 대학을 통달하여 신동으로 불렸다. 1761년 설정 스님이 김시습의 초상화를 구해 오세암에 모셨다. 설정은 관음 영험설화를 바탕으로 오세암으로 바꿨다.

『오세암사적지』에 나오는 내용이다.

설악산 봉우리들

봉정암은 용아장성의 끝, 설악산 기운의 정수精髓에 해당하는 자리다. 자장율사도 봉황이 사라진 곳을 찾아 진신사리를 봉안했고, 그 자리가 부처님 이마에 해당해서 봉정이라 명명했다고 전한다. 기운의 정수 자리에 부처님이 좌정했으니 산신은 그 옆 오세암으로 비켜 갔을까.

여기저기 자료를 찾다가 중요한 사실 한 가지를 발견했다. 봉정암에서 발행한 팸플릿에 봉정암을 둘러싸고 있는 바위의 명칭에 대해서 하나씩 적어놓았다. 거기에 봉정암 바로 뒤에 있는 암벽 봉우리가 산신봉이고, 그 옆 봉우리가 할미봉, 이어 독성봉이라 설명하고 있다. 이 봉우리가 언제 명명됐는지는 알 수 없지만 분명 산신과 관련된 봉우리라는 사실에 대해서만큼 누군가 분명 인지하고 있다는 것이다. 따라서 산신의 실체에 대해서도 얘기됐을 법도 하다.

봉정암 대웅전과 같은 높이에 있는 적멸보궁 5층 석탑

하지만 여전히 산신의 실체에 대해선 알려진 바가 없다. 관세음보살이 산신이 될 수도, 김시습일 수도 있다. 성별에 대해선 일부는 여산신이라 하고, 혹은 남산신이라고도 한다. 산신신앙의 고유의 성격이나 형태로 보면 여산신이 분명하다. 덧씌워진 객체가 없으면 대개 여산신이기 때문이다. 그렇게 보면 바위에서 뿜어져 나오는 엄청난 기운(양)과 계곡의 신비한 물(음)은 양과 음의 절묘하고 완벽한 조화를 이룬다.

그렇다. 설악산 산신은 자연의 조화, 음과 양의 완벽한 조화를 이룬 산이다. 이만큼 더 절묘한 산도 있을 수 없다. 그래서 설악산을 한국 산신의 메카라고 하지 않을까 싶다.

오세암 삼성각에 있는 독성도, 칠성도, 산신도 왼쪽부터

설악산 산신에 대한 유일하게 찾은 기록은 노산 이은상이 쓴 '설악행각, 묘고봉두에 서서'이다.

> 증왕曾往에는 상하 양봉 사이에 규모도 적지 아니한 번듯한 당우가 있다고 하지만, 지금은 터만 남았을 뿐이다. 그 대신 이 상봉上峰 최고

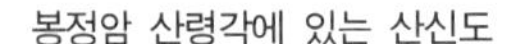

봉정암 산령각에 있는 산신도

정상에 돌담으로 두르고 기와로 덮은 조그마한 제단이 있거니와, 단상에 세워놓은 위비에는 한가운데 설악산봉 국사천왕 불신지위雪嶽山峰 國司天王 佛神之位라 썼고, 좌측에는 소자로 팔도산신 중도신령八道山神 中道神靈이라 썼으며, 우측에도 역시 소자로 설악산 신령雪嶽山 神靈이라 썼다.

산신의 위패 내용으로 볼 때는 근대 들어서 만든 것으로 추정된다. 대개 자연 본향의 산신은 '천왕'이나 '변재' 등과 같은 산신 고유의 개념이 반드시 들어간다. 따라서 설악산 산신은 아직 모습과 형태를 드러내지 않은 본향의 모습을 고이 간직하고 있지 않은가 여겨진다. 오히려 그 모습 자체가 한국 산신의 메카라고 하는 게 더욱 신령하고 신비스러운 모습을 간직하지 않을까 싶다.

03

대관령은 영웅신화 김유신 장군이 산신 좌정

시기는 나말여초 추정… 고려부터 주요 간선로 되면서 더욱 신성시된 듯

삼국통일의 대업을 달성한 신라 김유신 장군은 대관령 산신이다. 위대한 업적을 남긴 인물이 산신이 되는 경우는 허다하다. 산신의 보편성과 일반성 측면에서 김유신 장군이 산신으로 좌정한 것은 전혀 어색하지 않다. 그런데 김유신 장군이 전혀 연고가 없는 강릉 대관령의 산신이 됐다고 하면 뭔가 다른 게 있을 것 같다. 산신의 지역성과 특수성 측면에서 뭔가 연결고리가 있을 법하다.

김유신 장군의 국가 표준 영정

그가 왜, 어떻게 대관령 산신이 됐을까? 그는 삼국통일 직후인 673년 사망한다. 그런데 그가 언제 대관령 산신으로 좌정했을까? 대관령 주민들이 어떻게 그를 무난히 받아들였을까 궁금하지 않을 수 없다.

대개 영웅적 인물은 태어날 때부터 신비스러운 과정으로 점철된다. 세계 신화적으로 공통된 스토리다. 영웅신화 수준으로 묘사된다. 김유신 장군의 탄생은 역사서에서조차도 신비스럽다. 정사라고 평가받는 『삼국사기』 『고려사』 『신증동국여지승람』 등에 자세히 소개된다. 『삼국사기』 인물 열전에 10편으로 나눠어 50명의 인물이 등장한다. 그 가운데 김유신 전은 권41에서 권43까지 세 편이나 나온다. 한 명의 인물에 3편을 할애하고, 나머지 49명에 7편으로 나눠 싣고 있다. 김유신에 대한 분량이 전체 인물 열전의 20%를 차지할
정도다. 그만큼 위대하고 중요한 인물이라는 사실을 강조한다. 정사나 야사에 나오는 내용은 대개 그가 가지고 있는 신비적 탄생(신비성), 영웅적

대관령 산신당이 있는 장소는 한국에서 가장 음기가 넘치는 자리로 꼽히며, 연중 무속 행위가 끊이질 않는다.

김유신 장군이 산신으로 모셔져 있는 대관령산신당

활약(영웅성), 호국적 희생(호국성) 등이 대부분을 차지한다. 영웅신화에 버금가는 수준이다.

야사로 평가받는 『삼국유사』에서는 김유신의 탄생을 더욱 신비스럽게 묘사한다. 김유신 조에 '(어머니) 만명이 태몽을 꾸고 20개월 만에 김유신을 낳았다. 17세에 통일의 꿈을 꾸고 입산하여 밀법을 배운다. 18세에 열박산에서 수련하자 영험한 빛이 내려온다. 김유신의 후손들도 대단한 지략을 지녔다'고 기록하고 있다. 또 『삼국유사』 기이 권1 김유신 조에 '칠요七曜의 정기를 타고 나서 등에 칠성七星 무늬가 있고 또 신이한 일이 많았다.' 『삼국유사』 기이 권2 만파식적 조에는 '김유신은 삼십삼천三十三天의 한 사람으로 (인간 세상에) 하강했다. 용이 된 문무왕과 함께 나라를 지킨다. 문무왕은 용이 되고, 김유신은 천신이 됐다. 만파식적을 보물로 내려주었다'는 표현까지 싣고 있다.

김유신 장군이 대관령 산신으로 좌정한 산신도

『신증동국여지승람』 권32 김해도호부 인물 조에는 '경진일 꿈에 형혹성과 진성 두 별이 만명에게 내려와 잉태하여 20개월 만인 진평왕 건복 12년(595)에 얻었다'고 돼 있다.

한마디로 탄생부터 범상치 않은 천상의 인물이 지상으로 내려와 천하를 평정하고 다시 하늘로 올라가 천신 수준의 산신이 됐다는 얘기다. 여느 신화에 나오는 내용과 비교해도 전혀 손색이 없는 수준이다. 그의 신비스러운 탄생만큼이나 영웅적 활약도 그에 못지않을 정도로 괄목할 만하다.

한국학중앙연구원에 소개된 자료를 바탕으로 간략히 정리하면 다음과 같다.

> 15세(609) 때 화랑이 되어 용화향도로 불린 낭도를 이끌었다. 629년(진평왕 51) 고구려 낭비성 공격 때 중당당주로 출전해서 공을 세웠다.

642년(선덕여왕 11) 백제의 침공을 막기 위해 김춘추가 고구려에 청병하러 가기에 앞서, 교섭과정에서 일어날 위험에 대해 김춘추와 상의하고 서로 목숨을 건 맹세를 한다. 644년에 소판蘇判이 되고, 그해 9월에 상장군으로 백제 원정군의 최고 지휘관이 되어 전략상의 요충인 가혜성 등 7개 성을 점령한다. 이듬해 정월에는 백제가 매리포성에 침입했다는 급보를 받고 다시 출전하여 승리했다. 647년(진덕여왕 1)에는 귀족회의장인 상대등 비담毗曇이 반란을 일으키자 왕실 쪽에 서서 반란군과의 전투에서 승리했다. 654년(태종 무열왕 1) 여러 차례의 전투에서 승리한 뒤 그의 정치적 비중이 더욱 높아져 관등이 대각간에 이르렀다. 660년(무열왕 7) 귀족회의 수뇌인 상대등이 되어, 당나라 군대와 함께 백제를 멸했다. 661년(문무왕 1) 6월에 고구려를 원정했다. 663년 백제 부흥을 꾀하는 백제 유민과 그들을 지원하는 왜倭의 연합세력을 격파했다. 664년 백제 유민이 사비성에서 봉기하자 은밀한 계책으로 평정했다. 668년 신라와 당나라 연합군이 고구려를 멸망시키는 군대의 총사령관인 대총관大摠管이 됐으나 늙고 병들어 원정에는 참가하지 못하고 왕경에 남아 신라 국내를 통치했다. 고구려 원정군의 수뇌인 김인문과 김흠순은 생질과 아우였다. 고구려를 평정한 직후 다시 한 등급을 높인 태대서발한太大舒發翰에 제수된다. 하지만 이후부터 김유신이 직접 정치나 군사적 수행을 하지 않았으나 원로로서 자문을 했다. 672년 석문벌판 전투에서 신라군이 당나라에 참패했을 때 문무왕이 그에게 자문을 구했다. 673년 그가 죽자 왕은 성대한 의장을 갖춰 장사지내고, 비를 세워 공적을 기렸으며 뒤에 흥무대왕興武大王으로 추봉했다. 지금 진천(김유신 탄생지) 길상산吉祥山은 고려 때에 태령산胎靈山으로 불리었고, 신라 이래로 김유신사金庾信祠를 세워, 봄·가을로 제사 지낸다.

『고려사』 권56 지리지1 진천鎭州에 태령산에 대한 기록이 나온다.

신라 때에 만노군 태수 김서현의 아내 만명萬明이 김유신을 낳아 그 태를 이 현 남쪽 15리 지점에 묻었더니, 신이 되었다 하여 태령산胎靈山이라 불렀다. 신라 때부터 사당을 설치하고 봄과 가을에 왕이 향을 보내 제사를 지냈으며, 고려에서도 그대로 했다.

『세종실록지리지』 충청도 진천현 조와 『신증동국여지승람』 진천현 사묘 조에도 비슷한 기록이 소개된다.

영웅 김유신은 고대사회 한반도 격변기인 서기 600년대의 60여 년간을 전장에 나가 전투를 승리로 이끌면서 소국 신라를 한반도의 통일국가로 만드는 일등공신 역할을 했다. 수십 번의 전투에서 한 번도 패한 적이 없다는 주장도 있다. 후대의 역사가 과대평가한 측면도 있겠지만 그의 눈부신 활약은 부인할 수 없는 분명한 사실이다. 그 와중에 산신의 도움을 받는 기록도 나온다.

『삼국유사』 권1 기이1 김유신 조에 '유신공은 진평왕 17년(595) 을묘에 태어났는데, 칠요의 정기를 받고 태어났기 때문에 등에 칠성의 무늬가 있었다. 그에게는 신기하고 기이한 일이 많이 있었다. 나이 18세 되던 해 임신년에 검술을 익혀 국선이 됐다. 이때 백석이란 자가 있었는데 어디서 왔는지 알 수가 없었다. 유신은 고구려·백제 두 나라를 치기 위해 밤낮으로 모의를 하고 있었다. 백석이 그 일을 알고 유신에게 고하기를 "제가 공과 함께 먼저 적국에 들어가 정탐을 한 연후에 도모하는 것이 어떻겠습니까."라고 했다. 유신이 기뻐하며 백석을 데리고 밤에 길을 떠났다. 고개 위에서 막 쉬고 있는데 두 여자가 따라 왔다. 여인이 말하기를 "공이 말씀하는 바를 잘 알겠으나, 바라건대 공께서 백석을 잠시 떼어놓고 우리와 함께 수풀 속으로 들어가면 실정을 말하겠습니다." 고 했다. 이에 그들과 함께 들어가니, 낭자들이 문득 신神으로 변하더니 말을 했다. "우리들은 나림奈林 · 혈례穴禮 · 골화骨火 등 세 곳의 호국신인데, 지금 적국의 사람이 낭을 유인하여 가는데도 낭이 그것을 모르고 따라가므로 낭을 말리려고 여기에 온 것입니다" 말을 마치자마자 자취를 감췄다. …(중략)… 공이 곧 백석을 죽이고 온갖 음식을 갖춰 삼신三神에게 제사를 지내니 모두 다 나타나서 흠향했다.'

이 삼신이 바로 신라의 대사 삼산 · 중사 오악 중에 호국신에 해당하는 삼산의 신들이다. 그 호국신들이 직접 나타나 고구려로 가는 김유신을 위기에서 탈출하게 한다. 영웅이 아니고는 이런 장면이 나올 수 없다. 또 산신에게 검술을 배워 국선이 됐다고도 한다. 여기서는 신비스럽게 탄생한 비범한 인물 김유신이 하늘과의 연관성을 계속 가져 영웅적 활약을 한 뒤 다시 산신으로 돌아간다는 복선을 깔고 있는 분위기이다. 충분히 예견된다.

그런데 왜 대관령일까 하는 점에 의문이 든다. 당시 대관령이 그렇게 중요한 장소였을까?

이중환의 『택리지』에 '관동은 철령 동쪽을 가리키는 용어이고, 영동은 백두대간 대관령 동쪽 지역을 말한다. 관동 지역은 아홉 곳으로 흡곡과 통천 · 고성 · 간성 · 양양과 옛날 (동)예국의 수도인 강릉, 그리고 삼척 · 울진 · 평해의 각 군 · 현을 지칭했다'고 기록하고 있다. 영동 지역은 '통천 · 고성 · 양양 · 강릉 · 삼척 · 울진'을 지칭했으나 행정구역 변경으로 지금은 고성군 · 속초시 · 양양군 · 강릉시 · 동해시 · 삼척시 등을 가리킨다. 기록에서 보듯 강릉은 삼국시대 이전 동예국의 수도였다. 당시 지명은 명주溟洲로서 독자적인 국가로서 존재했다. 그러다가 통일신라에 편입된다. 이때까지는 대관령이 지역적으로 전혀 주목받지 않았던 듯하다. 단순히 지역경계나 고갯길의 개념으로 존재했을 것으로 추정된다.

대관령이라는 지명은 기록상에 대략 16세기 처음 등장한다. 그 전에는 대관大關이라 불렀다. 큰 고개를 의미하는 '대大'자를 붙이고 험한 요새의 관문이라는 뜻으로 '관關'을 사용한 것으로 짐작할 수 있다. 『삼국사기』에는 '대령大嶺'이라고 쓴 기록이 나온다. 『고려사』에는 '대현大峴'으로 기록돼 있다. 말 그대로 큰 고개라는 뜻이다. 조선 초기까지 대관령이라는 지명이 보이지 않는다. 『태종실록』에도 '대령산大嶺山'으로 돼 있다. 조선 중종에 이르러서야 대관령이란 기록이 처음 등장한다. 『신증동국여지승람』에 '대관령'이라고 처음 언급하면서 '이를 대령이라고도 한다.'고 소개한다. 이중환의 『택리지』에 대관령이라는 기록이 분명히 나온다. 따라서 대관령은 오래된 고개지만 지리·역사적으로 의미를 부여받게 된 시기는 삼국통일 이후로 보인다.

강릉 단오제에서 산신제를 지내고 단오 행사를 진행한다. 산신제에서 신목을 정해 들고 내려간다.

물론 경주와 지방을 연결하는 지선이 없었던 것은 아니다. 삼국통일 직후 당시 수도로부터 9주 5소경의 거점도시를 연결하는 간선뿐만 아니라 지선이 있었다. 그 대표적인 것이 하서부(강릉)에서 대령을 넘어 내륙 방면으로 향하는 고갯길이다. 태종무열왕의 서자 차득공이 재상 취임 이전에 민심을 살피기 위해 670년(문무왕 10)에 국내를 순행했다. 이때 거쳐 간 주요 도시가 왕경(경주) → 아슬라주(강릉) → 우수주(춘천) · 북원경(원주) → 무진주(광주) → 왕경 순이었다. 강릉에서 춘천으로 갈 때 대관령으로 넘어갔을 것으로 보인다.

하지만 대관령은 왕건이 후삼국을 통일하자 주요 육상 간선로로 더욱 주목받게 된다.

『고려사』 권92 왕순식 조에 '고려 태조가 신검을 토벌할 때 (강릉 사람) 순식이 명주로부터 군사를 거느리고 와서 연합하여 적을 격파했다. 이때 태조가 순식에게 말하기를 "짐이 꿈에 이상한 스님이 갑사 3천 명을 거느리고 온 것을 보았는데, 다음날 경이 군사를 거느리고 와서 도우니 이것이 바로 그 몽조로다"고 했다. 이에 순식이 말하기를 "신이 명주를 떠나 대관령에 이르렀을 때 이상한 승사僧祠가 있기에 제단을 마련하고 (산신께) 기도했는데 왕께서 꿈꾼 것은 반드시 이것일 것입니다"고 하니, 태조가 이상하게 여겼다.'

1728년 편찬된 강릉 읍지 『임영지』 전권2 사전祀典에 '대관산신은 탑산기塔山記에 "왕순식이 고려 태조를 따라 남북을 정벌할 때 꿈에 승속이신僧俗二神이 군사를 거느리고 와서 구원해주었다. 꿈에서 깨어나 싸워 이기매 대관령에서 제사를 지냈는데, 이후 치제하고 있다"고 기록하고 있다.

왕건이 후삼국을 통일하기 직전 지방 호족세력이던 왕순식이 왕건을 도와 대관령을 주요 육상 교통로로 사용했다는 사실을 알 수 있다. 그리고 당시 그곳에 김유신 산신이 좌정한 건 확인할 수 없지만 사당이나 암자는 있었다고 말하고 있다. 이 같은 기록을 토대로 왕건이 후삼국을 통일할 즈음 대관령은 영동과 영서를 잇는 주요 간선로로 부각되기 시작했고, 고갯길에 있는 산신각이나 암자에 누군가가 산신으로 좌정할 수 있을 것이라는 사실을 충분히 짐작할 수 있게 해준다.

1천 년 이상 명맥을 이어왔다는 강릉단오제에서 모시는 12신의 면면을 봐도 대관령을 이용한 당시 사람들의 숭배대상을 알 수 있다. 『임영지』에 '성황지신, 송악지신, 태백대천왕신, 남산당제형태상지신, 성황당덕자모왕지신, 신라 김유신지신, 강문개성부인지신, 감악산대왕지신, 신당성황지신, 신라장군지신, 초당리부인지신 등 11신이 봉안되어 있다'고 보여준다. 이 신들의 성향을 보면 신라 계통 아니면 강릉과 개성 출신이라는 사실을 알 수 있다. 또 호국과 호족, 성황신 등도 두루 포함돼 있다. 경주가 수도일 때보다 훨씬 많은 사람이 대관령을 오고 가면서 다양한 신들을 숭배대상으로 여겼을 것으로 충분히 짐작되는 대목이다.

그러면 김유신과 강릉은 어떤 관계가 있으며, 어떻게 대관령 산신이 됐을까? 그리고 언제 산신으로 좌정했을까?

허균의 『성소부부고』 권14 문부11 대령산신찬 정서幷書 조에 강릉과 김유신의 관계에 대한 첫 기록이자 자세한 내용이 나온다.

> 계묘년(선조 36, 1603) 여름이었다. 내가 명주溟州(강릉)에 있을 때 고을 사람들이 "5월 초하룻날에 대령신大嶺神을 맞이한다." 하기에, 그 연유를 수리에게 물으니 수리가 이렇게 말했다. "대령신이란 바로 신라 대장군 김공 유신입니다. 공이 젊었을 때 명주에서 공부했는데, 산신山神이 검술을 가르쳐 주었고, 명주 남쪽 선지사에서 칼을 주조했는데, 90일 만에 불 속에서 꺼내니 그 빛은 햇빛을 무색하게 할 만큼 번쩍거

강릉 단오제에서 사람들이 대관령 산신제를 지내고 위패를 들고 강릉 시내로 가고 있다.

렸답니다. 끝내 이 칼로 고구려를 쳐부수고 백제를 평정하였답니다. 그러다가 죽어서는 대령의 산신이 되어 지금도 신령스러운 이적이 있기에, 고을 사람들이 해마다 5월 초하루에 대와 향화를 갖추어 대령에서 맞이하여 부사에 모신답니다. 그리하여 닷새 되는 날에 잡희로 신을 기쁘게 해 드린답니다. 신이 기뻐하면 온종일 대가 쓰러지지 않아 그해는 풍년이 들고, 신이 화를 내면 일산이 쓰러져 그 해는 반드시 풍재나 한재가 있답니다." 이 말을 듣고 나는 이상하게 여겨 그 날에 가서 보았다. 과연 일산이 쓰러지지 않자, 고을 사람들이 모두 좋아하고 환호성을 지르며 경사롭게 여겨 서로 손뼉 치며 춤을 추는 것이었다. 내 생각건대, 공은 살아서는 왕실에 공을 세워 삼국통일의 성업을 완성했고, 죽어서는 수천 년이 되도록 오히려 이 백성에게 화복禍福을 내려서 그 신령스러움을 나타낸다.

1933년에 간행된 강릉읍지인 『동호승람』 권2 사묘祠廟 · 영당조影堂條에도 비슷한 내용이 있다. 『성소부부고』의 내용을 가져와 사용했을 가능성이 높다.

> 화부산사花浮山祠는 신라 명신 김유신의 사당이다. 신유년(무열왕 8, 661)에 말갈을 북쪽으로 쫓아내라는 왕명에 따라 이를 정복하기 위해 명주에 와 화부산 아래에 주둔하며 칼을 만들었고, 오대산에서 말 타는 훈련을 하고 팔송정에서 토벌계획을 도모했다. 적이 모두 두려워 도망가니 사방의 백성들이 의지하고 따랐다. 선생이 죽은 후 보호받은 것에 말미암아 주둔처에 사당을 짓고 제향 했는데 세월이 흘러서도 변하지 않았다.

661년이면 김유신이 한창 삼국통일의 대업을 이루기 위해 동분서주했던 시기이다. 이때 말갈족을 무찌르기 위해 대관령 너머 명주까지 진출, 위대한 업적을 또 하나 남겼다. 그렇다고 그가 바로 산신이 됐을 것 같지는 않다. 죽어서 바로 산신으로 좌정하는 경우는 없다. 보통 몇 백 년 동안 주민들과 절충 과정을 거친 뒤 숭배대상으로 전승되면 산신이 되고 그렇지 않으면 흐지부지 소멸된다. 몇 세대 걸쳐 검증과정을 거치는 것이다. 이는 산신의 성격에서 잘 드러난다.

산신은 한 사회의 실생활이나 사회적 이데올로기, 사회 지배가치 등을 통제하는 기능을 한다. 산신은 그 자체로 권위를 상징했다. 산신을 만든 집단은 집단을 결속시키고 지연공동체로 건설하며, 지배계급으로 부상하기를 바라는 동시에 권위의 표상이 되기를 갈망한다.

우리나라의 산신은 천신, 성황신과 그 신격이 때로는 뒤섞여 나타난다. 시인 조지훈은 『누석단累石檀 · 신수神樹 · 당집 신앙연구』에서 '당신신앙의 신앙대상은 곧 천신이요 산신이며 부락신이다. 우리 민간신앙에 있어서 이 삼자는 완전히 동격이요, 삼위일체이다. 이 신앙의 원형은 단군신화에 나타나 있다. 우리 선민들은 하늘과 인간이 교섭처交涉處로서 고산을 숭배했고 우수한 치자治者 · 장수將帥는 산신이 되어 나라와 부락의 수호신이 된다고 믿었다. 그러므로 산신은 호국신 또는 부락의 수호신 곧 동신, 당신이 되는 것이다.'

김유신 장군이 대관령 산신으로 좌정하는 과정은 그리 어렵지 않았을 것으로 추정된다. 그의 탄생의 신비성, 영웅적인 활약에 이어 나머지 사후과정은 너무 분명하게 예상할 수 있다. 그러면 언제 산신이 되었는지에 대해서 의문이 생긴다. 김유신 장군의 산신 좌정 시기는 범일국사의 대관령 성황신의 좌정과 맞물려 매우 미묘한 문제이다. 강릉 단오제의 주신이 산신에서 성황신으로, 성황신에서 산신으로 바뀌었다는 주장이 맞서 있기 때문이다. 단오제의 주신이 산신에서 성황신으로 바뀌게 된 계기도 명확하지 않다. 지역 사학자들 중심으로 국사성황신 범일국사가 강릉 출신이면서 1592년 임진왜란 당시 신통력을 발휘해서 왜구를 쫓았다는 신이한 이야기가 등장하면서 지역수호신격인 성황신으로 좌정한 게 아닌가 하는 주장도 있다.

김유신의 대관령산신 좌정과 관련한 구체적 기록은 앞서 언급한 허균의 『성소부부고』이다. 이때가 1603년. 유교가 국교인 조선 시대 때 산신으로 이미 좌정돼 있었다고 설명한다. 한참 오래된 듯한 암시를 준다. 고려 말 무신 정추鄭樞(1333~1382)의 문집 『원재고圓齋藁』에 '(산신은) 장사 김유신을 말한다. 김유신이 산에 들어 칼에다 주문을 외우니 각성의 별빛이 내리비쳐 그 칼이 단단해졌다'고 했다.

하지만 『고려사』의 왕건과 왕순식의 기록에서 봤듯이 '대관령 산신'에 대해서 언급하지만, 구체적 인격신에 대한 언급은 없다. 이전 기록은 더더욱 대관령 산신에 대한 기록조차 없는 실정이다.

반면 강릉 단오제와 성황사에 대해 연구하고 있는 강릉원주대학교 사학과 이규대 교수는 "고려는 불교 국가였고, 조선은 유교 국가였기 때문에 신라 말기 인물이면서 승려이자 국사인 범일국사가 성황신으로 좌정한 상태에서 단오제의 주신으로 모셔졌을 가능성이 높다. 또한, 이와 맞물려 성황당문화는 신라 말 고려 초에 전국적으로 유행하고 있어, 강릉 출신 범일국사를 성황신으로 좌정하고 주신으로 모시는 게 사찰 신도회나 지역 호족세력의 공동체적 가치와 지배이데올로기를 강화하는데 더욱 효과적이었을 것으로 짐작된다. 김유신 장군은 이미 검증된 인물이기 때문에 산신으로 좌정하는 시간이 그리 오래 걸렸을 것으로 보이지 않는다. 다른 산신과 같이 오랜 시간 절충할 필요가 없었을 것으로 보인다. 신라 시대에 이미 대관령 산신으로 좌정됐을 가능성이 높다. 따라서 김유신 장군은 대관령 산신으로, 범일국사는 대관령 성황신으로 좌정한 뒤 단오제의 주신은 대관령 성황신으로 오랫동안 모셔져 온 것으로 보인다."고 주장했다.

이 교수는 그 근거로 지역 토착세력과 성황신에 대한 신앙의 긴밀한 관계를 들었다. 『신증동국여지승람』 사묘 조 및 인물 조에 '양산의 김인훈金認訓, 의성의 김홍술金洪術, 밀양의 손긍훈孫兢訓, 곡성의 신숭겸申崇謙, 순천의 김총金惣 등이 이들 군현의 성황신으로 봉안되어 있다'고 전한다. 이들은 나말여초 그 지역에서 군사적 기반을 가졌던 대표적인 호족세력이었다. 왕건과 혼인 관계를 맺었던 세력들이기도 하다. 이들 인물을 시조로 하는 성씨들은 각각 해당 지역에서 대표적인 토성土姓들이다. 토성들은 고려 중기 이후 각 지역에서 지배세력으로 정착한 후, 자신들의 조상을 성황사의 신으로 설정하고 배향한 것으로 본다.

이 같은 역사기록과 이 교수의 의견을 바탕으로 추론하면, 김유신 장군은 이르면 통일신라 말, 늦어도 고려 초까지 대관령 산신으로 좌정한 것으로 추측된다. 김유신이 산신으로 좌정하면서 고려 수도인 개성까지, 조선 수도인 한양까지 가장 일반적으로 사용하는 간선로인 대관령은 더욱 신성시되고 중요시됐을 것이다. 대관령은 서민들이 이용하는 주요 간선도로로 지리적으로 중요했을 뿐만 아니라 무속인들에게는 매우 신성한 곳이었다. 현재의 대관령 바로 위 산신당과 성황당 위치가 과거와 같은 곳인지는 명확히 알 수 없지만, 이곳에는 지금도 연중 무속 행위가 끊일 날이 없다. 주변 관계자는 12월 25일 성탄절 하루만 쉰다고 한다.

우리의 산악숭배나 산신신앙은 단군신화에서부터 시작한다. 산신은 산에 거처하는 신격으로 천신과 교통하는 곳에 있다가 차츰 인간들과 가까운 곳으로 내려왔다고 유추한다. 산신신앙은 무속신이나 성황신과 같은 토착신앙이 불교나 도교 등 외래종교와 절충하면서도 그 중심신격을 잃지 않고 오늘날까지 우리 문화의 정신세계에 전승되고 있다. 그런 점에서 김유신 장군과 대관령 산신 이야기는 민족적 신앙 세계의 전승이나 기능적 측면에서 볼 때 신화적 상상성과 역사적 사실이 결합된 한민족의 정체성을 대변한다고 해도 결코 과언이 아니다.

04

영축산은 변재천녀 산신 등장

통도사 창건설화에서 불교와 산신 습합과정 엿볼 수 있어

『삼국유사』 권5 피은 제8 낭지승운 보현수朗智乘雲 普賢樹 조에 영축산이란 지명과 영축산 산신이 역사적으로 처음 등장한다. 역사서에 기록된 전설 같은 이야기다.

영축산靈鷲山에 이상한 승려가 있었다. 지통이라는 상좌승이 있었는데, 까마귀가 와서 울며 말했다. "영축산으로 가서 낭지의 제자가 돼라." 지통은 그 말을 듣고 이 산을 찾아가 골의 나무 아래에서 쉬고 있는데, 문득 이상한 사람이 나오는 것을 보았다. 그 사람이 말했다. "나는 보현대사인데, 너에게 계품戒品을 주려고 한다." 이에 계를 주고 나자 그는 사라졌다. 그러자 지통은 마음이 확 트이고 지증智證 두루 통했다. 다시 길을 가다가 한 승려를 만나 낭지법사가 사는 곳을 물어보니, 그가 말했다.

"내가 낭지다. 지금 법당 앞에서 까마귀가 와서 성스러운 아이가 법사의 제자가 되기 위해 곧 당도할 것이니 나가 맞이하는 것이 마땅하다고 알려주었으므로 와서 맞이하는 것이다. 신령스러운 까마귀가 너를 깨우쳐 나에게 가라 일러주고 나에게 너를 맞이하라고 일러주니, 이 무슨 상서로움인가? 아마 산신의 은밀한 도움인가 보다."

전하는 말에는 산신을 변재천녀辯才天女(불교 최고의 여신이며 흰 연꽃에 앉아 비파를 타는 모습을 하고 있다)라 한다. 영축산 동쪽에 태화강太和江이 있는데, 이것은 바로 중국 태화지太和池에 있는 용의 복을 심기 위해 만들었기 때문에 용연龍淵이라 한다. 지통과 원효는 모두 큰 성인인데, 두 성인이 옷을 걷고 스승으로 섬겼으니 낭지법사의 도가 고매함을 알 수 있다.

낭지는 신라에 불교가 공인되던 법흥왕 14년(527), 영축산에 들어간 뒤 135년이 지난 문무왕까지 활동한 전설적인 승려로 알려져 있다. 원효(617~686년)가 항상 낭지를 찾아가 가르침을 구한 것으로 전하는 원효의 스승이다.

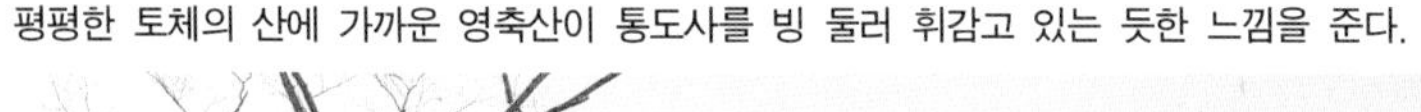

평평한 토체의 산에 가까운 영축산이 통도사를 빙 둘러 휘감고 있는 듯한 느낌을 준다.

같은 책 연회도피 문수첩緣會逃名 文殊帖 조에도 나온다.

고승 연회가 일찍이 영축산에 숨어 살며 늘 『법화경』을 읽고 보현 관행을 닦았다. 원성왕(재위 785~798년)이 그 상서롭고 기이함을 듣고 그를 불러서 국사로 삼고자 했는데, 법사는 그 말을 듣고 암자를 버리고 달아났다. 길에서 만난 한 노인이 "법사의 이름은 여기서도 팔 수 있는데 왜 힘들게 멀리 가서 팔려고 하십니까? 법사야말로 이름 팔기를 싫어하지 않는군요."라고 말했다.

무시하고 길을 가다가 또 다른 노인이 말했다. "앞선 그분은 문수보살인데, 어찌 그 말씀을 듣지 않았습니까?"

연회는 그 말을 듣고는 놀랍고 송구스러워하며 급히 노인이 있던 곳으로 되돌아가 머리를 조아리며 사과하여 말했다. "보살님의 말씀을 어찌 감히 거역하겠습니까? 그래서 다시 돌아왔습니다만 시냇가의 그 노파는 누구신지요?"

노인은 "변재천녀이시다"라고 말했다. 말을 마치자 노인은 조용히 사라져 버렸다. 얼마 후 왕의 사자가 조서를 가지고 부르러 왔다. 연회는 어쩔 수 없이 받아야 하는 것을 알고는 조서에 응하여 대궐로 나가니 왕이 국사로 봉했다.

우리 전통 샤머니즘인 산신신앙과 외래 종교인 불교의 전형적인 절충 과정을 자세히 보여준다. 영축산 산신인 변재천녀가 불교의 한 신으로 좌정한 장면이 몇 군데서 소개되고 있다. 전혀 거부감 없이 서로의 지위를 오가는 것으로 설명된다.

그런데 『삼국사기』 권 제32 잡지 제1 제사 조 '3산 · 5악 이하 (전국) 명산대천을 나누어 대사大祀 · 중사中祀 · 소사小祀로 한다.'에 영축산 인근

통도사 창건설화를 간직한 구룡지 옆에 통도사 삼성각과 산령각이 있다.

우화于火산이 소사에 등장한다. 대사 · 중사 · 소사는 국가적인 제사를 지내는 장소를 말한다. 우화는 지금 양산 동쪽 끝자락에 있는 우불산의 옛 지명이다. 야트막한 우불산 (산)신사는 지금까지 전하고 있다. 소사로 지정된 시기는 대략 신문왕 5년(685) 전후로 추정한다.

이 같은 사실로 볼 때 영축산은 불교가 신라에 전래된 그 시기나 이미 그 전에 지명이 정착된 것으로 짐작된다. 영축산과 통도사의 창건은 밀접한 관련이 있는 것으로 추정할 수 있다. 영축산 동쪽의 우불산 산신사는 불교 세력이 워낙 강한 통도사의 산령각과 별도로 국가 주도적인 제사를 지내기 위한 목적으로 그 주변에 조성했을 가능성이 높다.

영축산의 지명유래를 살펴보지 않을 수 없다. 영축산은 원래 인도 마가다국 왕사성(현 라지기르) 동북쪽에 있는 '기사굴산'을 번역한 이름이다. '기사'는 독수리를 가리키고, '굴'은 머리를 의미한다. 산꼭대기가 독수리 같이 생겼을 뿐만 아니라 실제로 독수리가 많이 서식했다고 한다. 이

산이 통도사를 창건하면서 영축산으로 명명된 것이다. 부처님이 이 산 밑에서 『법화경』 설법을 상당 기간 했다. 영축산과 밀접한 관련이 있는 통도사 창건도 반드시 파악해야 한다. 통도사는 신라 선덕여왕 15년(646)에 창건했다. 『삼국유사』 권4 의해義解 제5 자장정율慈藏定律 조에 나오는 내용을 간략히 소개하면 다음과 같다.

진골의 자식으로 태어난 자장은 태몽부터 남달랐다. 그의 어머니가 갑자기 별이 떨어져 품 안으로 들어오는 꿈을 꾸고는 임신하여 아이를 낳았고, 석가세존과 생일이 같아 선종랑善宗郞이라 했다. 재상에 임명하기 위해 부르는 왕명을 거부하고 목숨을 바쳐 계율을 지키려고 하자, 왕도 어쩔 수 없이 출가를 허락했다. 중국으로 유학을 간 자장은 꿈에 문수보살을 알현하고 부처의 가사와 사리를 받아 귀국했다. 왕은 칙서를 내려 자장을 대국통大國統으로 삼고 승려의 모든 규범을 승통僧統에게 위임하여 주관하게 했다. 자장은 불교를 널리 전파하고자 했다. 자장의 명성에 힘입어 나라 안의 사람들이 계를 받고 불법을 받드는 이가 열 집 가운데 여덟아홉 집은 됐다. 또한, 머리 깎고 승려 되기를 청하는 자가 날이 갈수록 늘어났다. 이에 자장은 통도사를 세우고 계단戒壇(승려가 계를 받는 단)을 쌓아 사방에서 오는 사람들을 받아들였다. 자장의 도구道具와 옷감, 태화지의 용이 바친 오리 모양의 목침, 석존의 가사 등과 함께 모두 통도사에 있다.

자장(590~658년)이 통도사를 창건한 터가 바로 영축산 자락이다. 한자로는 신령스러운 독수리가 산다는 곳이다. '취鷲'가 '축'으로 된 건 불교식 발음 때문이다. 영축산, 영취산, 축서산, 취서산 등으로 불리던 명칭도 2001년 지명위원회를 열어 영축산으로 확정했다.

영축산은 부처님이 설법한 산일뿐만 아니라 하늘의 제왕인 독수리가 사는 신성한 곳이라는 의미도 포함돼 있다. 하늘의 제왕이 있다면 땅과 물의 제왕도 있다. 땅은 사자와 호랑이이고, 물은 용이 제왕이다. 영축산에는 독수리와 용을 모두 품고 있다.

통도사 서운암 성파 큰스님은 "산과 물은 반대 개념이 아니다. 산이 높을수록 물이 많다. 서로 비례관계다. 산 못지않게 물도 중요하다. 독수리는 맹금 중의 맹금이고, 육지의 사자는 맹수 중의 맹수이다. 사자가 한 번 짖으면 백 가지 짐승의 뇌파가 파열된다고 한다. 그만큼 강렬한 소리다. 그 사자가 내는 소리인 사자후는 부처님의 설법에 비유된다. 최고의 법도량인 것이다. 용은 신비스럽고 영적인 동물이다. 불교에서는 성불成佛을 상징한다. 반야용선이 그 예다. 이처럼 영축산은 하늘과 땅, 물의 제왕을 모두 품고 있는 최고의 터"라고 설명했다.

성파 큰스님은 "산지명산 오대산 월정사, 야지명산 영축산 통도사"라고 터에 대해서 강조했다. 첩첩산중 쌓인 산 중에 최고의 사찰은 월정사와 상원사이고, 평평한 터 중에서는 영축산 통도사가 단연 으뜸이라는 말이다. 땅은 한자로 '지地'라고 하면서 설명을 덧붙였다. '土흙'는 '乙새'에 달렸다는 의미가 함축된 말이 '지地(땅)'라는 것이다. 새에 힘 '력力'을 보탠 글자가 '야也'라고 설명한다. 다르게 표현해서 '토력土力은 전어을全於乙'이라는 설명이다. 땅은 오로지 새에 달렸다는 의미다. 그 새는 하늘의 제왕 독수리이다. 독수리는 가장 높은 곳에서 땅을 내려 보며 가장 좋은 터와 편안하게 먹잇감을 먹을 수 있는 장소를 골라 안착한다. 동서고금을 막론하고 고대부터 신령스러운 새로 여겨졌다. 따라서 통도사는 시공을 초월한 터라고 짐작된다.

이 같은 설명은 통도사通度寺란 명칭과도 무관치 않다. 통도사는 3가지 의미를 내포한 중의적 개념이다. 중생을 제도한다는 뜻과 불교의 최고

통도사 창건설화에 나오는 구룡지의 용 중 세 마리가 날아가다 부딪혀 피를 흘리며 죽었다는 용피바위. 용혈암이라고도 한다.

도량 인도 영축산과 통한다는 의미, 수양하여 득도한다는 의미 등을 모두 포함한 개념이 통도사라고 한다.

통도사 교무국장 진응 스님도 "고대는 풍수사상이 종교보다 위에 있었지 않았나 생각된다. 종교보다 상위의 개념이었을 것 같다. 땅에 대한 신비적 영험성을 불어넣어 종교에 힘을 보탰을 가능성이 여러 군데서 감지된다. 통도사 터의 구룡지 전설만 해도 그렇다. 아홉 마리의 용이 이 땅에 살았다고 하지 않나. 사실여부를 차치하고 일단 신비성으로 스토리텔링이 가능해진다. 영물인 용은 다양하게 설명된다. 물의 신이기 때문에 화재를 예방한다. 들보와 법당에 용의 화신이 새겨져 위엄과 신비를 더한다. 더욱이 용이 끌고 가는 배인 반야용선은 서방 극락정토 성불을 상징한다. 부처님을 용으로 의인화하기도 한다. 범접할 수 없는 기운을 불어넣는 주체가 바로 용인 것이다."고 설명했다.

여기서 잠시 통도사 구룡지 전설을 살펴보자.

자장이 통도사를 지으려고 할 때 그 터는 큰 연못과 늪지였다. 그 연못에는 아홉 마리 용이 살고 있었다. 자장이 주문과 경을 읽으며 용들을 향해 연못을 떠나라고 했지만, 이들은 응하지 않았다. 자장이 종이에 화火자를 써서 하늘로 날리며 법장으로 물을 저으니 물이 끓어올랐다. 용 세 마리가 죽었다. 그것을 집어던지니 부딪친 바위에 피가 묻었다. 후세 사람들은 이를 용혈암(용피바위)이라 했다. 나머지 다섯 마리는 통도사 남서쪽 골짜기로 달아났다. 그곳을 오룡곡이라 한다. 마지막 한 마리는 눈이 멀어 절을 수호할 것을 맹세하면서 살만한 조그만 연못을 만들어 달라고 애원했다. 지금 대웅전 바로 옆의 연못이 바로 그곳이다.

사찰의 창건설화에 등장하는 용들은 대개 선룡善龍인데 반해 통도사는 악용惡龍, 독룡이다. 우리 전통신앙에서 용은 신비스럽고 상상 속의 영물로 대표된다. 또한, 물의 제왕으로 받들어져 신으로 모신다. 그래서 용왕굿, 용왕제, 용신제, 토룡제 등으로 나타난다. 그런데 통도사의 용은 악신으로 출현한다. 영물인 용이 어떻게 악과 독으로 화할 수 있을까. 이는 전통신앙인 용신이 외래 종교인 불교와 한바탕 갈등과 충돌을 벌이는 형국 외 다른 설명으로는 성립이 안 된다.

통도사가 있는 영축산 상류는 원래 신라 시대 용신제를 지내는 가야진사가 있었던 것으로 전한다. 전통 용신신앙이 매우 강했던 곳이다.

따라서 구룡지의 전설은 초기 불교가 안착하는 과정에서 나타난 전통 신앙과

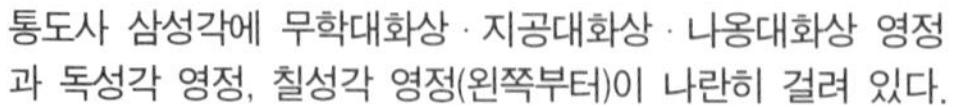
통도사 삼성각에 무학대화상 · 지공대화상 · 나옹대화상 영정과 독성각 영정, 칠성각 영정(왼쪽부터)이 나란히 걸려 있다.

의 갈등을 적나라하게 그렸다고 볼 수 있다. 한 마리가 남아 통도사를 지키는 수호신으로 좌정한 것은 결국 전통신앙과 선진 외래 종교인 불교와의 절충을 단적으로 보여주는 사례다.

그런데 왜 하필 용이 아홉 마리일까. 분명 뭔가 의미가 있을 법하다.

주역에서 1, 3, 5, 7, 9는 양수다. 짝수는 음수다. 우리가 수학적으로 배우는 개념과 조금 다르다. 먼저 아홉 마리 중 세 마리를 뜻하는 3이란 숫자는 주역에서 가장 완벽함을 상징한다. 동양의 삼재사상인 천지인을 표상하며, 처음과 중간과 끝을 포함한 전체의 의미로 쓰인다. 또한, 3은 1(양수)과 2(음수)를 더한 수로써, 양과 음을 모두 포함한 완전한 수로 볼 수 있다. 따라서 세 마리의 용이 죽었다는 의미는 전통신앙이 불교에 자리를 내주고 타협을 이뤘다는 얘기로 해석할 수 있다.

이어 5는 소우주로 인간을 나타낸다. 5는 1에서 10에 이르는 중간 수이며, 주역의 오행을 의미한다. 불교에서는 네 방향과 중심을 합하여 보편성을 상징한다. 다섯 마리의 용이 영축산 골짜기로 갔다는 얘기는 영축산이 불법 도량을 펼치는 우주와도 같은 곳이라는 의미다. 통도사 수호신으로 남은 한 마리는 전통신앙이 불교와 완벽한 절충을 이뤘다는 해석이다. 사실 구룡은 매우 의미심장한 상징이 아닐 수 없다. 9는 완벽한 숫자인 3의 제곱으로 불후의 숫자다. 양이 완성된 수로 성취, 달성,

통도사 산령각에 있는 산신도

처음과 끝, 전체를 의미하며, 지상낙원을 나타내는 가장 높거나 가장 많은 의미를 상징한다. 불교에서 9는 영적인 힘을 상징하며 구천九天의 의미가 있다. 이처럼 9란 의미는 단순하지 않으며, 구룡지의 전설도 예사로 생긴 게 아니다.

성파 큰스님은 여기에 "상칠하이上七下二"로 덧붙여 설명했다. 소우주인 인간은 가장 완벽한 양수인 아홉 개의 구멍으로 이뤄져 있다. 그중 상체엔 일곱 개의 구멍이 있으며, 하체엔 두 개가 있다. 상체의 일곱은 대우주를 나타내며, 그 자체로 북두칠성을 상징하기도 한다. 또한, 불교에서 7은 상승의 수이면서 지고천至高天의 중심에 올라가는 것을 의미한다. 영축산과 통도사 창건설화 중의 하나인 구룡지의 의미가 사뭇 그렇게 깊고 깊은 맥락이 있는 것이다.

전통신앙과 불교의 절충 과정은 용뿐만 아니라 『삼국유사』에 산신으로 언급됐던 '변재천녀'와도 매우 밀접한 관련이 있다. 그러면 과연 변재천녀의 실체는 무엇일까?

고대 신라사를 전공한 경북대 사학과 문경현 명예교수는 “변재천녀는 하늘에 있는 천신에 직접 제사를 지내는 산신으로 보면 된다. 보통 ‘천天’자가 붙으면 최고 산신으로 평가한다. 산신에 천자가 붙은 산신이 그렇게 많지는 않다. 쉽게 말해서 족보 있는 산신으로 보면 틀림없다”고 말했다. 산신에 천왕 호칭이 붙은 산은 지리산 ‘천왕할미’ ‘성모천왕’, 속리산 ‘대자재천왕’, 팔공산 ‘공산천왕’ 혹은 ‘공산대왕’, 태백산 ‘태백산천왕’, 가야산 ‘정견모주’ 혹은 ‘정견천왕’, 비슬산 ‘정성천왕’ 등이다.

그런데 그 산신이 불교의 신(불교에서는 신의 개념보다는 보살이라고 한다) 중에서 한 위로 좌정해 있다. 같은 이름 다른 신으로 존재하는 것이다. 우리의 전통 신들은 죄다 불교 신의 한 축을 담당하고 있다. 통도사 일주문을 지나면 바로 왼쪽에 가람각伽藍閣이 있다. 통도사 터를 지키는 땅의 신이다. 우리 전통의 신이 불교 신의 한 위로 좌정해 있는 것이다. 통도사 대웅전 뒤 제일 위쪽엔 삼성각三聖閣과 산령각山靈閣 두 개나 있다. 보통 삼성각이거나 산신각만 있는데 말이다. 삼성각에는 산신과 칠성신, 독성신 등 세 위의 신이 봉안돼 있다. 불교 자체에도 수많은 신이 존재한다.

통도사를 창건한 자장율사 영정이 개산조당 해장보각에 모셔져 있다.

이에 대해 성파 큰스님이 유일신 사상과 다신사상에 대해 간략히 언급했다.

지금 지구상에는 인류의 양대사상이 여러 개 있다. 다신사상과 유일신 사상도 그중의 하나다. 유일신 사상은 오래가고 조금 크다. 유일신 사상은 극단 논리와도 통한다. 지배하면 자유 평화가 있고, 지배당하면 자유와 평화를 잃는다. 그래서 잃을래, 누릴래 라는 논리가 가능하다. 십자군 전쟁 등 전쟁발발의 원인의 되기도 하지만 통일천하를 이루는 사상이 되기도 한다. 유일신 사상은 이동하는 유목민족에게서 나왔다. 살기 좋은 곳으로 옮겨 다니는 유목민들은 원주민들을 물리치고 좋은 자리를 차지해야 한다. 전투적일 수밖에 없다. 반면 다신론은 농경민족에게서 나타난다. 이동하지 않고 한 곳에 거주하며 땅에 의존해서 산다. 오래도록 자식 낳고 세세생생 생활해야 한다. 자연발생적 지방자치가 돼야 유지된다. 구성원들은 거기에 동화해야 산다. 지방의 어른이 규범을 알아서 처리한다. 다분히 타협적이다. 타협해서 손실을 최소화한다. 외래 종교인 불교가 한반도로 전래되면서 토속신앙과 타협하며 손실을 최소화했다. 산신과 목신, 용왕신, 물신 등을 전부 인정하면서 타협했다. 지금 그 토속신들은 전부 불교신들이 됐다. 이들도 깨치면 부처가 된다. 산신에 또 다른 인신人神이 들어간 것은 인간들이 자의적으로 갖다 붙인 것으로 볼 수 있다. 선도하기 위해서 붙일 수도, 악용하기 위한 수단일 수도 있다. 칼을 예로 들면, 일반적으로는 살인검이지만 잘 사용하면 활인검도 된다. 인간이나 위정자들이 목적 달성을 위해 신을 써먹는다고 할 수 있다. 잘 쓰면 괜찮다. 인신은 있다고 인정하면 있고, 없다고 생각하면 없다. 산신이 있나 없나 따질 게 아니다. 힘센 논리가 이기는 논리라는 말과 똑같다.

다양한 신은 자성自性을 찾게 하는 기능을 한다. 다신이 거울의 역할을 하는 것이다. 자신이 자기의 얼굴을 볼 수 없듯이 거울을 통해 자신의 얼굴을 보게 한다. 인간은 태어나면서 잘 알 수도, 잘 할 수도 없다. 그래서 다양한 신을 통해 항상 자신을 돌아보라고 신들이 존재하는 것이다. 다신이나 산신이나 실체를 밝힐 이유도 없지만 부정할 이유도 없다. 산신이나 지(토지)신을 통해 자신을 보고 부처가 되고, 성불하면 된다.

금강계단 통도사를 창건한 자장율사가 부처님 진신사리를 가져와 모셨다는 이곳은 스님이 되기 위해 계를 받는 곳이다.

산신의 실체를 알 수 없지만 수많은 산신이 존재한다는 사실은 실체적이다. 특히 영축산이 있는 영남알프스엔 천성산, 재약산, 가지산 등 알려진 산신만 해도 제법 된다. 재약산은 천황의 거주처라고 해서 천황봉이라는 신화도 전한다. 원체 좋은 터이고, 가야 시대부터 산신제와 용왕제를 올리던 곳이라 더욱 그럴 수 있다.

영축산은 자장으로 통하고 통도사로 통하지만, 인근 내원사가 있는 천성산은 원효로 통한다. 원효 관련 전설은 신라 오악인 대구 팔공산과도 밀접한 관련성을 가진다. 원효가 팔공산으로 가기 전에 오랫동안 수도했던 곳이 천성산이라고 한다. 천성산 내원사 산신은 원효와 관련해서 특별한 유래를 지닌다. 천성산 산신은 원체 특징적이어서 잠시 살펴볼 필요가 있다. 관련 내용을 요약하면 다음과 같다.

원효와 산신과의 전설을 간직한 천성산 내원사 산령각 전국에서 유일하게 입구에 자리 잡고 있다.

673년(신라 문무왕 13) 원효대사가 참선에 들어가 중국을 바라봤다. 태화사라는 절에 폭우가 내려 1천 대중이 흙더미에 묻힐 순간에 있었다. 이에 원효가 해동원효척판구중海東元曉擲板救衆(해동의 원효가 판자를 던져 대중을 구하다)이라고 쓴 큰 판자를 그곳으로 날려 보냈다. 그곳 대중들은 공중에 떠 있는 판자를 보고 신기하게 여겨 모두 법당에서 뛰쳐나왔다. 그 순간 뒷산에 무너져 큰 절은 매몰됐다. 이 인연으로 1,000명의 중국 승려가 신라로 찾아와서 원효의 제자가 됐다. 원효가 그들이 머물 곳을 찾아 내원사 부근에 이르자 산신이 마중을 나와 현재의 산신각 자리에서 자취를 감췄다. 이에 원효는 이 일대에 내원사를 비롯해 89개의 암자를 세워 1,000명을 거주시켰다. 그리고 천성산 정상 부근에 큰 북을 달아 제자들을 모아 설법했다. 이때 『화엄경』을 가르친 자리가 화엄벌이라 하고, 북을 친 곳을 집북봉이라 했다. 또 산을 오르던 제자들이 칡넝쿨에 걸려 넘어지는 일이 잦자, 원효는 산신을 불러 칡넝쿨을 전부

반야용선 부처님이 중생들을 구제하기 위하여 극락정토로 가는 배를 가리킨다.

없애게 했다. 그래서 오늘날 천성산에는 칡넝쿨이 없다고 한다. 이후 원효 밑에서 수도한 1,000명의 제자는 모두 성인이 됐다고 해서 천성산千聖山이라고 명명했다고 전한다.

천성산 전설은 이어 팔공산에까지 연결된다. 이 중 성인이 된 8명의 제자가 팔공산으로 갔다고 해서 팔공산이란 이름이 유래했다는 설도 있다. 그런데 천성산 산신각에는 전국에서 가장 특징적인 사실이 한 가지 있다. 다른 곳의 산신각은 전부 대웅전 약간 뒤에 자리 잡았지만, 천성산 내원사 산령각은 산과 절 입구에서 원효를 맞았다는 바로 그 자리에 지금까지 유지되고 있다. 천성산과 원효 관련 전설의 진실 여부를 차치하더라도 산과 절 입구에 있는 산령각이 전국에서 유일하다는 것은 분명한 사실이다.

통도사 전경 마치 반야용선 모양과 비슷하다.

예로부터 '내호조왕內護竈王 외호산신外護山神'이란 말이 전한다. 조왕신은 집안을 지키고, 산신은 그 지역 일대를 보호한다는 말이다. 무속에서는 지구촌 '산왕대신山王大神'의 총수는 인도 영축산의 산왕대신이며, 이 산왕대신을 다스리며 지구촌 중생들의 길흉화복을 주관하는 부처님이 바로 수미산정 산왕부처님이라고까지 말한다. 이도 불교의 다신론과 맥락을 같이 하면서 수많은 산신의 존재를 암시하고 있다. 영축산은 그중에서도 단연 으뜸이다. 부처님이 설법한 인도의 신성한 산 이름을 그대로 따온 불보종찰 통도사가 있는 곳이다. 법보종찰 해인사가 있는 가야산도 부처가 깨달았던 인도 보드가야에서 그 이름을 그대로 따왔다. 라지기르의 영축산과 3㎞밖에 떨어져 있지 않다.

인도 영축산의 신성성을 그대로 이어받은 양산 영축산은 원효의 스승 낭지와 자장·원효 등 고대 신라 최고의 승려들이 수행한 장소다. 더 설명이 필요 없는 곳이다. 그곳에서 어김없이 산신이 이들을 맞으며 수행과 득도를 도운 것으로 전한다.

영축산 산신 변재천녀와 통도사 보살 변재천녀는 같은 이름의 다른 두 신이다. 독수리와 용, 다른 이름의 같은 역할을 했던 토속신앙이다. 이들이 지금 수천 년의 세월을 훌쩍 뛰어넘어 산신으로, 통도사 창건신화로, 전설로 그 자리를 그대로 지키고 있다. 비록 역사적으로 검증되지는 않았지만, 우리의 신화와 전설에는 아직 면면이 살아 있는 것이다.

05

무등산은 나주 금성산과 산신 주도권 다툼

김덕령 장군 산신설도 구전… 고려시대까지 국가에서 제사

무등산만큼 하나의 산에 다양한 이름을 가진 산도 드물다. 무등산, 무돌, 무당산, 무정산, 무진악, 무악, 무덤산, 서석산 등이 전부 무등산을 가리킨다. 어떻게 이런 다양한 지명을 가지게 됐을까? 이름은 다 사연과 유래가 있기 마련이다. 전부 설명하려면 책 한 권쯤 써도 되지 않을까 싶다. 산신과 관련한 부분만 간단히 살펴보자. 산신은 역사서에도 나오지만 반드시 설화나 전설과 같이 등장한다. 역시 조선 왕조 이성계와 관련된 설화가 있다.

이성계가 조선을 개국하기 전에 전국의 명산을 다니며 두루 산신기도를 올린 사실은 널리 알려져 있다. 지리산, 금산 등 지방마다 이와 관련한 다양한 내용의 설화가 등장한다. 광주지역에 전하는 설화는 다음과 같다.

> 이성계가 왕으로 등극하기 전 여러 명산대천을 찾아다니며 왕이 되게 해달라고 빌었다. 제사를 올려 왕업이 수백 대에 이어지기를 빌고

또 빌었다. 또 자기 손에 죽은 고려 말 명신名臣들의 원혼을 달랬다. 그런데 무등산 산신만은 그 소원을 거절했다. 왕으로 즉위한 뒤에도 나라에 가뭄이 계속되자 왕명으로 남쪽의 명산 무등산에서 기우제를 지내게 했으나 무등산신이 이를 받아들이지 않아 비가 내리지 않았다. 왕명에 불복한 무등산 산신을 멀리 지리산으로 귀양 보내고 이 산을 무정한 산이라 하여 무정산無情山이라 불렀다 한다.

무정산은 왕명에 불복한 산이라는 의미다. 무등산의 '불복' 이미지는 후삼국부터 고려 중기까지 계속 이어진다. 고려 후기 삼별초 진압에 대한 공덕으로 작호를 받는 등 잠시 회복하는가 싶더니 조선 들어서 '무정산' 이미지로 계속된다. '불복'은 새로운 집권 세력에게는 불충이고 거역이지만 구 기득권 세력에게는 더할 나위 없는 충성이고 의리다. 아이러니하지만 역사의 이중성이다. 이러한 권력 관계와 이미지로 인해 광주와 무등산은 인근 나주와 금성산에 의해 지역의 위상이 역전당하는 수모를 겪기도 한다. 한반도 역사에 있어 권력 관계의 변천은 산신과 밀접한 관련성을 가진다. 특히 고려 시대 들어서 더욱 강해진다. 앞으로 자세히 언급할 것이다.

무정산에 이어 무당산이란 지명도 있다. 증심사 뒤쪽 '무당골' 골짜기에서 무당의 움막이 1980년대까지 군데군데 있었다. 곳곳에서 내림굿이 펼쳐졌다. 무당들의 활동으로 인해 무등산을 무당산으로 불렀으며, 또한 무등산의 신령스러운 기운과 영험함을 믿는 민중들의 믿음에 따라 무당산이라 명명했던 것으로 추정할 수 있다. 이와 함께 불교가 우리나라에 전래되기 전 원시종교에서 싹 텄던 '당산'신앙과도 관련 있어 보인다. 당산신앙은 무등산을 '큰 당산'으로 삼게 했고, 그것을 무당산으로 불렀을 수도 있다. 당산을 신성시했던 시절 무등산을 무당산으로 불렀던 이유는 고대인들의 토속신앙과 관련지어 볼 때 쉽게 추론할 수 있다.

이 같은 결과로 지역 향토사학자들은 선사시대부터 무등산이 무돌이나 무당산이었다고 주장한다. 무당산은 선사시대부터 제사터였기 때문에 명명됐을 가능성이 높다고 본 것이다. 무돌은 무돌의 이두음이 바로 무진악이라 주장한다. 그 무진악이 『삼국사기』에 등장한다. 역사의 초기부터 지역의 거점 역할이나 주요 산으로 숭배대상이었다는 사실을 알 수 있게 해준다.

신라는 삼국을 통일하자마자 전국의 명산대천을 3산 5악 대사 · 중사 · 소사로 나눈다. 『삼국사기』 권32 잡지 제사 조에 그 내용이 자세히

이현재 전 호남문화원장이 약사사 산신비석 위에서 무등산 천제단을 가리키며 설명하고 있다.

증심사 산신각이 산신비석이 있는 무등산 자락 바로 앞에 건립돼 있다.

나와 있으며, 소사小祀 24곳 중의 하나인 무진악武珍岳이 지금의 무등산이다. 당시 소사로 지정된 장소와 산은 지방 호족세력의 거점이었다. 신라가 삼국을 통일한 이후 왕실 주도의 중앙집권체제를 강화하기 위해선 지방호족의 협조가 절대 관건이었다. 이에 지역거점을 소사로 지정하면서 국가 제사체제에 편입시키며 지역을 감시하는 동시에 지방호족을 달래며 지역민의 안정과 단합을 꾀하는 국가 통합정책을 폈다.

3산 5악 대사·중사·소사 체제는 단순한 국가 제사체제가 아닌 산악신앙을 이용한 국가통치와 통합정책이었다. 산악신앙, 즉 산신신앙은 상고시대부터 전근대까지 존재했던 국가통치의 주요 수단이었던 셈이다.

신라 시대 3산 5악 대사·중사·소사에 편입된 전라도의 산은 역사서에 3곳이 전한다. 지리산(중사 남악)과 월출산(소사), 그리고 무등산이다. 지리산이 전라도의 산으로 기록된 이유는 바로 산신을 지낸 제단이 노고단에 있기 때문이다. 당시까지 산의 행정구역에 대한 구분은 높낮이에 상관없이 산신제를 어디서 지내느냐 여하에 따라 결정됐다. 이현채 호남문화원 전 원장은 "지금 행정구역으로 지리산은 경상도 면적이 더 넓지만, 역사서 어디를 보더라도 전라도 지리산으로 나오는 이유가 구례 노고단에서 산신제를 지냈기 때문이다"고 말했다. 지리산 산신제를 그때까지 노고단에서 지냈다는 사실을 또한 알 수 있게 해준다.

무등산과 함께 무주라는 지명도 역사서에 보인다. 『삼국사기』 권32 잡지 지리 조에는 '무주武州'라는 지명이 광주 대신 등장한다. 당시 지명이 무주였다. 무등산이란 지명이 처음 등장하는 역사서는 『고려사』 권71 지 권제25 삼국속악 백제 조에 '무등산無等山은 광주光州의 진산鎭山이다. 광주는 전라도全羅道의 큰 읍인데, 이 산에 성을 쌓으니 백성들이 의지하여 안전하게 지내게 되어 즐거워하며 노래를 불렀다'고 나온다. 이미 고려시대 이전부터 무등산이란 지명을 사용했음을 짐작케 하는 대목이다.

권57 지리2 전라도 조에 '전라도는 본래 백제의 땅으로 의자왕 19년(659)에 신라 태종무열왕이 당 장수 소정방과 함께 백제를 멸망시키고 마침내 그 땅을 병합했다. 경덕왕 때 나누어 전주와 무주武州의 두 도독부가 됐으며, …(중략)… 성종 14년(995)에 전주 · 영주 · 순주 · 마주 등의 주현을 강남도로, 나주 · 광주 · 정주 · 승주 · 패주 · 담주 · 낭주 등의 주현을 해양도로 삼았다'고 기록하고 있다.

『고려사』 지리지 권11 해양현 조에도 다음과 같이 나온다.

> 무등산이 있다. 일명 무진악이라고도 하고 서석산이라고도 한다. 신라 때 소사를 지내고 고려 때 국제를 올렸다.

이 같은 기록으로 볼 때 광주와 무등산은 일찌감치 사용된 지명이었고, 더욱이 백제 때부터 사용해온 무진악을 무등산, 서석산과 함께 고려 때 이미 사용했다는 사실도 알 수 있다.

『고려사』 권63 지 권제17 예5 잡사 조에는 '원종 14년(1273) 삼별초를 탐라에서 토벌했을 적에 무등산 산신에게 음덕의 징험이 있다고 하여 봄과 가을에 제사를 지내도록 명했다'고 나온다.

같은 책 권27 세가 권제27 원종 14년에는 '무등산 산신이 역적 토벌을 은밀하게 도왔다고 해서, 예사禮司에 명하여 봉작封爵을 더 하고 봄과 가을에 제사 지내게 했다'라고도 기록하고 있다.

무등산 산신에게 봉작까지 내렸다는 내용이다. 그런데 고려 시대에는 사실 무등산 산신보다는 나주 금성산 산신이 훨씬 숭배대상이었다. 국가적으로 수도인 개성 다음으로 규모가 큰 팔관회를 개최할 정도였다. 무등산 산신에게 봉작을 내리고 국가적 제사까지 지내게 했는데, 도대체 어떤, 무슨 일이 있었던 것일까. 이는 산신이 역사적으로 권력

층, 그리고 중앙과 지방호족세력과 밀접한 관련이 있다는 사실을 적나라하게 보여준다.

고려는 출발부터 태조 왕건이 산신, 즉 산악신앙을 국가통치수단으로 적절히 이용했다. 왕건은 그의 가문에서 시조로 떠받드는 성골장군 호경虎景이 개성 구룡산九龍山 산신이라는 사실을 유포함으로써 왕실의 권위를 드높이고자 했다. 이 내용은 『고려사』에 나온다. 또 '산수영응山水靈應'에 의지하여 인심의 안정을 도모하며, 산령지찬조山靈之贊助'에 힘입어 후삼국을 통일할 수 있었다고 한 내용을 개태사 발원문에 태조 왕건이 직접 기록하기도 했다.

그가 즉위한 첫해에 시행한 팔관회도 산악신앙과 무관치 않다. 훈요십조 제6항에 그는 '짐이 지극히 원하는 바는 연등회와 팔관회에 있다. 연등회는 부처를 섬기는 일이요. 팔관회는 천령天靈 및 오악과 명산과 대천과 용신龍神을 섬기는 일이다'고 남겼다. 『고려사』 태조 26년의 기록이다.

왕건은 천신의 아들인 환인이 땅으로 내려와 단군을 낳아 나라를 다스린 후 단군이 태백산 산신이 됐다는 신화를 빌려 왕건 자신도 이와 비슷한 신성화 과정을 밟는다. 이러한 사상적 배경과 신앙을 바탕으로 왕건은 나주 호족세력에 힘입어 후백제 견훤을 물리치는 데 성공한다. 반면 광주와 무등산은 견훤 세력의 본거지였다. 이 같은 사실로 고려시대 전남의 대표 고을이 광주가 아니고 나주였던 결정적 이유가 바로 여기에 있는 것이다.

후백제와 고려가 치열하게 쟁탈전을 벌일 때 나주의 호족은 왕건 편에 선다. 나주는 왕건의 후삼국 통일 이후 전남지역의 유일한 주목主牧의 위치에 오른다. 현종 9년(1018)에 나주목으로 자리매김한다. 고려 내내 전남지역 으뜸 행정치소로서 역할을 했다. 반면 광주는 나주에 영속된

증심사 산신각에 모셔져 있는 무등산 산신도

일개 속군현 내지는 현령관에 지나지 않을 정도로 격하됐다. 나주와 달리 후삼국 끝까지 왕건에게 적대적이었기 때문이다.

신라 진성여왕 6년(892)에 견훤이 후백제를 건국하는 출발지였던 광주는 그 수도가 전주로 옮겨진 후에도 여전히 후백제의 주요한 거점이었다. 견훤왕의 사위인 지훤과 아들인 용검이 그 성주에 올라, 후백제가 멸망할 때까지 전주와 더불어 반 고려세력의 근거지였다. 통일신라 즈음 무진주 또는 무주로 불리면서 전남 지역의 중심지였던 광주는 고려 들어 읍격의 강등까지 감수해야 했다. 현종(1009~1031) 시절에는 속현으로까지 격하되고 만다.

이 시기 나주 금성산신은 백제 부흥운동과 삼별초의 난을 진압하는 음조로 정녕공에 봉작된다. 개경의 송악에 버금가는 숭배 대상으로 부상했다. 송악을 제외하고는 산신당을 다섯이나 거느린 전국 유일의 산이었다. 고려 팔관회는 개경과 서경에서만 개최하는 것이 원칙이지만 나주에서도 개최할 정도였다. 팔관회는 산악신앙과 전통신앙을 아우르는 국가적인 종합축전이었다. 여기서 잠시 나주 호족과 왕건과의 관계를 짚고 넘어갈 필요가 있다.

나주 호족은 송악의 해상세력 출신으로서 사회 · 경제적 배경이 유사한 왕건 쪽이 더욱 믿을만하다고 판단한 듯하다. 나주는 왕건의 중요한 세력 근거지가 된다. 왕건은 903년 나주에 처음 출정한 이후 918년 왕위에 오르기까지 대부분의 기간을 나주에서 보낸다. 호족인 나주 오씨와 영암 최씨 같은 세력을 규합하려는 의도도 있었다. 왕건이 즉위한 이후에도 나주의 중요성은 변함없었다. 나주에 중앙정부와는 별로로 나주도대행대羅州道大行臺가 설치되고, 그 수반으로 총리인 시중을 파견한다. 더욱이 나주 호족 출신의 장화왕후莊和王后 오씨가 낳은 아들(혜종)이 왕건의 후계자로 내정된다. 이는 고려 초 나주의 위상이 어느 정도인지 짐작케 하는 부분이다. 나주는 고려왕조 전 시기에 어향御鄕이라 불리며 중시됐다. 현종이 거란의 침입을 맞아 나주로 피난한 것도, 고종 24년(1237)에 이연년이 백제 부흥을 기치로 난을 일으켰을 때 토벌하러 내려온 전라도 지휘사 김경손이 나주가 어향임을 강조하며 반군에 대항하여 싸우도록 독려한 것도 나주와 고려왕실과 깊은 인연을 의식한 때문이었다. 진도 삼별초 진압에도 나주가 큰 공적을 세웠음은 물론이다. 이 같은 배경과 이유로 금성산 산신이 국행제사의 대상이 된 것은 어찌 보면 당연한 조치다. 금성산 산신은 나주 호족의 상징과 같은 존재이기 때문이다.

여기서 다시 반전이 일어난다. 고려 내내 지역의 위상 강등으로 수모를 당하던 무등산 산신과 광주는 삼별초를 토벌하기 위해 일본에 원정하던 고려군 지휘관 김주정이 출전에 앞서 승리를 기원하던 제사를 올리자 광주의 무등산 산신이 응답을 했다. 이에 대한 역사적 기록은 『신증동국여지승람』 35 광산현 사묘 조에 자세히 나와 있다.

> 무등산신사는 고을의 동쪽 10리에 위치한다. 신라에서 소사로 삼았고, 고려에서는 국제國祭가 됐다. 동정원수東征元帥 김주정이 각 고을의 산신에게 제사를 드리면서 신들의 이름을 차례대로 소리 내어 불러 그 신이함을 징험했는데, 광주 고을의 산신이 깃발에 매달린 방울을 3번이나 울렸다. 김주정이 조정에 보고하여 작위를 내렸으며, 지금 조정에서는 해당 고을로 하여금 봄과 가을마다 제사를 받들도록 했다.

김주정의 공로로 무등산 산신이 국가로부터 작위를 받고 봄 · 가을 정기적으로 제사를 지내게 했다는 사실은 광주지역 호족세력의 강력한 열망이 반영된 결과라고 해도 과언이 아닐 것이다. 무등산 산신의 위상 강화일 뿐만 아니라 지역 호족세력의 존재를 과시하는 이중효과를 동시에 노렸던 것 같다. 결과는 성공적이었다. 광주는 나주와 마찬가지로 목牧으로 승격되는 특혜가 내려졌다. 그게 원종 14년(1273) 때였다. 이후 잠시 부침이 있었지만, 공민왕 22년(1373)에 광주목이 되어 고려왕조가 끝날 때까지 목사 고을로 유지했다.

삼별초의 난이 평정되고 무등산 산신에 대한 작호가 내려진 4년 뒤 다시 나주 호족세력들이 금성산 산신에 대한 작위 수여를 요구하는 등 지역 간 패권을 잡기 위한 공방을 몇 차례 벌인다. 이는 무등산 산신을 우대함과 더불어 광주를 목으로 승격시킴으로써, 그동안 나주가 누려왔던 전남지역을 대표하는 유일한 주목으로서의 지위가 흔들릴지 모른다는 불안감이 작용한 것으로 풀이된다.

매년 11월 10일 즈음해서 무등산 산신제가 열린다.

다시 무등산 산신에 대한 기록을 되돌아보자.

『세종실록』 지리지 권제151 전라도 조에는 다음과 같은 내용이 소개된다.

> 무등산은 일명 무진악이라고도 하며 서석산이라고도 한다. 무진에 있는데, 넉넉하고 후덕하며 높고 크다. 신라 때는 소사를 지냈으며, 고려 때는 국제를 지냈다. 본조(조선)에서는 그 고을의 수령에게 제를 올리도록 했다.

위의 책 무진군 조에는 '진산무등 재군동鎭山無等 在郡東(진산은 무등인데 군의 동쪽에 있다)'라고 나온다.

『신증동국여지승람』의 광산현 산천 조의 기록은 다음과 같다.

> 무등산은 (광산)현의 동쪽 10리에 있는데 진산이며, 일명 무진악 또는 서석산이라고도 한다. 하늘같이 높고 큰 것이 웅장하게 50여 리에 걸쳐 있다. 제주도의 한라산, 경상도의 남해 · 거제 등의 섬이 모두 한눈에 들어온다. 이 산 서쪽 양지바른 언덕에 돌기둥 수십 개가 즐비하게 서 있는데 높이가 백 자나 된다. 산 이름 서석은 이로 말미암은 것이다. 날이 가물다가 비가 오려고 할 때나 오랫동안 비가 오다가 개려고 할 때는 산이 우는데 수십 리까지 들린다. 세속에 『무등산곡』이 있는데, 백제 때 이 산에 성을 쌓으니 백성이 그 덕으로 편안히 살면서 즐거워 노래 부른 것이라 한다.

위의 책 사묘 조에 무등산 신사의 기록이 나온다.

무등산 신사는 (광산)현의 동쪽 10리에 있다. 신라 때는 소사를 지냈으며, 고려 때는 국제를 올렸다.

『대동지지』는 제터에서 '무등산단'이라 쓰고, '신라 때에는 무진악이라 불렀고, 명산으로서 소사를 지냈다. 고려 원종 14년 봄과 가을에 무등

무등산 증심사에 있는 '서석산 산신지위'라고 새겨진 비석

무등산 중턱에 천제단을 돌을 쌓아 조성했다.

산에서 제사 지내도록 명하였으며, 본조(조선)에서도 봄과 가을에 제사를 올리도록 본 읍(광주)에 명하였다'고 소개하고 있다.

무등산 산신이 모셔진 신사는 역사적으로 뚜렷이 구분된다. 통일신라시대는 소사로서 국가적인 제사를 지내는 지역거점 역할을 했고, 고려 시대에는 인근 금성산 신사와 함께 국행제를 지내는 대상이었고, 조선 시대에는 유교적 신으로서 제사 대상이었다. 이는 고려 시대까지 지역 토착 호족세력과 중앙권력과의 갈등 관계를 산신을 통한 통합·통치정책으로 나타났고, 조선 시대에 들어서는 강력한 중앙집권적 통치체제로 편입되는 과정을 보인다. 조선 시대 지방호족은 독자적인 세력을 형성할 수 없을 정도로 크게 약화된다. 나아가 조선 시대 산신은 민간으로 스며들어 서민신앙의 핵심을 이루는 계기가 된다. 또한, 산신에 대한 위패도 고려 시대까지는 '○○○산왕대왕'이라든가, '○○○산신대왕'과 같은 하늘에서 권력을 내려 받은 신성성과 지역성·대표성을 동시에 띠는 경향으로 나타난다. 지방 호족세력의 힘을 반영하는 결과로 보인다. 반면 조선 시대 들어서는 국가에서 통제하며 후작이나 백작과 같은 호국신 지위를 일일이 내려준다. 산신도 일종의 국가의 통치대상이었다. 산신의 지위가 사실상 매우 격하된다. 자연히 산신신앙은 서민신앙으로 스며들기 시작하며 종교적 신앙의 대상으로 자리매김한다. 중앙과 별도의 신격화가 이뤄지는 것이다.

따라서 산신에 대한 실체도 조금씩 다른 양상을 보인다. 고려 시대까지는 단군이나 박혁거세, 석탈해, 김유신, 왕건과 같은 건국신화와 관련된 인물이 산신으로 좌정한 경우가 대부분이었던 반면, 조선 시대 들어서는 영웅적 행동을 하거나 영웅이 억울한 죽임을 당해 민간이 한풀이를 대신해 줄 인물들이 산신으로 좌정하는 경우가 주류를 이룬다. 단종이나 금성대군과 같은 인물이 대표적이다.

무등산 산신에 대한 실체도 고려까지는 구체적으로 드러나지 않는다. 그러다 조선 시대 들어서 한두 명 거론된다. 고려 시대까지 지방호족 세력의 위세로 볼 때 광주 무등산에는 김주정 같은 인물이, 나주 금성산은 정가신 같은 인물이 산신으로 좌정할 만한데 그렇지 않았다. 김주정은 고려 삼별초의 난을 진압할 때 무등산 산신의 큰 음덕으로 적을 물리칠 수 있었다며 무등산 산신에게 작호를 내려줄 것을 조정에 요구한 인물이다. 정가신은 고려 문신이자 외교관으로 큰 역할을 한 인물로 알려져 있다. 마찬가지로 나주 금성산 산신도 삼별초 진압에 큰 공을 세웠다며 작호를 요구했다. 전남대 변동명 사학과 교수는 "지리산에는 많은 인물이 인신人神으로 좌정한 데 반해, 통일신라 시절부터 소사로 지정된 무등산과 월출산에는 인신을 전혀 찾아볼 수 없다"며 "특히 김주정은 무등산보다는 담양 쪽에서 먼저 신격화 작업이 이뤄졌다"고 말했다. 그는 또 "무등산에는 왜 인신이 좌정하지 않았는지, 인신이 좌정한 산과 그렇지 않은 산과의 차이가 무엇인지에 대해서는 여전히 연구대상"이라고 덧붙였다. 민간에서는 김덕령 장군이 무등산 산신으로 구전되고 있다.

김덕령은 임진왜란 때 의병을 일으킨 장군이자 곽재우와 절친한 친구로도 유명하다. 임진왜란 당시 그의 용맹에 대한 소문이 여러 구비설화로 전승된다. 이몽학의 난에 연루돼 영웅적 활동을 하고도 억울한 죽임을 당한 내용으로 더욱 전설적인 내용으로 확산됐다. 그의 탄생과 죽음까지 모두 산신이 되기에 부족함이 없다. 전승되는 김덕령 관련 설화는 다음과 같다.

> 김덕령은 무등산 인근의 미천한 집안에서 태어났다. 중국의 명인이 큰 인물이 날 명당이라고 한 장소에 그의 부친이 조상의 묘를 쓴 뒤 김덕령이 태어났다. 그는 어릴 적부터 민첩하고 용맹이 뛰어났다. 친구를

물고 간 호랑이를 쫓아가서 친구를 빼앗아 올 정도였다. 임진왜란이 발발하자 김덕령은 의병을 일으키지만, 친상을 당한 몸이라 왜군을 죽이지 않았지만 출전하는 전투마다 혁혁한 공을 올렸다. 그는 왜군을 죽이지 않았다는 죄명으로 역적에 몰려 조정에 잡혀간다. 조정에서 김덕령을 죽이려 칼로 내려치는 등 온갖 수단을 동원했으나 죽일 수 없었다. 김덕령은 '만공충신 김덕령'이란 현판을 내려주면, 오금에 있는 비늘을 때리면 죽는다고 알려준다. 조정에서는 김덕령을 죽인 뒤 만고충신 현판을 없애려 했으나 글자가 더욱 뚜렷해지며 도저히 없앨 수 없었다.

그의 비천한 출신이나 영웅적 행위, 억울한 죽음으로 볼 때 조선 시대 산신으로 좌정하기에 딱 들어맞는 인물이다. 실제로 광주 및 전남지역에서는 김덕령 장군은 곽재우 장군에 버금가는 임진왜란 최고의 영웅으로 그 명성이 전승되고 있다. 조선 시대에 들어서 산신의 성격과 인물

서석산 산신비석 아래로 약사사가 들어서 있다.

무등산 능선이 파도가 넘실거리듯 펼쳐져 있다.

이 달라지고 있다는 사실을 김덕령 장군, 아니 무등산 산신으로 거론되는 인물을 통해서도 잘 알 수 있다.

무등산에 가면 산신에 관한 몇 가지 흔적을 확인할 수 있다. 증심사·약사사에 산신각 대신 '서석산신지위'라는 비석이 각각 세워져 있다. 이현채 원장이나 변동명 교수는 "이 비석이 언제 세워졌는지 알 수 없다"고 했다. 서석산이란 지명이 사용된 시기를 역추적하면 대략 가늠할 수 있지 않을까 싶다.

서석산이란 지명은 『고려사』에 처음 등장한다. 『삼국사기』에 무진악, 무주, 무등산이 등장한 이래 그 뒤에 사용한 것으로 추정된다. 그런데 조선 시대에 들어서 유산기에는 전부 '유서석록'이란 제목으로 등장한다. 오히려 무등산이란 지명이 전혀 사용되지 않은 듯 여겨질 정도다. 이에

대해 변동명 교수는 “조선 시대 양반사대부들이 주로 유산록을 남겼다. 이들은 무등산이란 지명이 불교 용어라고 사용하기 싫어했을 가능성이 높다. 읍지나 지리지에 보면 당시에도 무등산과 서석산이 같이 등장한다. 그런데도 서석록으로 나오는 것은 종교적 이유로 추정할 수밖에 없다”고 지적했다.

어쨌든 무등산 산신은 통일신라→고려 시대를 거치면서 실체 없이 자연신 숭배가 주류를 이루었지만, 조선 시대 들어서는 민간신앙 중심으로 김덕령과 같은 영웅적 인물의 억울한 죽음에 대한 민간의 한풀이 대상으로 산신화 되는 경향이 뚜렷이 나타난다. 시대에 따라, 권력에 따라 산신도 변화하고 있다는 사실이다.

06

소백산, 죽령 개척한 죽죽장군 좌정설

조선 초 금성대군 산신으로 신화화… 다자구할머니 산신각도 있어

산악신앙은 인류의 역사와 함께할 정도로 오랜 역사를 가지고 있다. 단군신화를 비롯한 많은 고대 문헌에 나타난 산악신앙은 우리나라의 대표적 전통사상이다. 고대 국가들은 산에서 제사를 지내며 나라의 평화와 안녕을 기원하고, 통치권자의 정당성을 부여받기도 했다.

조선총독부가 1940년쯤 한반도 전역에서 벌어지는 '부락제祭'를 조사한 마지막 기록으로 산신제 176, 동제 126, 서낭제 99, 여신제 20, 부군제 11개 등 모두 432개로 집계됐다고 소개한 적이 있다. 아쉽게도 그 이후로는 민속신앙에 대해서 정확한 통계가 나온 적이 없다. 이처럼 산악신앙은 고대에서부터 현대에 이르기까지 한민족의 심성 깊숙이 내재해온 전통신앙과도 같은 믿음이다.

민속학자들은 이러한 산악신앙과 관련, 산에도 급級이 있다고 주장한다. 최고의 산이 영산靈山, 다음이 명산, 마지막으로 주산(또는 진산, 진호산)이라고 한다. 주산 이하의 산들은 낮은 급에 속하는 산으로 보면 된다.

한반도에는 진산과 명산은 많다. 그런데 영산은 몇 개 안 된다고 말한다. 특히 영주의 향토사학자들은 "영산은 남북에 각각 하나씩 있다. 북한의 백두산白頭山과 남한의 소백산小白山이 영산에 해당하며, 이를 통칭 단군신화가 시작된 태백산太白山이라 부른다."고까지 주장한다. 그래서 명칭도 작은 백두산이라는 의미로 소백산으로 부른다고 강조한다. 영주의 향토사학자들은 영주와 소백산을 사랑하는 마음에서 소백산을 백두산과 비교해서 강조할 수 있지만, 백두산의 역사성과 상징성 등 현실적인 측면에서 백두산을 소백산과 비교하기는 조금 무리가 있어 보인다. 그렇다 하더라도 소백산이 영산은 아닐지 몰라도 명산의 반열에는 분명히 속한다. 조선 중기의 예언가 격암 남사고는 『남사고 비결』에서 '소백산은 사람을 살리는 산'이라고 주장했다. 정감록의 십승지에 속하는 피난처에 적합한 땅이라는 의미였다. 실제로 소백산 풍기 근처엔 북에서 내려온 피난민들이 정착해 살고 있다.

겹겹이 늘어선 능선을 배경으로 소백산 철쭉들이 이제 꽃망울을 터뜨릴 준비를 하고 있다.

일부 사학자 또는 민속학자들은 소백산을 태백산과 비교해서 곧잘 설명한다. 소백산은 태백산에서 뻗어 나온 줄기이면서, 태백산은 이름 그대로 '큰 산'이고, 소백산은 작은 산이라고 주장한다. 또한, 태백산은 신라 시대 북악으로 지정되면서 역사에 전면으로 등장하지만, 소백산은 소백산이란 이름보다는 죽령 또는 죽령산이란 지명으로 통칭하면서 나온다. 이러한 상황에서 풍수가들은 소백산과 태백산의 중간 지점에 있는 땅을 양백지간으로 부르면서 명당으로 여겼다. 소백산과 태백산의 기운을 동시에 받으면서 외부에 노출되지 않은 피난처로 적합했기 때문이다.

소백산에 대한 역사의 기록은 뚜렷하지 않다. '백두산'이 기록에 처음 등장한 시기는 대략 700년 즈음이라고 한다. 소백산에 대한 첫 기록은 고려 초 보리사지 대경대사탑비(939년)에 등장하면서부터이다. 비로사 진공대사보법탑비(939년)에도 소백산이라는 지명이 나온다. 소백산이란 지명은 아마 이 무렵부터 사용한 것으로 판단한다.

소백산이란 지명은 사실 죽령보다 훨씬 늦게 등장한다. 지금은 소백산의 한 고개로 죽령을 파악하고 있지만, 옛날엔 죽령이 소백산을 대표하기도 했다. 왜냐하면, 죽령이 역사에 훨씬 먼저 등장하기 때문이다.

『삼국사기』 권2 신라본기 편에 '아달라이사금 3년(156) 계립령의 길을 열었다'가 나오고, 바로 뒤이어 '아달라이사금 5년(158) 3월에 죽령을 열었다'는 기록이 나온다. 아달라왕은 죽죽장군을

고치령 산신각에 있는 산신도 오른쪽 산신도가 백마를 탄 단종이 추익한으로부터 머루랑 다래를 받는 그림이다. 왼쪽은 원래 금성대군 영정이 있었으나 불에 타 없어지고 지금은 산신도를 걸어놓고 있다.

백두대간 능선에 있는 소백산 고갯길 고치령에 있는 산신각
금성대군이 영월에 유배 온 단종을 만나기 위해 이 길로 왔다가 돌아갔다고 전한다.

시켜 죽령을 개척하고, 죽죽장군은 죽령을 열다가 지쳐서 죽었다고 전한다. 이에 신라에서는 이곳에 사당을 세우고 추모했다고 한다. 이것이 소백산 산신에 대한 최초의 기록이자 최초의 제사다.

『삼국사기』 권32 제사 편에 따르면 '삼산 · 오악 이하 명산 · 대천을 나눠서 大祀 · 中祀 · 小祀로 삼았다. …(중략)… 중사에 속하는 오악 東은 토함산이며, 南은 지리산(당시엔 地理山)이다. 西는 계룡산이고, 北은 태백산이며, 中은 부악(공산이라고도 한다)이다. 중사는 또 사진 사해 사독으로 나눴다. 소사는 전국 주요 지역을 고루 나눠 제사를 지냈다'고 기록하고 있다. 소사 중 죽지竹旨가 나온다. 그 죽지가 지금 소백산 죽령이 있는 영주시 순흥면이다. 『삼국유사』에도 이와 비슷한 내용을 소개하고 있다. 이 시기는 대체로 신라의 9주가 창설된 신문왕 5년(685) 직후로 추정한다. 이런 사실로 보면 죽지는 소백산보다 훨씬 오래된 지명인 셈이다.

조선 성종 때 『국조오례의國朝五禮儀』에도 죽령산은 충청도의 산에

금성대군이 단종을 만나기 위해 오갔던 고치령 고갯길 순흥에서 영월로 가는 가장 빠른 길로 알려져 있다.

포함돼 있고, 소사로 규정했다.

『명종실록』에도 '명종 21년, 단양군 죽령산은 소사이고, 사당의 위판은 죽령산지신竹嶺山之神으로 썼다. 제를 지내던 곳을 죽령산 기슭으로 옮겼다'고 기록하고 있다. 당시 국가에서 지내던 제사인 국행제 때 읽던 축문인 '소백산신치성문小白山神致誠文'에 따르면 국행제는 매년 원월元月에 조정으로부터 축문과 향을 받아서 1년에 3번 제사를 지냈다고 한다. 정월에는 고유제를 지냈다. 죽령 북쪽인 단양군 대강면 용부원리 주민들은 600년 전통의 국행제를 지금도 지내고 있으며, 소백산 철쭉제 때에는 영주시와 단양군에서 소백산 산신제를 지낸다.

이와 같은 역사적 기록으로 볼 때 최초의 소백산 산신은 죽죽장군으로 보인다. 하지만 그를 모신 사당과 산신각은 지금 어디에도 찾아볼

소백산 능선이 구름에 덮여 신비하게 보인다.

수 없다고 향토사학자들은 말한다. 죽죽장군 산신은 기록으로만 존재할 뿐이다.

소백산에는 특히 서낭당과 산신각이 많다. 이들 중 일부는 지형적 조건과 관련 있어 보인다. 소백산은 백두대간의 주축으로 강원도와 충청도, 전라도와 경상도를 가르는 경계에 있다. 영남에서 한양이나 충청도, 강원도로 가기 위해선 반드시 죽령을 넘어야만 한다. 당시까지만 하더라도 소백산은 첩첩산중에 호랑이가 수시로 출몰하던 때였다. 우리나라의 산신각에 호랑이 산신도가 등장하는 이유도 이와 밀접한 관련이 있다. 호랑이를 피해 무사히 산을 넘어갈 수 있게 해달라는 소원으로 호랑이 그림을 그려 잘 모신 산신각에 모셨다. 일종의 역설이다. 무서운 호랑이를 달래서 잘 섬긴다는 상징을 보여주는 것이다. 호랑이와 단군 영정이 그려진 산신도에 평화와 안녕을 기원하는 치성을 드린 후 고개를 무사히 넘을 수 있었다.

또한, 호랑이 외에도 도적들이 기승을 부릴 때가 많았다. 이와 관련한 전설이 바로 다자구할머니 이야기다. 영주에서 죽령 고개 넘어 단양군 용부원리에 있는 산신각에 전하는 '다자구할머니' 전설은 도적과 일맥상통하는 내용이다.

옛날 죽령에는 산적들이 많아 백성을 몹시 괴롭혔다. 하지만 산이 험해서 관군들이 도적들을 토벌하지 못했다. 이때 한 할머니가 관군과 짜고서, 큰아들인 다자구와 작은아들인 덜자구를 찾는다는 핑계로 산적의 소굴로 들어갔다. 두목의 생일날 밤, 모두가 술에 취하여 잠이 들자 할머니는 도적들이 모두 다 잔다는 뜻으로 "다자구야"라고 외쳤다. 대기하던 관군들이 산적의 소굴을 급습하여 산적을 모두 소탕했다. 이후 임금의 꿈에 나타난 다자구 할머니가 자신이 도적들을 잡는 공을 세웠으니 연을 날려 떨어진 곳에 신당을 지어달라고 요청했다. 그래서 연이 떨어진 대강면 용부원리에 죽령산신당을 지어 다자구 할머니를 산신으로 모셨다. 이후 이 산신에게 기도하면 나라가 평안해졌고, 개인의 소원이 이루어졌다고 한다.

용부원리 산신각은 도로 옆 멀지 않은 곳에 아직 그대로 전한다. 소백산 산신 '다자구 할머니'에 대한 제의는 어떤 때는 국행제로 진행됐고, 어떤 때는 무속적인 동제의 형태로 지속했지만 지금까지 전통이 면면히 계승되어 있다. 지금도 용부원리 주민은 관청과 합동으로 산신제를 지낸다. '죽령산신당'은 1976년 충북민속자료 제3호로 지정됐다.

지형적 조건과 관련한 산신각은 사실 서낭당과 성격이 유사하다.

대부분 이들은 마을의 안녕과 평화를 위해서 만들어졌다. 또한, 호랑이와 도적 떼와 관련한 전설은 우리 민속신앙에서 숱하게 찾아볼 수 있는 내용이다.

역사적 사실과 관련한 산신각과 서낭당도 있다. 바로 지금의 소백산 산신으로 화한 금성대군은 역사적 인물에서 산신으로 화했다. 금성대군은 알다시피 세조의 친동생이자 단종의 삼촌이다. 조카인 단종의 왕위복위를 꾀하다 형에게 무참히 죽임을 당한 의리와 충절의 인물이다. 신격화할 수 있는 모든 요소가 갖춰진 인물과 내용으로 이뤄져 있다.

금성대군은 세종과 소헌왕후 심 씨의 여섯 째 아들로 이름은 유瑜(1426~1457)였다. 1452년 단종이 즉위하자 형인 수양대군 이유李瑈와 함께

금성대군이 유배 생활을 했던 집 바로 뒤에 금성대군을 추모하는 비석이 세워져 있다. 옆에는 당시 같이 처형을 당했던 순흥 관리들을 추모하는 비석이 있다.

좌우에서 보필할 것을 약속했다. 1453년 수양대군이 정권 탈취의 야심으로 왕의 보필 대신인 김종서 등을 제거하자, 조카를 보호하기로 결심했다.

1455년 세조는 단종을 상왕으로 물러나게 하고 왕위에 올랐다. 폐위된 단종은 1457년 6월 노산군으로 강봉 되어 영월군 청령포 적소에 안치됐다. 금성대군도 순흥으로 유배지가 옮겨졌다. 이에 그해 10월 순흥부사 이보흠 등과 모의해 고을의 군사와 선비를 모으고, 영남의 선비들에게 격문을 돌려 단종 복위를 꾀하다 실패했다. 이때 부사 이보흠과 순흥 관리 기관 중재仲才, 품관 안순손 · 김유성 · 안처강 · 안효우와 군사 황치 · 신극장과 향리 김근 · 안당 · 김각 등 금성대군에게 동조하던 홍주도호부 선비들은 모두 죽임을 당했다.

세종의 여러 아들 중에 다른 대군들은 세조의 편에 가담해 현실의 권세를 누렸으나, 홀로 성품이 강직하고 충성심이 많아 위로는 아버지 세종과 맏형인 문종의 뜻을 받들어 어린 단종을 끝까지 보호하려다 결국 비참한 최후를 마치고 말았다.

당시 순흥부는 혁파되고 그 토지와 백성들은 풍기군豊基郡에 속하게 했다. 이 사건을 영주지방에서는 '정축지변丁丑之變'이라고 한다. 정축지변 때 죽음이 얼마나 처참했던지 이들이 흘린 피가 죽계竹溪를 타고 십여 리를 흘러 이웃 마을인 안정면 동촌리까지 이어졌다고 한다. 현재 이 마을을 '피끝 마을'이라고 부르게 된 연유다.

당시의 기록이 『세조실록』에 상세히 기록돼 있다.

'세조 3년(1457) 10월 9일 금성대군이 순흥에 안치된 후 역모를 꾸민 안순손 등을 처벌하다.'

'의금부에서 아뢰기를, 이유李瑜가 순흥에 안치된 뒤로부터, 다른 뜻이 있어 기관 중재仲才, 품관 안순손 · 김유성 · 안처강 · 안효우와 군사 황치 · 신극장과 향리 김근 · 안당 · 김각 등에게 뇌물을 주어, 중재의 아들 호인을 시켜, 옛 종 정유재와 그의 무리인 범삼 · 석정 · 석구지 · 범이 및 풍산 관노 이동을 불러 군사를 일으킬 것을 공모하고, 각각 병장을 휴대하게 했으며, 또 부사 이보흠에게 금정자와 산호 입영을 주고, 또 말하기를 "공公은 근일에 반드시 당상관이 될 것이다"고 했다.'

순흥도호부가 폐부되고, 금성대군과 관련된 숱한 인물들이 죽임을 당한 것까지 역사적 사건이다.

금성대군의 신격화 과정은 이 뒤에서부터 시작한다. 이 과정은 역사적으로 설명할 수 없는 민의역사folk-history 속에서 문화적 과거(역사적 사실)와의 합법적 관련에서부터 유래한 민속의 역동적 측면으로 재탄생한다. 이는 역사적 인물의 상징이 지역사회의 토착신앙과 복합되어 있으며,

금성대군이 유배 생활을 했던 한옥이 그대로 보존돼 있으며,
그 뒤로 추모비가 모셔진 금성단이 있다.

금성대군 추모비석과 제단

상징화·신격화의 과정은 비정상적인 죽음을 해원 하려는 민의의 일반적 심성에 깊게 파고든다. 지역사회 성원에게 있어 경험에 대한 동일한 상징의 공유가 제의祭儀를 통해 표상화 될 때는 제의의 순환적 의미에 대해 사건의 위치를 과거라는 시간 속에 한정시키는 것이 아니라 현재의 사건으로 이해하게 되는 점도 크게 작용한다.

단종복위 거사를 도모하다 죽임을 당한 금성대군은 순흥 죽동마을에 사는 이선달이라는 사람의 꿈에 나타난다. "내가 흘린 피 묻은 돌(혈석)이 죽동 앞 냇물에 있으니 찾아 거두어 달라"고 당부하면서 돌의 모양과 위치를 자세히 알려준다. 이튿날 마을 사람들은 죽동 냇물을 샅샅이 뒤져 그 돌을 발견한다. 그 혈석을 가까운 죽동 서낭당에 안치한다. 그 후 순흥 사람들은 매년 정월 대보름이 되면 정성을 모으고 소를 잡아 제사를 올리는 일을 거르지 않는다.

전형적인 신격화 과정이다. 이렇게 해서 금성대군은 과거의 역사적 사실에서 현재의 신으로 환생한다. 이어 다시 역사적 사실로 금성대군의 복원이 이뤄진다. 사실과 허구, 다시 사실로 확인되면서 금성대군의 신격화 과정에 방점을 찍는다. 서민들도 과거에 실재했던 인물과 허구적 신에 대한 이미지를 같이 받아들인다.

정축지변이 발발한 지 225년이 지난 1682년(숙종 8)에 순흥의 유학 이정식 등이 상소를 올리자 금성대군이 복권되고, 순흥부도 다시 순흥도호부로 복원됐다. 복원은 역모의 고장에서 충절의 고장으로 널리 알려지게 된다. 금성대군의 신격화 과정의 절정의 순간이다. 그 뒤 영조 14년(1738)에 금성대군은 복관復官됐고, 이듬해에는 정민貞愍이라는 시호가 내려져, 마침내 신과 인간의 복합체로 환생한다. 이어 영조 18년(1742)에는 경상도 관찰사 심성희가 제단을 정비하고 좌우 두 곳에 작은 단을 설치하여 순흥부사 이보흠과 순절한 의민들에게 매년 봄, 가을 두 차례 금성대군 신단에 향사를 올리고 있다.

소백산 자락에 산신각과 서낭당이 많지만, 그중 대표적인 것이 두레골 서낭당과 고치재 산신각이다. 두레골 서낭당은 원래 금성대군의 혈석을 모신 죽동 서낭당을 이전한 것이다. 일제 강점기 태백산과 소백산은 일제에 항거하던 의병들의 근거지였다. 왜병들은 이를 토벌하기 위해 순흥에 들어와 민가를 불태우는 초토화 작전을 펼쳤다. 죽동 서낭당도 더럽혀졌다. 이에 금성대군의 혼령이 마을 주민들의 꿈에 나타나 "죽동 서낭당에 있는 혈석을 조용한 곳으로 옮겨 달라"고 요청하는 사건이 발생한다. 이에 주민들은 두레골에 당집을 짓고 마을의 안녕을 기원하며 혈석을 정성껏 모셨다는 이야기가 전한다. 이곳이 지금의 두레골 서낭당이다. 인근에 있는 금성대군당은 죽동 서낭당에서 혈석을 옮겨올 때 새로 지은 건물이다.

백두대간 능선 고갯길에 있는 고치재 서낭당은 산신각이란 현판이 앞에 걸려 있다. 원래는 단종과 금성대군이 각각 소백산신과 태백산신으로 좌정되어 있었으나 화재로 소실돼 지금은 호랑이와 단군으로 형상화한 전형적인 산신도와 백마를 탄 단종이 추익한의 머루와 다래를 받는 장면 등 두 개의 산신도가 걸려 있다. 이 고치재 산신각은 금성대군이 단종을 만나기 위해 넘나들던 영월까지의 가장 빠른 길로 알려져 있다. 고치재에서 영월 청령포까지 모두 12개의 산신각과 서낭당이 있다고 전해진다. 각 산신각에서 각각의 산신제를 올리며, 고치재 산신제의는 고개 넘어 첫 마을인 마락리 새목마을에서 매년 정월 15일 자정에 지낸다.

다자구할머니 산신을 모신 단양지역의 소백산 산신각, 금성대군을 모신 순흥지역의 두레골 서낭당과 고치재 산신각은 모두 산악신앙과 깊은 관련이 있다. 이곳은 보부상들과 사냥꾼들이 안전과 평화를 기원한 장소일 뿐만 아니라 금성대군이 소백산 산신이 된 공간으로 소백산 민속신앙의 주된 근거지이다. 특히 고치령 산신각에서는 매년 정월에 단산면 발전협의회에서 주관하는 '양백지간 산신제'가 열린다. 이는 양백산신으로 신격화된 단종과 금성대군의 넋을 달래고 아울러 지역발전을 기원하기 위해서 개최된다. 화재로 소실된 고치령 산신각 중건기에 '영월의 단종대왕은 태백산 신령이요, 홍주(순흥)의 금성대군은 소백산 신령인데, 이 두 산신을 모시고 동민들이 숭배하니 마락동을 잘 수호해주십시오'라고 기록돼 있다.

영주 순흥 사람들이 금성대군을 받드는 정성은 참으로 지극하다. 그들에게 금성대군은 이미 단순한 역사적 인물이 아닌 신령으로 받드는 신앙의 대상이다. 정월 대보름 수백 년 동안 한결같이 이어온 제의는 마을 사람들에게는 정월 대보름 잔치와 같이 진행한다. 한쪽에서는 제의를 지내고, 한쪽에서는 마을 공동체의 화합을 다지는 행사로 승화시키고

단양 용부원리 다자구할머니 산신을 모신 소백산 산신각

있다. 이로 인해 소백산신으로 화신化身한 금성대군은 전국 무속신앙의 숭배대상으로까지 확산했다.

역사적 사실을 담은 문화 속에서 상징이 지니는 과정과 중요성이 주민들에게 공적인 의미를 지니고 공유되기 위해서는 지역의 역사와 깊은 관련을 지닌다. 지역사회가 지니는 제의와 상징은 지역사회의 과거를 재연하면서 재확인하는 기능을 하며, 이것은 역사의 신화화 과정이 이루어진 결과를 통해 거꾸로 역사를 재구성할 수 있다는 사실을 보여준다. 소백산 금성대군의 신화화 과정이 이를 단적으로 증명하고 있다.

서양 역사의 아버지로 불리는 헤로도토스는 "나는 들은 대로 (사실을) 전달할 의무는 있지만, 그것을 다 믿을 의무는 없다"고 자신의 역사기술 원칙에 대해서 말했다. 헤로도토스는 역사의 아버지로 불리지만 역사가라기보다는 재담꾼으로서의 입장을 강하게 드러내는 문구다. 사실에 충실한 내용을 전달하는 것과 그 사실에 객관성이 보장되는 것과는 별개라는 의미로 받아들일 수 있을 것 같다.

반면 세계적인 역사학자 아널드 조셉 토인비A. Toynbee는 "역사는 기록하는 자의 사관에 따라 변하는 것이고, 많은 자가 기억하고 기록하는 것이 실재를 부여받는다."라고 말했다. 역사가는 뚜렷한 사관을 가지고 있어야 하고, 그 사관에 따라 보이는 사실과 보이지 않은 내용에 대한 기록 여하가 역사가 되고 안 된다는 것을 말하는 듯하다.

신화학자들은 "승자의 기록은 햇빛을 받아 역사가 되고, 패자의 아픔은 달빛에 바래 신화 · 전설이 된다."는 말을 한다. 역사와 신화, 어디까지가 진실인지, 어디까지 허구인지 아무도 알 수 없다. 트로이전쟁 같은 역사는 유적이 발견되기 전까지 구전으로만, 신화로만 존재하는 줄 알았다. 19세기 들어서 역사학자와 고고학자들이 발굴해낸 뒤에야 비로소 역사의 전면으로 등장했다. 이처럼 역사가 신화가 되고, 신화가 역사가 되기도 한다.

승자는 자기의 입맛대로 기록을 남긴다. 우리는 이를 흔히 역사라고 한다. 패자는 자신의 의도와 전혀 다른 방향으로 기록되거나 기록 자체가 사장될 수밖에 없다. 역사에서 품어내지 못하는 사실은 신화나 전설로 녹아든다. 소백산 산신에게는 이러한 사실이 그대로 적용되는 듯하다. 승자인 세조의 기록은 역사로서 더욱 명료해지고, 패자인 금성대군과 단종은 신화와 전설로 남아 그 아픔을 달래고 있을 뿐이다. 금성대군은 소백산 산신으로 재탄생한 신화에 만족할까. 아니면 미래의 어느 날에 트로이 유적같이 역사의 전면에 다시 등장할까.

07

감악산, 당나라 장수 설인귀 산신 좌정

고구려 유민 다스리려 정치적 이용한 듯… 설인귀碑 · 동굴 · 고개 등 지명 남아

신라가 삼국을 통일한 뒤 전국을 효율적으로 통치하고 왕권을 강화하기 위한 수단으로 우리의 전통 신앙인 산신山神숭배를 적절히 이용했다. 이 같은 사실은 역사적 기록에서 확인할 수 있다. 이른바 대사 · 중사 · 소사에 따른 삼산 오악 제도다. 삼산 오악 제도를 실시한 시기는 대체로 문무왕(재위 661~681년)대로 보고 있으나 일부는 신문왕(재위 681~692년)대로 파악하기도 한다. 통일신라의 삼산 오악 제도는 고려에 이어 조선까지 유사한 제도로 계승되고, 현재까지도 대부분 명산 · 명소로 거론되는 장소들이다.

『삼국사기』 권32 잡지 제사 조에 나오는 대사 · 중사의 대상인 삼산 오악 외에 소사 제장祭場의 대부분도 산악이다. 대사가 사로국 및 신라의 핵심지역 호국신이라면, 중사는 국방 거점에 위치했고, 소사는 통일신라 이전의 전국 지방 세력이 지닌 각각의 신앙이 거의 그대로 신라의 사전祀典체계에 편입된 형태로 나타난다. 소사가 치러졌던 산은 모두 그 지역의 진산으로, 소사의 제장은 지역방어를 목적으로 배치한 것으로 보인다.

감악산 북쪽 사면에 병풍바위가 깎아지른 듯 서 있다.
반면 남쪽 사면은 완만하게 오를 수 있다.

사전체계에 나타난 산신숭배는 통일신라라는 확대된 영토에 포함해서 왕실 주도의 하나의 질서로 편입시키려는 의도를 그대로 확인할 수 있다. 마을의 진산이었던 소사의 산신은 지역민의 안정과 단합 외에 국가를 위한 통합기능까지 하게 된 것이다.

사실 고대국가 이전 사회에서 산신신앙은 지역 공동체의 유대감과 질서유지 등에 긍정적 기능을 했다. 하지만 국가 범위가 커지고 중앙집권화 되는 과정에서 유대감을 뒷받침하던 산신신앙은 그 배타성으로 인해 국가통합에 부정적 측면도 띤다. 이에 신라는 한반도 통일 이후 산신신앙을 왕실 중심으로 전면 재편을 꾀한다. 국가통합을 위해 국가 전체의 수호와 관련된 역할을 부여했다는 의미다. 전국의 각 지역 거점에 있는 산들을 소사의 대상으로 정하여 왕의 명에 따라 제사를 올리는 제장으로 정한 것이다.

소사의 겸악이 바로 감악산이다. 그리고 그 산신으로 설인귀를 좌정했다. 여기서 겸악, 즉 감악산이 어떤 산이기에 소사로 지정됐고, 왜 하필 감악산인지, 또한 산신으로 왜 당나라 장수인 설인귀인가 하는 점이 궁금해진다.

감악산이 어떤 산인지에 대한 역사적 사실을 잠시 접어두고 지리적 위치만을 먼저 살펴보자. 남북으로 분단되기 이전 한반도 전체지도를 보면 감악산이 거의 정중앙에 위치한다. 전략적으로 매우 중요한 위치다. 전략적 요충지는 교통 집결지와 통한다. 삼국시대 감악산은 개성과 한양을 잇는 한반도 서북지역과 철원과 한양을 연결하는 중부지역의 연결통로였다. 고구려가 남으로 진출하거나, 신라가 북으로 진출하기 위해서는 반드시 감악산을 거쳐야만 했다. 실제로 이 일대는 삼국시대 말엽 나당전쟁기에 치열한 쟁탈의 대상이었으며, 통일신라가 임진강 넘어 고구려 고토로 진출하는 길목이었다. 현대에 들어서 벌어진 6·25전쟁에서도

감악산 산신당에 팔매바위로 추정되는 바위 밑 마당에 기도터를 마련해놓고 있다.

어느 지역보다 격전을 치른 곳이다. 남침하는 북한군과 중국군에 맞서 연합군으로 참전한 영국군 상당수가 장렬한 전사를 하기도 했다.

원래 이 지역은 난은별이라는 백제의 영토였다. 이후 고구려가 빼앗아 낭비성이라 했고, 신라는 칠중성이라 했다. 소사에 나오는 칠중성이 바로 이곳이다. 성의 주위가 2,000척이 넘는 첩첩의 깊은 곳이라 하여 칠중성이란 지명이 명명된 것으로 전한다. 신라가 영토를 확장한 선덕여왕 때 고구려 군대가 빼앗긴 영토를 회복하러 쳐들어오자 주민들은 감악산으로 대피했다. 이에 여왕은 알천을 보내 칠중성 밖에서 고구려 군을 물리쳤다. 문무왕 때 나당연합군이 고구려를 전투를 벌일 때도 칠중성으로 진격로를 개척했다. 『삼국사기』와 『삼국유사』에 등장하는 칠중성은 그만큼 삼국시대 격전지로 유명한 곳이었다.

감악산 산신당에는 감악산의 산신으로 추정되는 많은 신의 형상을 모셔두고 있다.

감악산이 어떤 산인지 파악하기 위해서 그 이름을 분석해 볼 필요도 있다. 애초 이름인 '겸악鉗岳'은 칼같이 우뚝 솟은 바위산을 가리킨다. 이는 감악산의 북쪽 사면이 마치 칼같이 우뚝 솟은 형상을 보여주기 때문이다. 그러다 '금金'이 탈락하고 '감甘'만 남은 것으로 추정된다. 『해동지도』 등에서는 '감악甘岳'이란 표기가 나오는 것으로 유추할 수 있다. 그런데 '감악'이란 지명은 실제 감악산과는 어울리지 않았다. '감甘'자는 단 것을 나타내는데, 실제 감악산과는 전혀 관련 없기 때문이다. 그래서 다시 감악산이란 지명으로 돌아가면서 한자를 '감악紺岳'으로 사용한 것으로 추정할 수 있다. 감악산 북쪽 사면의 검붉은 바위를 상징적으로 나타낼 수 있는 글자가 바로 '감紺'자였다. 실제로 감악산은 바위 사이로 검은빛과 푸른빛이 동시에 쏟아져 나온다고 한다. 또한 『한국고대국명지명연구』에서는 우리말에서 신령스러운 큰 산에는 신神을 의미하는 고유어 '감' 또는 '감악'이나 '감앙'과 같은 단어가 들어가는 경우가 많다고 지적한다. 감악산의 신령스러운 부분은 소사로 지정되기 전에도 산 정상에 사우祠宇가 있었다고 한다. 소사로 지정된 이후에는 나라에서 봄·가을로 향과 축문을 보내 제사를 지냈다. 소사로 지정되면서 더욱 신령스러운 산으로 거듭나게 됐다.

통일신라가 설인귀를 감악산 산신으로 좌정시킨 데 대해서는 조금 의아한 측면도 있으나 정치적으로는 그럴듯한 해석이 가능하다. 먼저 산신으로서 설인귀를 설명하기 전에 장수로서의 설인귀薛仁貴를 살펴볼 필요가 있다.

설인귀는 당 태종과 고종 시기에 활약한 장수로 용문龍門(지금의 산서성 하진)에서 농민 출신으로 태어났다. 어릴 때부터 기마와 궁술에 뛰어난 것으로 알려져 있다. 644년 당 태종이 고구려 침입을 위해 군사를 모집하자 장사귀張士貴의 부하로 지원하면서 장수의 길로 들어섰다. 645년 요동 안시성 전투에서 공을 세워 유격장군으로 전격 발탁됐다. 661년 천산天山 인근의 위구르 연맹과 전투를 하면서 혁혁한 공을 세웠다. 당시 "장군의 화살 셋이 천산을 평정하니, 장사들은 길게 노래하며 관문으로 들어선다."는 노래를 부를 정도였다고 전한다.

665년 고구려 연개소문이 죽자, 그의 장남 연남생이 아우 연남건과 연남산에게 쫓겨 당에 원병을 청하자 고구려와의 전투에 참가하게 된다. 667년에는 요동의 신성을 고구려 내분으로 쉽게 점령했고, 연남생의 반란군과 합류하여 고구려를 멸망시킨다. 당이 평양에 안동도호부를 두면서 설인귀는 검교안동도호로서 군정 총독의 자리에 앉는다. 671년에는 계림도행군 총관으로 신라와 전쟁에 나선다. 675년 신라의 천성을 공격했지만, 신라 장군 문훈에게 패배하며 평양성에서 물러났다. 676년 수군을 이끌고 금강 하구 기벌포를 공격하지만 사찬 이득이 이끄는 신라 수군에게 다시 패배한다. 당은 676년 평양성을 버리고 안동도호부를 요동의 고군성(지금의 요양)으로 옮기며 한반도에서 완전히 물러간다. 이때까지 설인귀는 핵심인물로 활약했다.

설인귀는 일개 농민 출신에서 대장군까지 오른 입지전적 인물로 중국인들에게 영웅 숭배를 받고 있다. 『신당서新唐書』 설인귀 열전에서 당

태종은 고구려 원정에 실패해 귀환한 뒤 설인귀에 대해 '짐은 요동을 얻어 기쁜 것이 아니라 용맹한 장수를 얻어 기쁘다'라고 말했다는 기록이 나온다.

『삼국사기』 권제7 신라본기 제7 문무왕 하편에는 문무왕과 설인귀가 편지를 주고받은 내용이, 『삼국사기』 권제21 고구려본기 제9 보장왕 상편에는 설인귀의 용맹성에 대한 기록이 등장한다. 특히 '고구려본기'에는 '…(전략) 용문龍門 사람 설인귀가 기복奇服을 입고 크게 소리치며 진陳에 깊이 들어가니 향하는 곳마다 맞서는 자가 없어 아군이 뒤흔들렸다. 대군이 이에 덮쳐 (공격하므로) 아군은 크게 무너져 사자死者가 3만여 명이었다. 당주唐主가 인귀를 (그 용전을) 바라보고 유격장군을 삼았다. 연수 등이 남은 무리를 거느리고 산을 의지하여 스스로 굳게 하므로 당주가 제군에 명하여 이를 포위케 하고 장손무기는 교량을 모두 거두어 그 귀로를 끊었다. 연수와 혜진은 그 무리 3만 6,800명을 거느리고 항복

감악산 정상에는 설인귀비, 진흥왕순수비, 광개토대왕비, 몰자비 등으로 불리는 많은 이름을 가진 비석이 하나 있다.

감악산 정상 비석 앞에 지금은 감악산비라고 소개하고 있으나 이전에는 설인귀비석이라고 소개한 안내문이 있었다.

을 청하며 군문에 들어와 배복拜伏하고 명을 청했다'고 기록하고 있다.

그런 설인귀가 어떻게 해서 감악산 산신이 됐을까. 사실 설인귀가 감악산 산신이 된 데에는 신령스러운 기운에 의해서라기보다는 당시 신라의 정치적인 상황이 크게 작용했다. 전국 각 지방세력의 신앙을 그대로 신라의 사전 속에 편입한 소사의 성격이 그렇듯이 신라의 중앙귀족은 한강 이북과 임진강 유역 일원의 주민들 사이에 잠재해 있는 고구려 유민의식의 분출을 저지하려는 목적이 강했다. 당의 장수 설인귀를 내세워 고구려 유민들에게 공포감을 불러일으킴으로써 고구려를 향한 회고의 감정을 억압하는 역할을 했다. 또한, 고구려의 멸망은 신라보다는 당에 의해서라는 사실을 강조하려는 목적도 강한 것으로 추정할 수 있다.

다른 한편으로는 농민 출신으로서 당나라 최고의 장수에 오른 그의 영웅적인 역할을 강조하는 측면도 있다. 보통 신격으로 좌정한 인물이 그렇듯이 해당 인물의 영웅담은 듣고 보는 이로 하여금 스스로 존경심을 유발하는 효과도 있다. 이는 고려나 조선 시대 들어서 설인귀가 감악산 산신에 덧씌워져 영웅호걸로서 역사서나 소설에 재조명되는 사실에서 잘 드러난다.

어쨌든 설인귀는 원래 본향으로 있던 산신을 밀어내고 감악산 산신으로 자연스럽게 좌정하게 된다. 이후 설인귀는 당나라 출신이 아니라 감악산 출신인 신라인이라고까지 발전한다. 따라서 지역사회의 최고 수호자라는 영웅적인 칭호까지 받게 된다. 물론 감악산 산신은 설인귀 외에 원래의 산신 형태인 본향이 그대로 존재하는 것으로 알려져 있다.

지금의 파주나 양주 지역에는 당나라 장수인 설인귀에 대한 여러 전설이 전승되고 있다. 먼저 감악산에 유명한 비석이 하나 있다. 글자가 없는 무자비無字碑 혹은 몰자비沒字碑라고 하며, 설인귀를 기리기 위한 사적비라는 설에서부터 빗돌대왕비, 진흥왕순수비, 광개토대왕비라는 주장

산신당 연못 감악산 산신당에는 생명수가 솟아나는 연못이 하나 있다. 산과 물은 생명의 원천이라는 사실을 말해 준다

까지 있다. 무자비는 도교의 영향으로 애초부터 비석에 글자를 새기지 않은 것이다. 중국 태산에도 무자비가 있다. 한 무제가 다시 중국을 통일하고 태산에 올라 그 기념비적인 일에 더는 할 일과 말이 없다고 해서 무자비를 세웠다고 전해진다. 이도 도교의 영향이다. 몰자비는 세월에 글자가 마모된 비석이라는 의미다. 빗돌대왕비는 무자비와 조금은 비슷한 성격을 띤다. 빗돌대왕비는 사람들이 돌에다가 정성을 다해 빈다고 해서 빗돌대왕비석이라고 붙여졌다고 전한다.

이 비석에 전하는 전설도 있다.

> 원래 이 비석은 남면 황방리 북쪽의 눌목리訥木里에 있었다. 인근에 사는 한 농민이 어느 날 꿈을 꾸었다. 한 노인이 나타나 막무가내 소를 빌려달라고 했다. 그 농민은 빌려주었다. 다음 날 일어나보니 이

산신 기로터 동굴 감악산 산신당 반대편 서쪽에 있는 범륜사 산신각은 동굴 속에 산신과 호랑이 조각 형상을 두고 있으며, 바로 옆에는 샘물이 솟아난다. 많은 사람에게 영험한 기도터로 알려져 있으며, 사람 발길이 끊이질 않는다고 한다.

상한 일이 벌어졌다. 마을 사람들 전부 지난 밤 꿈에 노인이 나타나 소를 빌려달라고 했다는 것이다. 꿈에서 소를 빌려준 농민들의 소는 땀을 뻘뻘 흘리고 있었고, 거절한 농민의 소들은 모두 죽었다. 그런데 평상시 마을 어귀에 있던 비석이 어느새 감악산 꼭대기로 옮겨져 있었다. 이를 마을 사람들은 감악산 산신의 행동이라 여기고 치성을 올리는 사람들이 줄을 잇게 됐다고 전한다.

설인귀비석에 이어 설인귀굴도 있다. 신라를 도와 고구려를 정벌하러 온 설인귀가 이곳에 진을 쳤다고 전해지는 동굴이다. 일명 임꺽정굴이라고도 한다. 설인귀굴은 그 깊이를 가늠할 수 없을 정도로 깊다. 깊은 만큼 어두워 내려갈 수도 없다. 밧줄을 묶어 놓았으나 위험해서 접근하기가 쉽지 않고 밧줄을 잡고 내려가는 사람도 거의 없다.

설마치薛馬峙라는 고개도 있다. 설인귀가 말을 타고 달리던 고개라고 전해진다. 어룡고개, 어영고개라고도 하는데, 왕이 이곳으로 넘어갔다고 해서 붙여진 이름이다.

설인귀사도 있다. 설인귀를 모신 사당이며, 매년 봄·가을 두 차례 제사를 지냈다고 전한다. 이처럼 당나라 장수 설인귀는 산신으로 좌정하면서 영웅 칭호까지 받는 신라인 못지않은 지위를 누리게 된다. 역사의 아이러니가 아닐 수 없다.

통일신라에 이어 고려 시대에도 산악숭배신앙은 그대로 계승된다. 감악산의 지위도 마찬가지로 부여된다. 태조 왕건은 『훈요십조』에서 '내가 원하는 바는 연등과 팔관인데, 연등은 부처를 섬기고, 팔관은 천령天靈 및 오악五嶽, 명산, 대천大川, 용신龍神을 섬기기 때문이다. 왕과 신하 모두가 함께 즐기면서 공경하는 마음으로 이를 행하도록 하라'고 후대 왕들에게 당부할 만큼 팔관회를 중시했다. 팔관회는 고려 시대 내내 최고의 국가행사로서 불교의례와 우리 민족 고유의 전통의례가 결합한 종교제전이자 축제였다. 『훈요십조』에 나오는 대상은 명칭만 바뀌었을 뿐 통일신라의 대사·중사·소사와 크게 다르지 않다.

조선 시대 들어서도 산신숭배신앙은 역사서에 그대로 남아 있다. 특히 감악산은 한 번도 빠지지 않고 나타난다. 그만큼 중요시됐던 산이고 장소였다.

『태조실록』 3권 1393년 '전국의 명산·대천·성황·해도의 신에게 봉작을 내리다'편에 '이조에서 경내의 명산·대천·성황·해도의 신을 봉하기를 청하니, 송악의 성황城隍은 진국공鎭國公이라 하고, 화령·안변·완산의 성황은 계국백啓國伯이라 하고, 지리산·무등산·금성산·계룡산·감악산·삼각산·백악白嶽의 여러 산과 진주의 성황은 호국백護國伯이라 하고, 그 나머지는 호국의 신이라 하였으니, 대개 대사성大司成 유경이 진술한 말에 따라서 예조에 명하여 상정한 것이었다.'고 나온다.

『태종실록』 28권 태종 14년(1414)에 '예조에서 산천에 지내는 제사에 대한 규정을 상정하다' 편에서도 기록이 등장한다.

예조에서 산천의 사전祀典제도를 올렸다. 삼가 『당서唐書』 『예악지禮樂志』를 보니, 악嶽·진鎭·해海·독瀆은 중사中祀로 했고, 산·임·천·택澤은 소사로 했고, 『문헌통고文獻通考』의 송나라 제도에서도 또한 악·진·해·독은 중사로 했습니다. 본조本朝에서는 전조의 제도를 이어받아 산천의 제사는 등제를 나누지 않았는데, 경내의 명산대천과 여러 산천을 빌건대, 고제古制에 의하여 등제等第를 나누소서.'

임금이 그대로 따라서 악·해·독은 중사로 삼고, 여러 산천은 소사로 삼았다.

경성 삼각산의 신神·한강의 신, 경기의 송악산·덕진德津, 충청도의 웅진, 경상도의 가야진, 전라도의 지리산·남해, 강원도의 동해, 풍해도의 서해, 영길도의 비백산鼻白山, 평안도의 압록강·평양강은 모두 중사中祀였고, 경성의 목멱, 경기의 오관산·감악산·양진, 충청도의 계룡산·죽령산·양진 명소, 경상도의 우불산·주흘산, 전라도의 전주 성황·금성산, 강원도의 치악산·의관령·덕진 명소, 풍해도의 우이산·장산곶이·아사진·송곶이, 영길도의 영흥 성황·함흥 성황·비류수沸流水, 평안도의 청천강·구진 익수는 모두 소사이니, 전에는 소재관所在官에서 행하던 것이다. 경기의 용호산·화악, 경상도의 진주 성황, 영길도의 현덕진·백두산은 이것은 모두 옛날 그대로 소재관에서 스스로 행하게 하고, 영안성·정주 목감·구룡산·인달암因達巖은 모두 혁거革去했다.

설인귀가 은거한 동굴로 전하는 설인귀굴

감악산 남선굴이 갈래갈래 입구가 있다.

고려나 조선의 산신숭배가 모두 신라의 대사 · 중사 · 소사와 별로 다르지 않다는 사실을 분명히 알 수 있다. 감악산은 항상 그 대상에 포함됐다.

이처럼 우리 민족의 산악숭배 사상은 매우 깊다. 산을 생명의 원천으로 보고, 죽으면 돌아가는 자리로 파악하고 있는 것이다. 이는 생명 순환의 본원 자리로 산을 보는 관점과도 일맥상통한다. 산을 단순한 산으로 보지 않는다. 인간이 죽어 그 원천으로 회귀하기 때문에 산에 묻히고 산에 거주하는 장소로 믿는다. 다르게 표현하면, 계시의 장소, 선령의 거처, 생산의 주관자, 생명의 공급자, 망자의 거소 등으로 나타난다. 인간이 신령을 만나 계시를 받는 장소가 산이라는 관념은 종교의 세계에서는 매우 보편적이다.

우리는 천신의 하강과 그 아들인 국조의 산신화로 시작한다. 그것이 바로 단군신화이다. 이후 산신이 어떻게 형성되고, 어떤 변천 과정을 거쳤는지 정확히 알 수가 없다. 또한, 단군 이외에 어떠한 산신이 있는지 파악할 수 없다. 그 무한하고 다양한 산신의 형태 때문에 체계화하기도 쉽지 않다.

감악산 산신도 설인귀로 알려졌지만 실제로는 훨씬 다양한 산신이 존재할 것으로 믿는다. 설인귀는 단지 사회통합을 위해 정치적으로 이용한 측면이 있는 산신이다. 이처럼 우리의 산신은 현대까지 무궁무진하고 다양하다. 세상이 바뀌어도 산신은 존재하고, 종교가 바뀌어도 산신은 존재한다. 삼국시대 → 통일신라 → 고려 → 조선 시대를 거치면서도 역사서에 나타난 산신이 그 사실을 증명한다. 이를 해석해 내는 것이 바로 인간의 몫이다.

감악산에 있는 마애불좌상

"감악산 기도발은 계룡산 버금가는 수준"
주민들, 영발 좋다고 자랑

감악산은 예로부터 국가가 관리해온 한반도 중부의 명산이다. 특히 개성과 한양을 연결하는 교통 요충지로서의 감악산은 온갖 역사적 사건들이 많았다. 삼국시대에는 영토를 뺏고 뺏기는 각축장이었고, 임꺽정의 주요 활동무대일 정도로 개성이나 한양으로 이송하는 물품을 강탈하는 도적들도 많았다. 사건들은 자연 무고한 희생자를 수반한다. 희생자는 그들을 위한 기도가 필요했다. 자연 기도대상이 있어야 한다. 감악산비와 감악산 산신이 오랫동안 숭배대상이었다. 따라서 무속 행위가 잇따랐다. 양주 주민들은 "감악산 기도발은 계룡산 다음"이라고 할 정도로 잘 받는다고 장담한다.

신령스러운 기운과 기도발 잘 받는 산으로 감악산은 이름을 날렸다. 덩달아 여자 무당인 만신萬神과 남자 무당인 박수가 많았다. 이들은 비명횡사한 원혼을 달래주는 굿을 하고, 아들이 없는 집에는 아들을 낳게 해달라고 빌어주고 마음을 치유해 주는 역할을 했다. 이들이 주로 섬기는 신은 최영 장군 산신, 부처, 관세음보살, 약사보살, 약사보살, 미륵, 산신도사, 장군신, 동자신 등 다양하다.

현재 감악산 자락 원당저수지 앞에 감악산 산신당이 크게 자리 잡고 있다. 당주는 박영심(76) 무녀. 언제부터 있었는지는 정확히 알 수 없다. 산신당 옆에는 자연수가 솟아나는 연못이 하나 있다. 역시 생명수가 중요하다. 산천 내지는 산수라는 개념은 다 생명의 원천과 관련이 있기 때문에 항상 같이 간다.

박 당주는 "30여 년 전 신이 내 몸에 들어와서 이곳에 들어오게 됐다. 로마 가톨릭에서도 퇴마사를 공식적으로 인정했듯이 우리는 사람들을 치유해준다. 몸이 아픈 사람, 정신적으로 허약한 사람, 가정에 문제가 있는 사람들은 나쁜 귀신이 그 사람 몸에 들어가 활동하기 때문이다. 그 악귀를 물리치는 역할을 우리가 한다."고 말했다.

그녀는 처음 신내림을 받을 때 천신과 동자신, 칠성할머니 신 등이 많이 내려왔다고 주장한다. 본인에게는 유달리 신들이 이름을 밝히고 들어왔다고 한다. 그러면서 "인간이 존재하는 젖줄이 산신이다. 그리고 산신, 천신, 용왕신 등 삼합이 맞아야 한다. 용왕신은 옛날 우리 할머니들이 정화수 떠놓고 치성을 드리는 신"이라고 말한다. 천신은 단군뿐이지 않냐고 묻자 "천신은 도를 닦아 신선이 된 6대조 이상이 된 조상이다. 한둘이 아니고 매우 많다"고 말했다. 나아가 이곳에는 "많은 신령이 동침한다."고 강조했다.

그녀는 연못을 지나 기도터를 보여주겠다고 했다. 기도터는 역사서에 나오는 팔매바위 앞인 듯했다. 팔매바위는 『삼국사기』 신라본기 선덕왕 7년에 '칠중성 남쪽에서 큰 돌이 저절로 35보 가량이나 옮기어 갔다'고 나온 그 바위로 추정한다. 어떻게 팔매바위로 변했는지는 알 수 없다.

그 기도터는 바위를 향하는 자리였다. 바위는 기운이 결집된 응집터였다. 큰 마당을 닦아 기도터를 마련했다. 아마추어가 봐도 기운이 넘쳐흐르는 듯한 바위였다. 기운이 넘쳐흐르는 바위와 생명수가 솟아나는 연못, 산수와 산천이 융합된 그런 산신당이었다. 그러면서 박 당주는 "신은 감응한다."고 했다. 기도발이 있다는 의미로 들렸다.

3장

그 외 한반도 명산에 좌정한 신들

한국 최고 해수관음 기도처의 神
한국 최고의 장군神
창세기 신화 서린 전설의 神
후천개벽 전설 간직한 神
자장율사와 문수보살의 오대 신화

01

한국 최고 해수관음 기도처의 神

남해 금산은 이성계 신화 관련 산신 전설로 유명

남해 금산, 한국 최고의 기도처로 꼽힌다. 한국의 3대 기도처라 하면 남해 금산 보리암, 양양 낙산사 홍련암, 강화도 낙가산 보문암이다. 여수 향일암을 포함해서 4대 기도처라고 한다. 그중에서도 으뜸 기도처가 남해 금산 보리암이다. 이들은 모두 해수 관음 기도 도량이다. 산신 기도처로서는 설악산 봉정암과 팔공산 갓바위 기도처를 으뜸으로 꼽는다. 때로는 영축산 통도사 자장암을 포함하기도 한다. 산신 기도처와 해수 관음 기도처를 총망라해서 꼽는 한국 최고의 기도처는 금산 보리암과 설악산 봉정암, 팔공산 갓바위라고 한다. 해수 관음이든 산신 기도처든 금산 보리암은 명실상부 한국 최고의 기도처인 셈이다.

사람이 기도를 하면 그 대상은 누구일까? 일단은 절대자로 보인다. 그러면 그 절대자는 누구인가? 종교에서는 부처와 예수, 마호메트로 꼽힐 수 있지만, 종교 이전의 우리 전통신앙에서는 단연 산신山神이다. 산신과 최고 기도처가 있는 해수 관음보살과는 어떤 관계일까? 궁금하지 않을 수 없다.

사실 남해 금산은 전통적으로 명산은 아니었다. 현대에 들어서까지 명산으로 꼽히는 전국의 산들은 통일신라가 일찌감치 전국의 명산 · 대천을 삼산 오악과 대사 · 중사 · 소사로 선정한 산에 모두 포함된다. 하지만 남해 금산은 어디에도 언급이 없다. 다시 말해 최초의 역사적 기록인 『삼국사기』나 『삼국유사』에 전국의 산천제나 천제를 지내던 명산 30여 곳에도 금산은 전혀 포함되지 않았다는 얘기다. 포함되지 않은 여러 이유가 있겠지만 한 가지 뚜렷한 이유는 아마 당시까지 육지에서 접근성이 매우 떨어졌던 섬이기 때문일 수 있다. 하지만 '남해'란 지명은 신라 신문왕 시절 행정구역 개편으로 처음 등장한다. 금산 절경의 진가를 서서히 알릴 기회만 엿보고 있었는지 모른다. 고려 시대까지 역사서나 관련 문헌에 금산에 대한 기록은 여전히 찾아볼 수 없다.

보리암 해수 관음보살상에서 많은 사람이 기도를 하고 있다.
그 맞은편에는 허황옥이 인도에서 가져온 돌로 만들었다는 삼층석탑이 있다.

조선 시대 들어서부터 남해와 금산 관련 기록이 봇물 터지듯 쏟아진다. 어떻게 이렇게 갑자기 금산에 대한 평가가 달라졌을까? 분명 특별한 계기가 있었을 것이다. 그 대표적인 계기는 조선 건국과 관련한 이성계와 금산 산신과 얽힌 이야기 때문이다. 왕과 관련 내용이 전해지자 금산을 찾는 선비들이 부쩍 많아졌다. 금산에 대한 선비들의 유람록도 매우 많이 등장한다. 경승 자체가 뛰어난 데다 이성계의 건국에 얽힌 산신과의 관계에 대한 궁금증이 절대적 영향을 미쳤을 것으로 판단된다.

남해는 당시 거제, 제주와 함께 조선의 3대 유배지였다. 육지에서 섬으로 유배 온 많은 선비는 육지와 격리되어 있었기 때문에 달리 할 일도 없어, 학문을 하거나 유람이나 유산을 할 수밖에 없었을 것이다. 금산유람록을 남길 수밖에 없었던 상황이었다.

이성계와 금산 산신과의 이야기는 보리암에 전한다. 구체적 장소는 금산 보리암 동쪽 삼불암三佛巖 아래 '이태조기단李太祖祈壇'에 있다. 원래는 '이씨기단' '왕배석王拜石' '성대처聖臺處' '산제단山祭壇'으로 불렸던 것을 후일 이성계가 왕위에 오르고 난 뒤 태조기단으로 바꿨다고 한다. 이곳이 바로 이성계가 기도를 올리고 금산 산신령의 은덕을 입었던 장소라고 전한다.

남해에서 구전되는 내용이다.

> 고려 말 이성계는 왕이 되기 위해 백두산부터 묘향산, 구월산, 금강산, 설악산 등 전국의 명산을 찾아다니며 백일기도를 올렸다. 명산 산신에게 자신의 운명을 물었지만, 어느 산에서도 감응이 없었다. 더욱이 고려 말 왜구를 물리친 3대 대첩에 속하는 황산대첩의 본거지인 지리산 산신은 "아직 그럴 만한 인물이 못 된다"며 등을 돌리며 돌려보냈다고 한다. 그래서 지리산이 한양을 등지고 있다는 설도 있다. 이성계

는 그 어떤 산신에게도 왕의 자리에 오르리라는 계시를 받지 못하고 상심에 빠져 있었다(이성계가 전국의 명산 산신을 찾아다니며 기도를 올렸다는 기록은 곳곳에 소개된다).

지리산에서 마지막 날 기도를 하고 암담한 심정으로 남쪽을 바라보고 있을 때 남해 섬 어닌가에 서광이 비쳤다. 이성계는 그 섬을 찾았다. 남해였고, 서광이 비친 곳은 보광산(지금의 금산)이었다. 이성계는 삼불암이 보이는 절벽 아래 자리를 잡고 마지막 기대를 걸고 백일기도에 들어갔다. 그는 맞은 편 큰 바위 위에 작은 바위 3개가 비스듬히 누워 있는 것을 보고 산신에게 기도했다.

조선 태조 이성계가 왕이 되기 위해 남해 금산 산신에게 백일기도를 올린 장소로 알려진 영응기적비

"산신이시여! 제가 중국까지 정벌하여 황제가 될 운명이라면 저 바위 3개가 모두 서게 하시고, 제가 한 나라의 임금이 될 운명이라면 2개를 세워 주시고, 한 나라의 재상으로 살아가야 한다면 1개를 세워 주십시오. 만약 하나의 바위라도 서지 않고 백일기도가 끝난다면 저는 모든 관직을 버리고 고향에 돌아가 촌로로 살겠습니다."

백일기도 마지막 날 기도를 올린 이성계는 꿈을 꾸었다. 개성으로 향하는 자신의 등 뒤에 말뚝 세 개가 짐 지워져 있었다. 그 말뚝을 지고 개성에 도착하자 자신이 목 없는 물병으로 변하는 것이었다. 그리고 그 물병이 가마솥 안으로 걸어 들어갔다. 놀라서 잠을 깬 이성계는 두 개의 바위가 벌떡 일어나 있는 것을 보고 자신이 이 나라의 왕이 될 운명이라는 사실을 감지했다. 하지만 꿈이 마음에 걸렸다. 해몽가를 찾았

영응기적비가 있는 선은전

다. 해몽가는 갑자기 큰절을 올렸다.

“몸이 세로 기둥이 되고 세 개의 말뚝이 몸을 가로질렀으니 임금 왕王자입니다. 목이 없는 물병은 한 손으로 따를 수 없으니 두 손으로 떠받드는 분이 될 것이라는 뜻입니다. 그리고 물병이 가마솥 안으로 들어간 것은 장차 장군의 왕국이 철옹성처럼 굳건하리라는 암시입니다. 감축 드리옵니다.”

이성계는 자신이 왕이 되면 보광산 전체를 비단으로 감싸 주겠다는 약속을 한 터였다. 그 후 조선을 건국한 이성계는 신하들에게 보광산을 비단으로 덮으라고 명령했다. 하지만 보광산 전체를 덮을만한 비단이 없었다. 한 신하가 묘안을 냈다.

"전하, 보광산을 덮을 만한 비단도 모자라거니와 비단으로 덮은들 1년도 안 돼 비바람에 흩날려 썩고 흉물스럽기까지 할 것입니다. 보광산을 영원히 비단으로 덮을 수 없으니 산 이름을 비단 금錦자를 써서 금산錦山이라 부르는 것이 마땅한 줄 아옵니다."

"그래, 그대의 뜻이 옳도다. 그리하도록 하라."

이성계는 남해 금산을 영원히 비단처럼 아름답게 한다는 의미로 산 이름을 금산으로 바꿨다.

남해에서 지금까지 전하는 건국신화에 가까운 설화다. 죽은 자의 영혼과 대화하는 의례인 구명시식救命施食을 관장하는 차길진 씨는 "옆에서 묘안을 낸 신하는 정도전"이라고 말한다.

하지만 어디에도 역사적 문헌 기록은 남아 있지 않다. 다만 조선 태조기단이 있는 보리암 동쪽에 1903년(광무 7)에 건립한 '남해 금산 영응기적비南海 錦山 靈應紀蹟碑'에 위의 내용을 소개하고 있다. 거의 500년이 지나서야 공식적으로 등장하는 셈이다. 그 전에는 조겸趙琜(1569~1652)의 『유금산록遊錦山錄』에 비슷한 내용을 처음으로 소개한다. 1609년(광해군1)에 쓴 조겸의 유람록은 금산과 이성계 전설에 관한 가장 오래된 문헌이다.

어쨌든 이 설화를 통해 보광사로 불리던 산이 금산으로 명명됐다는 사실을 알 수 있다. 일부에서는 전설보다 조금 더 과장된 '조선 개국 공신으로 유일하게 사람이 아닌 산신으로 금산 산신이 책봉됐다'라고까지 전한다. 정말 믿거나 말거나 하는 얘기지만 이는 전혀 사실이 아니다. 조선 개국 공신은 이성계는 16명을 책봉했지만, 태종 이방원이 자신을 포함 3명을 더 늘려 19명으로 했으며, 전부 사람이다. 이처럼 남해 금산에 사실 확인이 되지 않은 전설과 설화는 너무나 많다.

남해 금산 보리암에 있는 산신각의 산신도

하지만 이성계가 기도했다고 전하는 산신의 실체와 남해 금산에 전하는 산신에 대해서 좀 더 접근해 볼 필요는 있다. 그러기 위해서 보리암 창건설화와 금산에 있는 산신의 흔적을 찾아보는 것도 매우 중요한 단서가 된다. 창건설화는 대개 원래 그 산의 산신과의 관계에 대해서 언급하기 때문이다. 보리암 창건설화도 『삼국사기』나 『삼국유사』와 같은 역사서에 '보리암'이란 단어 자체가 등장하지 않는다. 구전과 조선 시대 유람록에 소개되는 내용으로 살펴볼 수밖에 없는 상황이다.

『보리암 중수지』에 나오는 내용이다.

> 보리암 창건설화는 두 가지가 전한다. 하나는, 원효 스님이 마치 빛을 쏟아내는 듯한 산을 찾아와 초막을 짓고 수도하던 중 관세음보살을 친견한 후 산의 이름을 보광산이라 하고, 초암은 보광사라 했다는 설이다. 원효가 친견한 관음보살은 남인도의 보타락가산普陀洛迦山에 산다. 이 산은 바다를 면하고 온갖 보배로 꾸며졌으며 숲이 우거져 꽃과 과일이 풍부하고 맑은 물이 솟는 연못과 연못 옆 금강보석에는 관음보

살이 결가부좌로 앉아 중생을 이롭게 한다. 원효는 이를 본떠서 산 이름을 보광산이라 하고, 도량을 보광사라 했다고 전한다.

또 다른 하나는 가락국 김수로왕이 왕비로 맞아들인 인도 아유타국 허황옥許黃玉 공주와 함께 배를 타고 온 장유長遊 선사가 세웠다는 설이다. 허황옥 관련 내용은 『삼국유사』 제2권 가락국기에 자세히 소개돼 있다. 인도에서 허 황후와 함께 온 장유선사가 김해에 가기 전 남해에 제일 먼저 도착했다고 전한다. 『삼국유사』에 나오는 장유선사 이야기는 지리산 반야봉에 위치한 칠불사 설화에 나온다. 장유 선사는 왕후가 낳은 열 왕자 중 일곱 왕자를 데리고 가야산에서 3년간 수도하던 중, 왕후가 자주 가야산을 찾아오므로 방해가 됐다. 이에 장유 선사는 일곱 왕자를 데리고 지리산 깊은 곳으로 들어갔다. 그 후 장유 선사는 성불하게 됐고, 김수로왕은 크게 기뻐하여 대가람을 이뤘다고 한다.

그 외 보리암 창건설화는 아니지만, 금산 관련 세존도 전설이 있다. 아득한 옛날 석가세존이 돌배를 만들어 금산 쌍홍문 앞에서 바다로 나갔으며, 세존도의 한복판을 뚫고 지나갔다고 한다. 세존도는 남해에서 약 25.68㎞ 떨어진 섬으로 동굴의 천장에 미륵彌勒이라는 각자가 있다고 한다. 남해의 지명 중에 떠나는 미륵을 도왔다고 해서 생긴 미조彌助, 관세음보살을 친견했다고 해서 관음포觀音浦 등은 이로 인해 생겼다고 전한다.

창건설화 관련 내용은 사실 여부를 떠나 곰곰이 살펴볼 필요가 있다. 원효가 보리암을 창건한 시기는 대략 문무왕 3년(683) 쯤으로 추정한다. 이때는 신라가 막 삼국을 통일한 뒤 국가적으로 제도를 정비하고 새로운 사상을 체계화할 즈음이다. 불교사상을 통치이념으로 더욱 강화할 때였다. 불교가 한반도에 전래되면서 우리 전통신앙의 삼신三神인 산신 · 용왕

남해 금산 정상 봉수대에서 한 탐방객이 남해를 쳐다보고 있다.

신선이 벗어놓고 간 신발로 전하는 문장암
한림학사 주세붕이 '유홍문상금산由虹門上錦山'이란 마애석각이 있다.

보리암 앞에 있는 해수 관음보살상에서 많은 사람이 기도를 올리고 있다.

신 · 칠성신앙이 사찰에 절충되는 과정을 거친다. 산신은 재물을, 용왕신은 기복을, 칠성신은 수명을 관장하는 신으로 널리 알려져 있다. 삼신을 통틀어 광의의 산신이라고도 한다. 그 결과 기존에 있던 산신 · 용왕신 · 칠성신은 부처와 보살의 다른 모습으로 변신해서 좌정한다. 산신 중 하나인 독성은 나반존자로, 용왕신은 해수 관음보살로 불교의 신앙대상으로 모습이 바뀐다.

따라서 보리암의 해수 관음보살은 우리 전통의 용왕신이 절충과정을 거쳐 불교식으로 변신 좌정했을 가능성이 매우 높다. 마찬가지로 한국의 4대 기도처에 있는 해수 관음보살도 원래 우리 전통 용왕신의 불교식 형태일 수도 있다. 보리암 목조관음보살좌상 불감을 소개하는 안내문에도 '용왕과 선재동자가 협시한 관음보살 삼존의 도상적 특징을 지닌 점과…'라고 적혀 있다. 용왕이 미륵으로 화해 나타난 지명이 미조나 관음포 등이다. 예로부터 지명은 그 지역에서 실제 일어난 사건이나 다른

남해 금산 단군성전의 샘터에 단군 동상이 중앙에 있고, 좌우에 최영과 이성계 장군으로 추정되는 장군상이 있다.

지명과의 관계에서 유래하기 때문이다.

허왕후 관련 설화는 불교가 한반도에 전래한 시기가 너무 이르다는 점에서 다소 무리가 따른다. 한반도에 불교가 첫 전래된 시기는 대략 4세기 직전으로 본다. 김수로왕이 가야를 건국하고 허왕후와 결혼을 할 때는 서기 100년도 채 안 될 때다. 하지만 보리암 해수 관음보살상 앞에 있는 삼층석탑은 허황옥과 장유 화상이 인도에서 배를 타고 남해로 올 때 배의 균형을 잡기 위한 돌로 건립했다고 전한다. 또한, 지리산 이남 남해지역엔 남방불교가 전래된 유적을 어렵지 않게 찾아볼 수 있어 전혀 근거 없는 설로만 치부할 수도 없다. 그런데 탑의 건축양식이 고려 초 형식으로 추정되고 있어 그 가능성을 더욱 낮게 한다. 전설이지만 어떤 것은 맞기도 하고 어떤 것은 낭설에 가까운 내용으로 뒤섞여 있다.

요약하자면 이성계가 왕이 되기 위해 백일기도를 한 절대자는 산신이었고, 보리암의 해수 관음보살은 우리 전통신앙의 산신이 불교식으로 절충하여 좌정했을 가능성이 매우 높다. 차길진 씨는 "이성계가 조선 건국을 기원하는 100일 기도를 올리며 매달린 절대자는 환인과 환웅, 그리고 단군 3대이다"라고 강조한다. "그렇지만 단군과 석가모니 부처가 서로 반목했던 건 아닌 것 같다"라고 말한다. 한민족의 시조이자 산신의 시조인 단군이 불교식 절충을 별 거부감 없이 받아들였다는 얘기다.

남해 민속학자인 박성석 경상대 명예교수는 "정상 부근 단군성전은 남해 금산에 있는 가장 오래된 산신 제사터 중의 하나이며, 단군이 금산의 산신일 가능성이 있다"고 조심스럽게 말했다.

정상 부근엔 산신 관련 흔적을 어렵지 않게 찾을 수 있다. 정상 봉수대 옆 큰 바위 세 개가 나란히 있다. 두 개는 마치 거인이 신발을 벗어놓은 듯하다. 이 같은 내용은 1771년 남해 유배 중이었던 유의양柳義養의 『남해문견록南海聞見錄』에 자세히 나와 있다.

> …(전략) 남해 지형이 사면 바다인데 남쪽은 더욱 가없는 바다이다. 금산錦山이란 이름난 뫼가 있으니 읍내서 30리를 남으로 가서 평지에서 수십 리를 올라가니 초대 중대 상대라 바위 셋이 있다. 초대 중대는 볼 것이 별로 없고, 상대는 기이한 바위가 많으며 그중에 높고 큰 바위 위에 또 바위 둘이 있다. 바위 모양이 마치 큰 나막신 한 쌍을 남향하여 벗어놓은 듯하니, 목혜의 키는 사람의 길로 두어 길이나 되고 너비도 그렇게 큰지라. 사람들이 이르기를 "신선(산신)이 여기와 놀다가 나막신을 벗어두어 돌이 되었다"고 전한다. 그 말은 극히 허황하나 모양을 보면 천연한 한 쌍의 대단히 큰 나막신 같으니 그런 부회府會한 말이 있기가 괴이치 아니하더라. 나막신 바위 옆에 한림학사翰林學士 주세붕周世鵬(1495~1540)이라 새긴 것이 있으니, 유산 와서 자기 이름을 기록한 것이더라. (후략)…

남해 금산 아래 자락에는 진시황의 신하 서복이 새긴 것으로 전하는 '서불과차' 석각이 있다.

유의양이 말한 나막신 바위에 '유홍문由虹門 상금산上錦山'이란 석각이 새겨져 있다. 이를 '홍문으로 해서 금산에 오르다'라고 해석하기도 하고, '홍문이 있으므로 금산이 으뜸이다'로 해석하는 사람도 있다. 석각이 있다고 해서 이 바위를 '문장암' 혹은 '명필 바위', '상제암上帝岩'이라고 부른다. 문장암 위에 있는 바위를 목혜바위, 일명 나막신 바위라고 한다. 지역 향토사학자들은 "이 바위는 고대부터 개인 치성터로 사용된 듯하다"고 말한다.

정상 문장암에서 서쪽 10분 거리에 '단군성전'이 있다. 이 자리가 옛날 금산의 산신각 자리다. 샘터 옆 큰 바위에는 이곳이 산신각 자리라는 사실을 말하는 석각이 있다. 석각에는 '금산산신탄생축원계원열명록錦山山神誕生祝願契員列名錄이라고 새겨져 있다. '금산 산신령의 탄생을 축원하는 계원들의 이름을 적은 목록'이란 뜻이다. 건립 시기는 건양 2년 정유라고 적고 있다. 1897년이다. 지금으로부터 정확히 120년 전이다.

여기서 말하는 금산 산신의 탄생은 누구인지 정확히 알 수 없으나 오래 전부터 주민들에 의해서 신성시 되어 왔던 것만큼은 분명해 보인다. 샘터에는 중앙에는 단군상을, 좌우로는 이성계와 최영 장군으로 추정되는 무장한 장수의 동상이 세워져 있다. 두 개의 장군상이 중앙의 단군상을 좌우로 보호하는 형국이다. 단군성전 법당 안에는 정중앙에 단군 영정과 함께 좌우로 전통적인 산신도圖와 칠성신도, 용왕신도 등이 모셔져 있다. 우리 전통신앙의 종합편과도 같다.

정상 능선에서 내려와 단군성전 반대편으로는 제석봉이 있다. 하늘에서 산신이 내려와 놀다가 간 바위로 통한다. 금산 38경 중의 하나다. 정상 능선에서 서쪽으로 조금 더 가면 부소바위라고 나온다.

금산 부소바위도 산신과 관련이 있다. 아니 산신뿐만 아니라 단군과 중국의 진시황과도 관련 있다. 진시황의 20명의 아들 중 첫째가 바로 부소扶蘇다. 진시황의 아들 부소가 금산에 유배 온 자리라고 전한다. 전설이라 하더라도 조금 과장이 심한 내용이다. 진시황의 아들은 남해가 아니라 중국 북쪽 변방을 지키며 진시황이 죽을 때까지 살았다.

진시황과의 관련은 부소보다는 오히려 삼신산 불로초와 연결된다. 진시황은 서복(혹은 불)을 보내 불로초를 구해오게 한다. 서복은 인솔대장으로 동남동녀童男童女 500명을 데리고 신선(산신)이 산다는 삼신산을 찾아 한반도로 온다. 한반도 몇 곳에 도착한 것으로 전한다. 그중의 한 곳이 남해 금산이다. 남해 금산에 머물다 사냥만 하다 제주도로 갔다고 한다. 그 흔적을 남긴 기록이 '서불과차徐市過此'다. '서불, 이곳을 지나다'는 말이다. 그 금석문이 금산 아래 자락에 있다.

그러면 어떻게 부소란 지명이 나왔는지 궁금해진다. 부소는 '풋소'의 한자 표기이다. 풋소는 '소나무'를 뜻하는 옛말이다. 단군의 둘째 아들도 부소로 알려져 있다. 결국, 부소는 진시황이 아니라 우리 전통신앙과

남해 금산의 명물인 쌍홍문. 무지개 모양으로 생겼다고 해서 홍문이라 하지만 실제로는 해골 같이 보인다.

관련성이 더욱 깊다는 얘기다.

신화와 전설은 현재로서는 밝혀지지 않은 내용이지만 언젠가는 사실로 밝혀질 가능성이 높다. 사실에 근거하여 조금 과장된 내용은 있을 수 있지만, 전혀 근거 없지는 않다. 남해 금산은 특히 그렇다. 역사서나 문헌에 기록을 남기지 않았기 때문에 전설이나 신화의 내용이 더 많은 가능성이 높다.

어쨌든 남해 금산의 산신은 3개의 실체로 압축된다. 이성계가 왕이 되기 위해 백일기도를 한 산신, 우리 전통 산신이 불교식 절충과정을 거쳐 나타난 해수 관음보살, 그리고 진시황이 삼신산 신선을 찾아 보낸 서복과 관련된 산신 등이다. 사실 여부와 상관없이 금산 산신이 우리 삶과 밀접한 관련을 맺어온 것만큼은 분명해 보인다. 또 팔공산 갓바위와 마찬가지로 '한 가지 소원은 반드시 들어준다.'는 최고의 기도처로 꼽힐 만큼 영험한 곳으로 평가받는다. 전두환 장군을 대통령으로 만들기 위해 이순자 씨가 금산 보리암을 수도 없이 드나들면서 기도를 올렸다는 설도 유명하다.

금산 산신의 뛰어난 족보와 관련된 내용이 한 가지 더 있다. 한국에는 여덟 명의 큰 산신이 있다. 남해 금산 산신은 한국 팔대 산신 중 한 명이다. 아버지는 백두산 산신이고, 어머니는 계룡산 산신, 그 아래 남해 금산 산신을 포함해서 여섯 명의 아들 산신이 전국에 분포해 있다고 전한다. 물론 지리산 산신이 들으면 얼토당토않은 얘기라고 부인하겠지만.

02

한국 최고의 장군神

개성 덕물산 산신 최영 장군이 고향 홍성 삼봉산 산신 좌정설

최영 장군은 한국 최고의 장군신으로 통한다. 민간에서는 수호신·마을신으로, 무속에서는 장군신으로 모시는 동시에 매년 산신제를 지내는 대상으로 좌정돼 있다. 현재 장군신으로는 임경업, 남이, 관우 등과 같은 뛰어난 장군이 있지만, 최영 장군은 그중에서도 가장 탁월하고 영험하다는 소문이 지금까지 전한다. 무속인들 사이에서는 억울한 죽음이 부른 '원한怨恨의 강도'가 신통력을 결정한다고 한다. 특히 그의 훌륭한 업적에 반해 억울한 죽임을 당했을 경우엔 서민들의 마음속 깊이 파고들어 시대를 넘어 전승된다. 원한에 대한 반대급부로 서민과 영웅신으로서의 일체감을 형성하고 있는 것이다. 무속의 신으로 좌정하기 완벽한 조건을 갖춘 인물인 셈이다.

고려의 인물을 역성易姓혁명으로 건국한 조선왕조의 사관들이 기록한 『고려사』 권113 열전26 최영 조에서 '(최영은) 죽는 날에 개경 사람들이 모두 철시했으며, 멀고 가까운 지역의 사람들이 그 소식을 듣고는 길거리의 아이들과 시골의 여인네까지도 모두 눈물을 흘렸다. 시신이

최영 장군 국가표준영정

최영 장군 당굿보존회에 있는 최영 장군 무사도

길가에 버려지자, 길가는 사람들이 말에서 내렸으며, 도당都堂에서는 쌀 · 콩 · 베 · 종이를 부의로 보냈다'고 기록하고 있다. 그만큼 개성의 모든 사람으로부터 절대적인 지지를 받은 인물이라는 사실을 알 수 있다.

무속의 신은 원혼적 성격이 강한 인물이 좌정하는 경우가 많다. 여기에 사회나 국가에 적지 않은 영향력을 행사한 위대한 인물이라야 한다. 위대한 인물이 억울하게 죽임을 당한 원혼을 서민들이 대신 풀어주는 형식을 띠고, 사회적 공감 과정을 거친 뒤 완전한 신으로 좌정하는 것이다.

한국의 무당들은 절대다수가 최영 장군의 신 내림을 받아야 한다고 믿는다. 실제 무당들은 최영 장군의 신 내림이 없으면 무당이 될 수 없다고까지 말한다. 무당들은 수많은 신을 동시에 내림받는다. 가장 먼저 받는 신이 바로 산신이다. 장군신 중에서는 최영 장군이 대표신 격이다. 이를 주장신主張神이라 부른다.

최영 장군을 모시는 사당은 전국에 분포해 있다. 산신으로, 마을 수호신으로, 장군신으로 각 마을이나 산에 좌정해 있다. 가장 대표적인 곳이 개성 덕물산이다. 최영 장군은 덕물산 산신으로 좌정해 있고, 그 산 중턱에 사당이 있다. 그 외에 마을수호신으로 좌정한 곳은 한두 곳이 아니다. 서울 대흥동 불당, 부산 남구·수영구 무민사, 동구 최영 장군 사당, 영도구 봉래산 산제당, 경남 통영 사량면 최영 장군 사당, 통영 산량읍 장군당, 남해 미조면 무민사, 충남 홍성 기봉사, 충북 청주 기봉영당, 전북 익산 두천사, 제주 추자도 최영 대장 신사, 경북 김천 진충사, 영덕 독묘, 강원 강릉 덕봉사 등 전남을 제외하고 전국에 고루 모셔져 있다. 경기도 고양 대자산에는 그의 무덤이 있다. 이처럼 고려 말 한

최영 장군이 말을 타고 활을 쏘는 훈련을 했다는 용봉산 산세가 예사롭지 않다.

용봉산 정상에서 최영 장군이 활을 쏘는 훈련을 했다는 활터를 내려다보면 조그만 정자가 보인다.

시대를 풍미한 최영 장군은 그의 뛰어난 업적과 억울한 죽음으로 산신으로서 뿐만 아니라 마을신으로까지 고루 숭배되고 있는 사실을 쉽게 확인할 수 있다.

2016년은 그의 탄생 700주년이다. 새삼 그의 탄생이 재조명되는 이유는 그의 아버지의 유언으로 그가 평생 좌우명으로 삼았던 '황금 보기를

돌같이 하라Don't be blinded by money'는 격언이 지금 시대와 딱 맞아떨어지기 때문이다. 일부 사학자들은 "그의 충절은 김종서 장군에, 그의 신출귀몰한 전투능력은 김유신 장군에 견줄 만하다"고 말한다. 영웅신으로서 완벽한 조건이다.

그러면 그가 어떤 인물이고, 어떤 위대한 업적을 남겼고, 어디에 그의 자취를 남겼으며, 어떻게 죽임을 당했고, 그의 사후에 언제 산신으로 좌정했는지를 두루 살펴보자.

그는 원나라와 왜구, 홍건적의 침입이 극심했던 고려 말 1216년에 태어났다. 그의 출생지는 홍성과 철원 등으로 나뉜다. 『동국여지승람』에는 '최영은 철원인으로 무릇 본관이 철원으로 되어 있지만 적동(지금 충남 홍천)과 관련 있다. 고을 사람들이 사우祠宇를 세워 지금까지 끊이질 않고 제祭를 올리고 있다'고 기록하고 있다.

『신증동국여지승람』 제47권 강원도 철원도호부 인물 조에는 '최영崔瑩은 최옹의 손자이다. 풍모가 걸출하며 힘이 남보다 뛰어났다. 처음에는 양광도 도순문사의 휘하에 예속되어 여러 번 왜적을 사로잡았으므로 무용武勇으로써 알려졌다. 홍건적의 난리 때는 안우 · 이방실 등과 함께 경도京都(지금의 개성)를 수복하여 공훈이 일등에 책록됐다. 김용을 죽이고, 덕흥군을 내쳤으며, 하치哈赤를 토벌하고 왜적을 격파했으며, 임견미 · 염흥방을 죽인 것이 모두 최영의 힘이었다. 최영은 천성이 깨끗하여 상으로 내리는 전지와 노비를 굳이 사양하고 받지 않았다. 그러나 대체大體(일이나 내용의 큰 줄거리)에는 어두워 여러 사람의 의론을 돌아보지 않고 계책을 결단하여 요遼를 치다가 천자天子에게 죄를 지으니, 문하부 낭사 허응 등이 소를 올려 논죄를 청하여 드디어 최영을 참형했다. 간대부諫大夫 윤소종尹紹宗이 논하기를, "최영의 공은 온 나라를 덮고, 죄는 천하에 가득하다" 하니, 세상에서는 명언이라고 했다. 본조에 이르러서 무민武愍이라는 시호를 추증했다'고 나온다.

일부 역사서는 홍성, 다른 역사지리서는 철원과 관련 있다고 적어놓았다. 『충청도읍지』에는 당연히 '고려조의 최영은 본주의 적동리에서 출생했다'고 소개한다. 홍성에서는 몇 가지 지명을 들어 홍성 출신이라는 사실을 강조한다. 특히 『신증동국여지승람』 인물 조에는 철원의 인물로 소개하고 있지만 같은 책 제19권 충청도 홍주목 산천 조에 '삼봉산三峯山은 주 동쪽 23리에 있는데, 그 가운데 봉우리에 최영崔瑩의 사당祠堂이 있다'고 나온다. 이 삼봉산이 지금 최영 장군 사당이 있는 곳이다. 삼봉산 정상 부근 장군봉이 바로 최영 장군이 무술수업을 했던 봉우리라고 전한다. 삼봉산은 세 개의 봉우리로 이뤄져 있다. 좌우로 수리봉과 매봉이 있으며, 가운데 닭재산이 자리 잡고 있다. 닭재산 언저리에 최영 장군 활터가 지금도 있다. 또 인근 철마산에서 쏜 화살이 삼봉산 정상에 있는 닭을 명중시켰다고 해서 닭재산이라는 산 이름의 유래가 됐다. 화살보다 늦었다고 해서 죽인 말을 묻은 곳이 금마총金馬塚이라 한다. 사실인지 아닌지를 차치하고 그 지명은 현재 그대로 사용하고 있다.

삼봉산 중앙 봉우리인 닭재산 언저리에 최영 장군 영정을 모신 사당 '기봉사'가 있다.

어쨌든 최영의 출생지는 아직 철원과 홍성 어느 곳인지 정확하게 밝혀지지 않은 상태. 하지만 그의 아버지 최원직은 사헌부 규정 등을 역임했으며, 그 전에 홍주 판관으로 있을 때 최영 장군을 낳은 것은 역사적 사실이다.

최영은 35세(1350년)로 늦은 나이에 우달치라는 무관으로 발탁돼 본격 무인의 길로 들어선다. 우달치는 밤낮으로 임금을 호위하던 직책. 왜구를 많이 물리쳐 혁혁한 공을 인정받은 결과였다. 최영 장군이 더욱 감동을 주는 이유는 그의 백전무패의 전투력뿐만 아니라 우달치라는 최하위 무관 말직에서 당시 최고의 자리인 문하시중(지금의 국무총리)까지 오르면서 초지일관 청렴결백한 생활을 했다는 점이다.

당시 14세기 고려는 북쪽으로는 홍건적의 침입과 원·명 교체기에 따른 양국의 고려에 대한 내정간섭, 남쪽으로는 왜구의 침입이 극심한 상황이었다. 기록상 고종 10년(1223) 이후 고려 후기 169년(1223~1392) 동안 왜구의 침입은 519회, 왜구가 창궐하는 충정왕 2년(1350) 이후 42년간 506회로 기록되고 있다. 영·호남과 함께 충남지방이 특히 심했다. 그중 충남이 38개 지역에 78회 침입한 것으로 알려져, 침입 횟수는 경남 97회에 이어 두 번째이고 침입지역은 가장 광범위한 것으로 나타났다. 왜구가 창궐하기 시작한 충정왕부터 연평균 12회 침입했고, 가장 극성기인 우왕 대는 연평균 27회에 이른다.

왜구와의 전투에서 가장 대표적인 싸움이 이성계의 남원 운봉 황산 전투(1380년), 최무선이 화포를 처음 사용한 금강 진포구 전투(1380년), 최영의 부여 홍산대첩(1376년)이다. 최영 장군 사당이 전국적으로 분포하는 이유는 당시 왜구의 침략을 최영 장군이 신출귀몰, 동분서주하며 막아냈기 때문에 그가 승리를 거둔 곳마다 그의 업적을 기리는 사당을 세운 것이다.

최영 장군 영정을 모신 기봉사 전경

왜구의 침입으로 인해 이성계와의 인연도 시작된다. 『고려사』에 그 내용이 상세하게 나온다.

> 우왕 4년(1378), 왜구의 배들이 착량窄梁에 대규모로 집결해 승천부昇天府로 침입하고는 장차 개경을 침구하겠노라고 떠들어댔다. 온 나라가 놀라 소동이 일자 경계를 강화했다. …(중략)… 최영은 모든 군사를 총지휘하여 해풍군海豊郡(지금의 개성 개풍군)에 진을 치고 찬성사贊成事 양백연梁伯淵을 부관으로 삼았다. 적들이 상황을 탐지한 후, 최영의 군대만 격파하면 경성을 손에 넣을 수 있다고 여기고 아군이 진 친 곳을 싸우지도 않고 그대로 지나쳐 곧장 중군이 있는 해풍군으로 진격했다. 최영은 "나라의 존망이 이 한 번의 싸움에 달려있다"라고 다짐하고는 양백연과 함께 나아가서 적들을 공격했다. 우리 태조太祖(이성계 지칭)가 정예 기병을 거느리고 곧바로 나아가 양백연과 협공해 적을 대파했다. 적들이 쓰러지는 것을 본 최영이 부하들을 지휘해 측면에서 공격하니, 적들은 거의 다 죽고 잔당들만이 밤에 도망했다. 밤새 도성에는 최영이 패주했다는 소문이 퍼져 인심이 더욱 흉흉해졌고 사람들은 갈 곳을 알지 못했다. 우왕이 피난을 떠나려 하자, 백관百官들은 행장을 꾸린 채 궁문에 겹겹이 모여 왕을 기다렸다. 원수元帥들이 보낸 전령들이 전승을 보고하자 비로소 개경에는 삼엄한 경계가 풀렸으며 백관들이 모두 하례했다. 조정에서는 최영의 전공을 기려 안사공신安社功臣의 칭호를 내려주었다.

이성계가 최영을 전투에서 도운 것으로 나온다. 이 외에도 그의 전투는 너무 많아 『한국민족문화대백과사전』에 따라 연도별로 간략히 요약하면 다음과 같다.

1352년 조일신의 난을 평정하여 호군이 됨. 1354년 대호군으로, 원나라에서 원병을 청하자 40여 명의 장수와 함께 군사 2,000명을 거느리고 원나라 승상 탈탈 등을 좇아 전투. 1355년 추안리, 팔안장 등에서 적을 무찔러 용맹을 떨침. 1356년 고려의 배원정책으로 서북면병마부사로 원나라에 속했던 압록강 서쪽의 8참站을 공격하여 3참을 쳐부숨. 1357년 양광전라도왜적체복사가 되어 배 400여 척으로 오장포에 침입한 왜구를 격파. 1359년 홍건적 4만 명이 침입하여 서경을 함락시키자, 여러 장수와 함께 생양 · 철화 · 서경 · 함종 등지에서 적을 무찌름. 1361년 홍건적 10만이 다시 침입하여 개성을 함락시키자 이듬해 안우 · 이방실 등과 함께 이를 격퇴하여 개성을 수복. 그 공으로 훈1등에 도형벽상공신이 됐고 전리판서에 오름. 1364년 원나라에 있던 최유가 덕흥군(충선왕의 제3자)을 왕으로 받들고 군사 1만 명으로 압록강을 건너 선주(현 선전)에 웅거하자, 서북면도순위사로 이성계 등과 함께 수주

용봉산 정상 산세 기운이 넘쳐나는 듯하다.

(현 정주)의 달천에서 싸워 물리침. 1365년 왜구가 교동 강화에 침입하자 동서강도지휘사가 되어 동강에 나가 진수하다, 신돈의 참수로 계림윤으로 좌천되어 귀양감. 1371년 신돈이 처형되자 곧 소환. 1374년 경상·전라·양광도도순문사에 오름. 명나라가 요구하는 제주도의 말 2,000필에 대하여 제주도의 호목이 300필만 보내오자 양광전라경사도도통사가 되어 도병마사 염흥방과 함께 전함 314척과 군사 25,600명으로 제주도를 쳐서 평정. 1375년 판삼사사가 됨. 1377년 도통사가 되어 강화·통진 등지에 침입한 왜구를 격퇴. 이 무렵 왜구가 침입하여 개성을 위협하므로 도읍을 철원으로 옮기자는 논의가 있었으나 군사로서 굳게 지킬 것을 주장하고 이를 반대. 1378년 왜구가 승천부(현 풍덕)에 침입하자, 이성계·양백연 등과 함께 적을 크게 무찌르고 그 공으로 안사공신이 됨. 1388년 문하시중이 되어 왕의 밀명으로 부패와 횡포가 심하던 염흥방·임견미와 그 일당을 숙청. 그해 딸이 (우왕) 왕비가 됨. 이때 명나라가 철령위의 설치를 통고하여 철령 이북과 이서, 이동을 요동에 예속시키려 하자, 요동 정벌을 결심. 팔도도통사가 되어 왕과 함께 평양에 가서 군사를 독려하는 한편 좌군도통사 조민수, 우군도통사 이성계로 하여금 군사 38,800여 명으로 요동 정벌을 꾀하였으나 이성계가 조민수를 달래어 위화도에서 회군함으로써 실패로 끝남. 강직 용맹하고 청렴했던 그는 이성계에게 잡혀 고봉현으로 유배. 다시 합포, 충주로 옮겼다가 공요죄攻遼罪(요동을 공격한 죄)로 개성으로 압송되어 순군옥에 갇힌 뒤 그해 12월 참수됐다.

파란만장하고 꺾이지 않은 불굴의 의지를 잘 보여주는 그의 삶이다. 그는 죽으면서도 "만약 내가 평생 한 번이라도 사사로운 욕심을 품었다면 내 무덤에 풀이 날 것이고, 그렇지 않다면 풀이 나지 않을 것이다"라는

서경욱 황해도 무형문화재 제5호 만신이 탱화를 보며 최영 장군에 대해 설명하고 있다.

말을 남기고 최후를 맞이했다. 실제로 그가 죽은 개풍군 덕물산에 있는 그의 무덤은 풀이 나지 않아 적분赤墳이라 불린다. 그 산 위에 장군당이 있으며 산신으로 좌정돼 있다. 이성계는 새 왕조를 세우고 나서 5년 만(1396년)에 무민武愍이라는 시호를 내려 최영의 넋을 위로했다.

대부분의 인격신은 사후 상당 기간이 지난 뒤 신으로 좌정하는 경우가 일반적이지만 최영의 경우는 매우 빨리 사당이 건립되고 신으로 모셔진 것으로 보인다.

이는 아마 당시 국민들의 절대적인 지지를 받고 있던 최영의 인품과 덕망의 영향으로 해석된다. 일부 사학자들은 "이성계의 한양 천도는 개성 서민들의 절대적인 지지를 받던 최영을 그대로 두고는 지지기반을 확대할 수 없다는 판단으로 최영 처형과 한양 천도라는 극단적 결정을 할 수밖에 없었을 것"이라고 말한다.

또한, 이성계가 최영을 죽일 때 한 말도 영향을 미쳤을 것으로 짐작된다. 이성계는 최영에게 "이와 같은 사변은 나의 본심이 아닙니다. 그러나 요동을 공격하는 일은 대의에 어긋날 뿐 아니라 국가를 위태롭게 하고 백성들을 괴롭혀 그 원망이 하늘까지 이르렀기 때문에 부득이 이런 사변을 일으킨 것입니다. 부디 잘 가십시오. 라고 하면서 마주 보고 울었다(『고려사』 권113 열전26)"고 나온다.

최영의 사후 '사당'에 대한 기록은 몇 군데 등장한다. 먼저, 1486년에 노사신·강희맹·서거정 등에 의해 제작된 『동국여지승람』에 소개된다. 1530년 만들어진 『신증동국여지승람』에도 기록이 있다. 『신증동국여지승람』 제19권 충청도 홍주목 산천에 '삼봉산三峯山은 주 동쪽 23리에 있는데, 그 가운데 봉우리에 최영崔瑩의 사당祠堂이 있다'고 나온다. 특히 『동국여지승람』에 '고을 사람들이 (최영) 사우를 세워 끊임없이 제를 올리고 있다'라고 기록한 점으로 미뤄, 이미 오래전부터 최영 장군이 신으로 좌정한 것으로 보인다. 1388년 사망했으니 채 100년도 안 돼 신격화 작업이 끝난 것으로 추정된다. 대개의 인격신은 사후 신격화 작업이 이뤄지고, 서민들의 가슴에 남아 상당 기간 남아 검증 과정과 사회적 공감 기간을 거친다. 다시 말해서 한 특정 영웅이 산신으로서 마을 수호신이나 무속신으로 좌정하기 위해선 사후 신격화 작업이 이뤄진 뒤 여러 세대를 거쳐 사회적 공감 과정을 지나면서 더욱더 숭배대상으로 전승된다는 것이다. 그 기간이 보통 200년 내외 걸린다. 이에 비해 최영 장군은 엄청나게 빠른 시간에 신으로서 좌정했다.

『조선왕조실록』 세종실록 권72 18년(1436) 5월 기록에도 최영 장군으로 짐작되는 신이 소개된다.

> 어떤 사람이 지난 옛날에 참형당한 장수와 재상들의 성명을 종이에

써서 장대에 걸어놓고 두박신이라고 호칭하므로, 동리마다 전해가면서 서로 모방해서 어리석은 백성들이 놀라며 의혹해서 제사를 지내는 데에 이르렀는데, 종이와 베를 다투어 가면서 내어놓기를 조금도 아끼지 않았다.

최영 사후 50년도 안 돼 이미 신격화 작업이 이뤄져 전승되는 과정이 역사기록을 통해서 나타나고 있다.

상기숙 한서대 교수의 논문 '최영장군 무속신앙 소고'에도 비슷한 내용을 언급한다.

『택리지』는 조선 시대 1751년(영조 27) 청담 이중환의 지리서로 덕물산의 옛 이름인 덕적산과 최영 장군 사당을 언급했다. 즉 덕적산 위에

경기도 고양시 대자산에 있는 최영 장군의 묘

최영 사당이 있고, 내부에 소상이 있어 지역민들이 이곳에 기도하면 영험이 있다. 또한, 사당 옆으로 침실을 만들어 민간에서 처녀를 뽑아 사당을 시봉토록 했는데 처녀가 늙거나 병들면 새롭게 젊고 예쁜 처녀와 바꾸기를 300년 동안이나 했다. 이 책이 쓰인 1751년부터 사당 시봉자를 둔 전통을 300년 동안이나 했다면 사당 존립은 적어도 1451년경부터임을 유추할 수 있다. 이때는 조선 제4대왕 세종에서 5대왕 문종으로 넘어가는 시기이다.

최영 장군신에 대한 내용은 박지원(1737~1805)의 『연암집』에도 나온다.

지금 중앙의 모든 관청과 지방의 주현에는 이청吏聽의 옆에 귀신에게 푸닥거리하는 사당이 없는 곳이 없으니, 이를 모두 부군당府君當이라

삼봉산 중간 봉우리 닭재산에 있는 최영 장군의 활터

매년 10월에 서리와 아전들이 재물을 거두어 사당 아래에서 취하고 배불리 먹으며, 무당들이 가무와 풍악으로 귀신을 즐겁게 한다. 그러나 세간에서는 또한 이른바 부군이라는 것이 무슨 귀신인지 알지 못한다. 그려놓은 신상神像을 보면 주립朱笠에 구슬갓끈을 달고 호수虎鬚를 꽂아 위엄과 사나움이 마치 장수와 같은데, 혹 고려 시중 최영의 귀신이라고도 말한다. 그가 관직에 있을 때 재물에 청렴하여 뇌물과 청탁이 행해지질 못했고, 당세에 위엄과 명망이 드날렸으므로 서리와 백성들이 그를 사모하여 그 신을 맞아 부군으로 받들었다고 한다.

이로 미루어 짐작할 때 조선 초부터 서민들은 최영 장군신을 모시며 전승 작업을 한 것으로 보인다. 관官에서는 막고 없애려는 작업을 했다는 기록이 나오나 『연암집』이 발간된 조선 후기까지 더욱 확대되는 사실을 알 수 있다. 조선 후기 들어서는 이미 전국적인 신으로 확실히 좌정한

최영 장군을 모신 기봉사에서 최영 장군이 탄생했다는 노은마을이 보인다. 노은마을은 최영 장군이 태어난 지 100년 뒤 성삼문이 똑같은 집에서 태어났다고 전한다.

것으로 보인다. 현실과 형식을 중시하는 유교 사회인 조선에서 현실 이상의 세계, 즉 영적인 존재의 산신으로 좌정한 것은 종교 이전의 샤머니즘 성향이 우리 민족의 가슴 속에 면면히 이어져 내려오고 있다는 사실을 암시한다.

난세는 영웅을 만들고 영웅은 역사를 만든다는 말이 있다. 고려 말이라는 난세는 최영 장군을 영웅으로 만드는 것 같더니, 어느새 새로운 영웅 이성계가 역사의 승자로 떠올랐고, 최영은 신화의 새로운 장을 여는 결과를 낳았다. 난세는 역사의 영웅을 만들 뿐만 아니라 새로운 신화도 창조하는 측면을 봤다. 역시 역사와 신화의 세계는 아무도 알 수 없다. 더욱이 눈에 보이지 않은, 영적靈的인 산신의 세계는 더더욱 그렇다.

황해도 무형문화재 제5호이자 최영 장군 당굿보존회 회장 서경욱 만신
“덕물산 떠올리면 최영 장군 형상 다가와”

“사람은 산에서 나왔다가 산으로 돌아간다. 죽으면 빛과 같이 사라진다. 중천계는 지옥과 극락 또는 천국이 있을지 모르지만, 더 높은 세계는 지옥도 극락도 없다. 사람이 죽으면 돌아간다는 말을 쓰는데, 어디로 돌아간다 말인가. 원래 왔던 자리로 간다는 말이다. 그게 산이다. 죽은 사람의 제사를 흔히 천도재라 하는데, 그 말도 마찬가지다. 천도는 하늘길이다. 사람이 원래 왔던 길로 되돌아가는 것이다. 그곳이 산이고 본향자리다. 개성 덕물산 산신 최영 장군은 무속신앙에서 대표적인 만신의 주장신主張神이다. 만신들의 몸주신으로 강림한다. 최영 장군이 없으면 만신이 될 수 없다. 그가 왜 신이 됐는지 알 수 없다. 신의 세계는 복잡하고 미묘하다. 우리 같은 만신들은 알 수 없다. 하지만 신의 제자의 세계는 단순하다. 신이 시키는 대로 하면 된다.”

최영 장군 당굿보존회 회장 서경욱 만신. 그녀는 9세 때 신이 내려 50년 이상 최영 장군 당굿을 하고 있다. 최영 장군 당굿의 형식은 황해도 굿이다. 서경욱 만신은 황해도 굿의 무형문화재 제5호로 지정된 예능보호자. 이른바 인간문화재이다.

그녀는 최영 장군신을 찾지만, 오히려 단군 산신은 찾지 않는다고 한다. “단군은 우리의 뿌리이고 우주와 같기 때문에 찾지 않는다. 단군은 항상 그 자리에 그냥 계신다.”

많은 신 중에 어떻게 최영 장군신을 모시게 됐는지부터 궁금했다.

“내가 선택했는지 그분이 나를 선택했는지 알 수 없다. 내가 살아 있는 한 그분의 뜻대로 내가 움직일 뿐이다. 난 신이 주는 대로 살라면 살고 시키는 지시대로 따른다. 맞을 수도 있고 틀릴 수도 있다. 아닌 것 같다고 느낄 때도 있지만 주신 대로 하면 된다. 학자들은 분석과 전망을 하지만 난 신에게 물어본다. 기도하고 물어보면 바로 답을 준다. 인터넷보다 훨씬 빠르다.”

그러면서 그녀는 “한국은 신이 강림하기 가장 좋은 나라”라고 강조한다. 바로 “산이 많기 때문”이라고. 사람이 죽으면 제일 먼저 그 사람의 고향 산천

마을을 찾는다. 이른바 주인을 찾는 작업이다. 그 조상이 본향이다. 원래 자리는 내 마음자리라고 강조한다. 마음자리를 찾는 법칙을 깨닫게 해주고 체계적으로 잘 정리된 종교가 불교라고 말한다. 불교가 샤먼이 할 일을 대신하고 있는 부분에 대해선 못마땅한 표정이다.

"샤먼은 하늘과 땅을 이어주는 우주목 역할을 한다. 우리 인생 자체가 굿이며, 만신의 굿판은 신과 인간이 신명 나게 어울려 한 판 노는 행위이다. '난리굿도 아니다'라는 말을 우리가 흔히 쓴다. 그때 굿판은 우리의 삶을 말한다. 모든 인간이 굿을 벌인다는 의미다. 그게 우리네 인생이다."

그녀의 이력에서 보듯 그녀는 황해도 무형문화재 보유자다. 개성 덕물산을 떠올리면 최영 장군의 형상이 그려지면서 최영 장군의 기운을 그대로 느끼고 받을 수 있다고 한다.

"개성을 그리면 최영 장군 사당과 장군신이 움직이는 곳을 찾을 수 있다. 덕물산을 떠올리면 산만한 크기로 형체가 보이다가 점점 실제 형상으로 줄어든다. 그러다 딱 멈추면서 '내가 덕물산의 최영 장군이다'라면서 모습을 드러낸다. 고양과 철원에서도 일부 느껴진다. 그런데 홍성에서는 안 보인다. 홍성은 다소 생소하다. 그 기운이 다 했는지 원래 없었는지 알 수 없다. 난 느낀 대로 본 대로 말할 뿐이다."

그녀의 말대로 신의 복잡미묘한 세계를 전부 다 설명할 수 없을 것이다. 눈에 보이지 않은 영적인 세계를 접하지 않고는 또한 모른다. 과연 신의 모습은 어떠할까, 또한 산신의 모습은 어떠할까? 그녀의 말대로 우리 마음, 그 자리에 정말 신이 있는 걸까.

03

창세기 신화 서린 전설의 神

한반도에서 가장 뚜렷한 창세기신화는 한라산 설문대할망 산신설

1653년(조선 효종 4) 제주 목사 이원진이 『동국여지승람』과 『제주풍토록』을 참고해서 편찬한 『탐라지』에 한라산을 소개한 글이 있다.

> 한라산은 제주도 중앙에 흘립屹立(우뚝 솟은)한 해발 1,950m의 고산이라. 한라라 운云함은 운한雲漢을 가可히 라인拏引(붙잡아 끌어당김)할 수 있다는 숭고한 그 웅자雄姿를 표현하는 형용사이요. 일一은 두무악頭無岳이라 칭하니, 봉봉峰峰이 다 요함凹陷(오목하게 들어감)한다는 것이요. 일一은 원산圓山이라 칭하니, 산형이 궁穹하고 원圓하다는 것이요. 일一은 부악釜岳이라 칭하니, 산상山上에 지池가 유하여 저수기貯水器(물을 담는 그릇) 같다는 것이라. 절정絶頂에서는 남극노인성南極老人星을 부관俯觀(엎핏보다)할 수 있으며, 5월에 적설積雪이 유재猶在하고 8월이면 한기寒氣가 습襲한다. 제주도의 원야原野는 이 거산의 광막廣漠한 거야裾野로 대목장 우又는 삼림조영지와 대농장 등이 다 산의 대사면에 있다.

『신증동국여지승람』 산천 조에서는 한라산을 조금 더 쉽게 풀어서 소개한다.

> 한라산은 주 남쪽 20리에 있는 진산鎭山이다. 한라漢拏라고 말하는 것은 운한(銀河의 의미)을 라인拏引(끌어당김)할 만하기 때문이다. 혹은 두무악이라 하니 봉우리마다 평평하기 때문이요, 혹은 원산이라고 하니 높고 둥글기 때문이다. 그 산꼭대기에 큰 못이 있는데 사람이 떠들면 구름과 안개가 일어나서 지척을 분별할 수가 없다. 5월에도 눈이 있고 털옷을 입어야 한다.

이 같은 기록으로 볼 때 한라산은 옛날에는 두무악, 원산, 부악 등으로 불린 사실을 알 수 있다. 모두 산의 형체를 본떠 명명한 것이다. 실제로 한라漢拏란 명칭을 사용하기 시작한 시기는 그리 오래되지 않았을 것으로 추정된다. '은하수를 잡을 수 있을 만치 높은'이란 의미를 가진 한라란 지명은 고려 충렬왕 무렵인 1275년에서 1308년 제주로 들어와 여러 편의 시를 남긴 승려 혜일의 시에 '한라'란 명칭이 처음 등장한다.

제주 조공천 위에 있는 서천암에 현재까지 그의 시가 전한다.

> …(전략) 한라고기인漢拏高幾仞(한라의 높이는 몇 길이던가)/ 절정저신연絶頂猪神淵(절정 위에는 신비한 못물이 고였다)/ 파출북유거派出北流去(물결이 넘쳐 북으로 흘러가서)/ 하위조공천下爲朝貢川(저 아래 조공천을 이루었네) (후략)…

여기서 유래한 '한라'란 명칭은 『고려사』 공민왕 18년에 같은 기록이 보이며, 또 같은 내용이 『세종실록지리지』에 등장한다. 따라서 한라산이란 공식 지명은 고려 공민왕 시절 공식적으로 처음 등장했다고 볼 수 있다.

한라산은 고려 이전까지는 한반도에 편입되지 않았던 탐라국이란 독립 국가로 존재했다. 신라가 부속국으로 점령했지만, 실질적으로 지배하지 않고 신라의 조공국으로 내버려 두었다. 제주란 지명도 고려 후기 처음 나타난다. 『고려사』에 나온 제주란 지명의 첫 기록은 '고종 어느 해(1214~1224), 이때 탐라耽羅를 고쳐 제주濟州라 하고 부사 및 판관을 두었다. 이 지방 풍속이 옛날에 밭 경계가 없어 강포한 무리가 날로 잠식하여 백성들이 괴로워했다.'

당시 조정에서는 바다 멀리 떨어져 있는 제주도에 별로 관심을 기울이지 않았다. 육지 밖에 있는 하나의 큰 섬일 뿐이었다. 풍속에 대한 기록도 좋게 적어놓지 않았다. 하지만 '삼별초의 난'을 겪으면서 인식이

설문대할망이 만든 것으로 전하며 수많은 전설을 간직하고 있는 한라산과 정상 백록담의 전경

조금 바뀌는 것 같다. 과거와 같이 그냥 내버려 두면 항쟁지로서 골치 아픈 섬이 될 수 있기 때문에 조정에서 관리를 파견하기 시작했다. 삼별초의 난 이후 한반도에서 볼 수 없었던 지역특산물인 귤과 생산지로서, 또는 유배지로서 관심을 받는다.

조정에서는 전라도에 속한 목으로 제주도를 소속시켰다. 관리들이 부임해오면서 중앙과 본격 교류를 하게 된다. 또한, 유배객들도 상당수 내려오면서 제주에 대한 전반적인 인식이 바뀌어 갔다.

제주로 부임해 오는 관리나 유배객들은 기어코 험한 한라산 정상을 오르려고 하는 특이한 현상을 보였다. 이는 『탐라지』에서 소개하고 있는 남극노인성을 보기 위해서였다. 남극노인성은 유일하게 한라산 정상에서만 볼 수 있다는 전설의 남극별이다. 북반구에서 남극의 별을 본다는 건 기본적으로 불가능하다. 하지만 당시로써는 과학으로서 천문과 음양오행과는 전혀 별개로서, 이 별을 한 번 보면 무병장수한다는 음양오행의 속설이 널리 퍼져 있었다. 남쪽 하늘에서 낮게 떴다가 금방 사라지는 속성을 지녔다는 소문 때문에, 위험을 무릅 쓰고 기어코 정상까지 오르곤 했다. 그 진위를 차치하고 이를 대부분 믿었던 듯하다.

남극노인성을 찾아 한라산 정상까지 오르는 행위는 산신山神과 산신제山神祭와 밀접한 관련성을 가진다. 별은 하늘에 떠 있는 것이고, 하늘은 신이 사는 곳이라고 믿었던 시대다. 신이 이들을 모두 관리한다고 믿었다. 신을 숭배하고, 신의 뜻에 잘 따라야만 별도 보고 무병장수할 수 있다는 개인의 강한 신념으로 연결된다. 한라산 정상에서 남극노인성을 볼 수 있다는 유래가 언제부터 시작됐는지 알 수 없지만, 이 유래와 산신제와의 연결고리는 분명 있었을 것이다. 안타깝게도 어디에도 그 흔적과 기록은 찾을 수 없다. 다만 백록담 북벽에 제단의 흔적이 있는 것으로 봐서 산신에 대한 제사를 이곳에서 지냈지 않았을까 추정하게 한다.

한라산 산신을 숭배하는 산신제도 한반도의 여느 산과 마찬가지로 고대부터 시작했을 것으로 추정한다. 최초의 기록이 『고려사』에 나온다. 『고려사』 계축(1253), 고종 40년(宋 보우 원년) '겨울 10월, 왕이 한라산신에 제민濟民의 호를 더하고 봄가을로 제를 올리게 하였다.' 역사에 나오는 한라산 산신에 대한 첫 기록이다. 이후 산신에 대한 역사적 기록은 잇달아 등장한다.

제주 목사 이약동이 한라산신제단을 설치한 공적비와 그 뒤로 산신제를 지내는 제단이 보인다.

『태종실록』 '태종 18년(1418) 4월 11일 한라산신제는 나주 금성산의 예禮에 의하여 여러 사전祀典에 싣고 봄가을에 제사를 지내게 했다.'

『연려실기술』 권6 성종 조 고사본말(『탐라기년』에서 인용) '1470년 성종 원년, 목사 이약동李約東이 한라산 신묘를 세웠다. 이전에는 매번 한라산 정상에서 제를 올렸는데, 얼어 죽는 자가 많았다. 이때 이르러 고을 남쪽의 작은 산 아래에 묘단을 만들었다. 곧 산천단이다. (후략)…'

1530년 편찬된 『신증동국여지승람』 사묘 조에는 한라산신에 대한 직접 언급이 나온다.

> 광양당廣壤堂, 주 남쪽 한라 호국신사에 있다. 속설에 전하기를, 한라산신의 아우가 나서부터 성스러운 덕이 있었고, 죽어서는 신이 됐다. 고려 때 송나라 호종단胡宗旦이 와서 이 땅을 제어하고 바다에 떠서 돌아가는데, 신이 화하여 매가 되어서 돛대 머리에 날아올랐다. 조금 있다가 북풍이 크게 불어서 그 신령스럽고 이상함을 포창하여 식읍食邑을

주고 광양왕을 봉하고 해마다 향과 폐백을 내려 제사했고, 본조에서는 본 읍으로 하여금 제사 지내게 했다.

덧붙이기를 '호종단이 와서 고려에 벼슬이 기거사인起居舍人에 이르고 죽었으니, 와서 땅을 제어하다가 배가 침몰하였다 하는 말은 믿을 수 없다'고 기록하고 있다.

『세종실록지리지』 전라도 제주목 편에 다음과 같이 나온다.

고려 목종 5년(1002) 6월에 탐라산耽羅山에 구멍 네 개가 뚫려서 시뻘건 물이 치솟아 올랐고, 10년에는 바다 가운데 산 하나가 솟아 나왔다. …(중략)… 무릇 7주야晝夜가 지나서야 비로소 개었다. …(중략)… 속설에 전하기를 "한라산 주신의 막냇동생이 살아서 거룩한 덕이 있었으므로 죽어서 명신이 되었는데, 마침 호종단이 이 땅을 진무鎭撫하고 제사를 지낼 때를 당하여 신이 배를 타고 강남으로 향했다. 신이 매로 화하여 날아서 돛대 꼭대기에 올라앉았는데, 조금 있다가 북풍이 크게 불어 호종단의 배가 난파됐다. 나라에서 그 신령함靈異을 포장하여 식읍을 하사하고, 광양왕廣壤王으로 봉하였는데, 해마다 나라에서 향과 폐백을 내려서 제사를 지낸다."

1000년쯤에 한라산에 대규모 화산 폭발이 있었다는 사실을 짐작할 수 있다. 화산폭발을 산신과 연결시켜 설명하고 있다.

김상헌의 『남항일지南航日誌』에 선조 34년(1601) 9월에 한라산에 올라 산신에게 치제를 올리면서 '병이 없고 곡식이 잘 자라며 축산이 번창하고 읍이 편안한 것은 곧 한라산신의 덕'이라고 기록하고 있다.

『숙종실록』 '숙종 29년(1703) 제주 목사 이형상이 치계하기를, "명산대천은 모두 소사小祀에 기록되어 있으나, 유독 한라산만은 사전祀典에

한라산 산신제를 봉행하는 산천단 입구. 여기서 50m쯤 올라가면 산천단이 나온다.

누락되어 있습니다. 『오례의』는 성화 연간에 편찬되었는데, 그때 본주에는 약간의 반역이 있어서 혹 그것 때문에 누락 되었는지 모를 일입니다. 일찍이 이 일로 장계를 올렸으나, 해조該曹에 기각 당했습니다. 다시 품처하도록 하소서." 판부사 서문중은 헌의하기를 "탐라에 군郡을 둔 것은 고려 말기에 비롯됐고, 국조에서도 그대로 답습했는데, 세종 때에 이르러 처음으로 세 읍으로 나누었으니, 『오례의』를 편찬할 때에 빠진 것이 아님이 분명합니다. 세대는 아득히 멀고 증거 삼을 문헌도 없는데, 몇 백 년 뒤에 억지로 의례를 만들어 먼 바다 밖에 향화를 내리는 것이 과연 합당할지 모르겠습니다." 영부사 윤지완은 헌의하기를 "국전에 없는 것을 이제 와서 처음 시행하기란 어려운 일이나, 명산에

사진 왼쪽에 조그맣게 부서진 비석이 1500년대 제주 목사 이약동이 세운 한라산신제를 지내던 비석이다.

제사가 없다는 것은 이미 결점이라 할 수 있습니다. 그러나 본주의 사체事體가 다른 도의 주나 군과는 다른 바가 있으니, 본주에서 봄 · 가을에 제사를 지내되, 제후가 봉강 안의 산천에 제사지내는 것과 같이함이 무방할 듯합니다." 이에 임금이 말하기를 "한라산은 바다 밖의 명산인데, 홀로 산전에 들지 못했음은 흠궐이라 아니할 수 없다. 영상의 의견대로 시행하라." 예조에서 치악산과 계룡산의 제례와 축문식에 따라 정월 · 2월 · 7월에 설행할 것을 청하자, 윤허했다.

『정조실록』 '정조 17년(1793) 제주 어사 심낙수에게 한라산 산신에게 제사를 지내게 하다'

『제주읍지』에는 '산천단은 한라산신제를 지내는 곳인데, 담당관은 4명이고, 남문 밖 15리에 있다'고 기록하고 있다.

『제주대정정의읍지』(1793년)에는 '효림단은 주성 남쪽 15리에 있으며, 한라산신제를 지내는 장소 옆에 포신단이 옆에 있다.'고 돼 있다.

이처럼 한라산 산신과 산신제를 지낸 기록은 문헌상에서 여러 차례 언급된다. 신라 시대까지의 산신은 정교가 분리되지 않은 상태에서의 제천의식과 호국정신, 이념적 통일성 등과 밀접한 관련이 있다면, 고려 시대부터는 그 성격이 조금씩 변한다. 즉 신라 시대까지는 석탈해와 같이 왕이 직접 산신이 되거나 왕의 부모(박혁거세 어머니로 알려진 선도산 성모나 김수로왕의 어머니인 가야산 정견모주), 그리고 자연에 운명을 맡기는 토테미즘 사상을 일부 반영해서 산신으로 숭배됐다. 하지만 고려 시대 들어서 산신은 사원의 수호자로 등장하거나 승려의 보호자로 자처하는 경우로 자주 나온다. 불교가 원래의 샤머니즘과 도교에 깊숙이 들어간 형태로 나타난 것이다. 고려 시대의 국교인 불교의 위상을 반영한 결과일 수도 있다. 이러한 산천신앙과 불교의 융합은 『동국이상국집』에서 산신을 국사國師로 상정하기까지 한다. 제주대 사학과 김동전 교수는 "산신신앙이 불교, 도교와 혼재하여 나타나는 이유는 이들 종교가 고려사회에 널리 신봉되었기 때문"이라고 말한다.

그러면 과연 누가 한라산 산신으로 화했을까? 주체가 인격신일까, 아니면 자연신일까, 신화 속의 인물일까? 관심이 가지 않을 수 없다. 한라산 산신을 논할 때 빼놓을 수 없는 중요한 인물이 있다. 바로 설문대할망이다.

제주도에는 육지에서 볼 수 없는 독특한 섬 문화가

있다. 태풍과 같은 자연재해가 잦은 관계로 자연과 함께하려는 샤머니즘의 영향도 매우 강하다. 김동전 교수는 "제주에만 1만 8,000여 신이 존재한다."고 말한다. 그 많은 신 중에 가장 으뜸 신이 바로 설문대할망이다. 설문대할망은 제주도를 생성시키고 한라산을 만든 창세신화의 주인공이다.

설문대할망 신화가 언제부터, 어디서 유래했는지 아무도 모른다. 단지 그녀는 제주 최고의 신이라는 사실만 오늘날까지 전할 뿐이다. 그녀가 어떤 인물인지 조금 살펴볼 필요가 있다. 워낙 오랫동안 구전돼 내려온

오백석상의 모습 제주돌문화공원에는 설문대할망과 아들인 오백석상이 세워져 있다.

신화라, 제주도 각 지역에서 전하는 내용이 조금씩 다르지만 분명한 사실은 그녀가 엄청난 거인이고, 제주도와 한라산을 만들었다는 점은 공통으로 나타난다. 제주민속박물관장을 역임한 진성기 씨가 쓴 『그리스신화보다 그윽한 신화와 전설—제주도 전설집』에 나오는 설문대할망 관련 내용을 요약하면 다음과 같다. 신화와 전설, 산신과 산신의 아들을 모두 아우르는 내용이다.

설문대할망은 옥황상제 막내딸(셋째 공주)이었다. 워낙 호기심도 많고 활달한 성격이라 천상계에서의 생활이 무료하고 갑갑했다. 게다가 거대한 몸집과 힘을 지니고 있었다.

어느 날 설문대할망은 바깥세상이 어떻게 생겼는지 궁금했다. 몰래 내려다본 세계는 하늘과 땅이 온통 맞붙어 답답하기 그지없었다. 그곳을 본 순간 할망은 그 세계를 열어놓고 싶은 욕심이 생겼다. 그리고 결행했다. 할망은 하늘과 땅을 두 개로 쪼개어 놓고 한 손으로는 하늘을 떠받들고 다른 한 손으로는 땅을 짓누르며 힘차게 일어섰다. 그러자 맞붙었던 하늘과 땅이 금세 두 쪽으로 벌어지면서 하늘의 머리는 자방위로, 땅의 머리는 축방위로 제각기 트였다.

이 사실을 안 옥황상제는 진노했다. 게다가 땅의 세계는 옥황상제의 권역 밖이었다. 옥황상제는 막내딸을 당장 땅의 세계로 쫓아냈다. 설문대할망은 속옷조차 챙겨 입을 겨를도 없이 바깥세계를 갈라놓을 때 퍼 놓았던 흙만을 치마폭에 담고 인간 세상으로 내려왔다.

인간 세상에서 제일 먼저 치마폭에 있는 흙을 내려놓을 곳을 찾아 헤맸다. 남쪽 노인성이 비치는 아늑한 곳을 찾았다. 인간들이 살기 좋은 조건을 갖추고 있었다. 할망이 곱게 치마를 내리자 흙은 타원 모양으로 만들어졌다. 그곳이 바로 제주다. 할망은 흙이 굴곡 없이 평평한

대할망의 형상을 띤 화산석과 그림자가 절묘
조화를 이루고 있다. 오백 장군 석상 끝 어머니
있다.

모양이 마음에 들지 않았다. 두 손으로 흙을 일곱 번 떠놓아 한라산을 만들었다. 한라산 정상에선 저 멀리 남극노인성이 보였다. 노인성은 크기가 샛별 같고 남극의 축에 있어 땅 위에 나오지 않는 신령스러운 별이다. 어쩌다 출몰한 노인성을 보는 사람은 장수한다고 믿었고, 왕도에서 보면 형운亨運이라 하여 많은 사람이 선망했다. 오직 한라산과 중국의 남악에서만 이 별을 볼 수 있었다.

한라산이 생기고 얼마 지나지 않아, 사냥꾼이 한라산에 사슴을 잡으러 갔다. 한라산 정상까지 갔다. 한라산은 하늘에 닿을 만큼 높았다. 마침 정상에서 사슴을 발견한 사냥꾼은 급히 활을 쏘았다. 그 활 끝은 끝없이 날아 옥황상제의 엉덩이를 건드렸다. 그때까지도 막내딸 때문에 심기가 불편해 있던 옥황상제는 더욱 화가 났다. 그래서 한라산 봉우리를 손에 잡히는 대로 뽑아 서쪽으로 던져 버렸다. 그 봉우리가 남제주군 안덕면 화순리에 떨어져 산방산이 되고, 봉우리를 뽑힌 자국은 움푹 패 백록담이 됐다(백록담 전설은 다시 흰 사슴 관련 전설로 파생된다).

설문대할망은 옥황상제의 진노에도 아랑곳하지 않고 왼쪽 발은 한라산에, 오른쪽 발은 산방산에 디뎌 태평양 물에 빨래를 하곤 했다. 한라산은 몸집이 거대한 할망에게 여러모로 유용했다. 한라산을 베개 삼아 누워 잠을 잤다. 그러면 발끝은 제주 앞바다에 있는 관탈섬에 닿았다.

할망은 한쪽 발은 성산읍 오조리의 석산봉에 디디고, 다른 발은 일출봉에 디뎌 소변을 보았다. 그 소변 줄기가 얼마나 세찼던지 땅이 패며 강이 되어 흘러갔다. 그러다가 오줌 강이 깊어져 그만 섬 한 귀퉁이가 잘려 버렸다. 그렇게 동강 난 땅이 소섬牛島이 됐다. 성산과 소섬 사이는 깊은 바다가 되었고, 조류도 세어서 지나던 배가 파선하는 일이 허다했다.

할망은 천상에서 만져 볼 수 없었던 흙을 가지고 오래도록 주무르며 몰두했다. 자신이 원하는 모양을 얼마든지 만들 수 있는 흙이 신기하기 이를 데 없었다. 그렇게 만들어 놓은 것들이 360여 개의 오름이다. 오름을 만들다 쉬고 싶으면 서귀포에 만들어 놓은 고근산 굼부리에 궁둥이를 얹은 다음 앞바다 범섬에 다리를 걸치고 누워 물장구를 치기도 했다. 고근산 굼부리는 설문대 할망의 엉덩이선이 그대로 찍혔다.

설문대할망도 여성이었다. 누군가 그리웠다. 어느 날 바닷가로 내려가 해물을 잡고 있었다. 그때 커다란 그림자 하나가 다가왔다. 고개를 드니 어떤 거인이 서 있었다. 그 거인은 설문대하르방이라는 어부였다. 설문대 하르방의 키는 한라산만 했고, 남근은 갈대 세 대만큼이나 길었다.

둘은 사이좋게 지냈다. 부부의 연까지 맺었다. 일 년이 지나 설문대할망은 아들을 낳기 시작하더니 오백 형제를 낳았다. 오백 형제를 낳고 할망은 무척 허했다. 바닷고기가 먹고 싶다고 했다. 할망과 하르방은 바닷가로 내려갔다. 바다에 이르러서 꾀를 냈다. 하르방은 소섬 바다 쪽에서 긴 남근으로 이 구멍 저 구멍 바위굴마다 고기를 몰아오고 할망은 표선 바다 쪽에서 하문을 열고 앉아 있기로 했다. 할망은 고기들이 제법 많이 들어오자 하문을 잠그고 뭍으로 나왔다. 할망과 하르방은 그 고기들을 한 끼니로 모두 끓여 먹었다.

오백 장군은 무럭무럭 자랐다. 어느 날 오백 장군이 집으로 돌아와 죽을 먹었다. 모두 허겁지겁 맛있게 먹었다. 다 먹고 보니 할망이 죽을 끓이다 빠져 죽은 뼈가 나왔다. 아들은 통곡했고, 막내아들은 차귀섬으로 가서 장군바위가 됐고, 나머지 499명의 아들은 영실기암이 됐다.

제주도는 섬이었지만 장수가 많이 태어날 혈맥을 갖고 있었다고 한다. 이러한 사실을 두려워한 중국의 진시황(송나라 때인 고려 예종 때라고도 한다)이 지관인 호종단을 보내어 제주의 혈맥을 끊도록 했다. 호종단이 한라산에 올라 쇠판을 붙여 놓고 동쪽으로부터 혈맥을 끊었다. 서쪽으로 돌아와 지장새미에 이르렀을 즈음이었다. 지장새미 옆에서 밭을 갈고 있는 농부가 있었다. 그런데 갑자기 조그만 할머니가 나타났다. "빨리 날 좀 숨겨주시오. 저 호종단이란 놈이 물혈을 뜨러 왔는데 숨을 곳이 없어요."

물귀신 할머니 물할망은 망설임도 없이 농부가 가르쳐준 그 헹기

제주도의 고 · 양 · 부 세 성씨 시조가 땅에서 솟아 나왔다는 신화를 지닌 삼성혈

물에 들어가 숨었다. 호종단이 농부에게 샘을 찾으려고 하자 그런 곳이 없다고 했다. 호종단은 지리문서를 찢어버리고 더는 물혈을 뜰 수 없다고 했다. 중국으로 돌아가기 위해 배를 탔다. 그런데 그만 차귀섬 앞에서 갑자기 돌풍을 만나 호종단은 불귀객이 되고 말았다. 장군바위가 그를 벌한 것이다.

장군바위는 500장군 중에 어머니의 죽음을 슬퍼해서 차귀도까지 가서 장군바위가 됐고, 나머지 499명도 모두 바위로 굳어졌다. 이렇게 해서 생긴 바위가 영실기암이다. 오백 장군이라 부르지만, 한라산 서쪽 비탈에는 499장군이 서 있으며, 차귀섬에 혼자 외롭게 떨어져 있는 장군바위가 막내다.

제주도에 전하는 신화와 전설에서 설문대할망은 창세신화의 주인공이다. 또한, 학계에서는 지리산 산신인 노고할미와 마찬가지로 죽어서 옥황상제의 노여움으로 하늘로 가지 못하고 한라산 산신으로 화했다는 사실을 정설로 받아들이는 분위기다.

하지만 한라산 산신도 시대가 흘러갈수록 초기의 여신에서 남성신으로 변화하는 사실을 알 수 있다. 설문대할망이 여신으로 좌정했다면 호종단 사건 이후는 남성신으로 변화한다. 이는 기원 전후 고대사회가 모계 중심의 여성이 중시되던 시대였다면 점차 남성의 강력한 힘이 중시되는 시대로 변하면서 남성신의 모습이 등장하던 것과 마찬가지로 제주에서도 남성 산신이 등장한다. 그게 바로 호종단을 물리친 광양왕이다. 광양왕은 『세종실록지리지』에 나오는 바로 그 광양왕인 것이다. 광양왕은 한라산신의 아들이라는 설과 아우라는 설, 그리고 한라산신과 광양당신이 동일시되는 경향도 띤다. 광양당은 또 제주도의 세 성씨의 시조인 고·양·부 삼성혈 신화와도 맞물린다. 이처럼 제주 신화와 한라산 신화는 매우 복잡

한라산 자락 사려니숲 속에서 만난 노루. 한라산에는 백록담과 사슴 노루에 관한 많은 전설도 전한다.

하게 얽히고설킨 관계에다 1만 8,000여 신과도 연결되는 특징을 가진다.

조선 시대 들어서는 『국조오례의』에 따라 한라산 산신에게 공식적으로 제사를 지낸다. 도교적 무속적 신의 대표격이었던 광양단의 폐사는 상징하는 바가 컸다. 이를 두고 제주 향토사학자들은 "산신의 도교적 무속적 성향에서 유교적 성격으로 변하는 계기가 된다."고 말한다. 도교적 무속적 성향과 유교적 성격의 결정적 차이는 귀신을 불러들이는 굿과 같은 행위와 단지 형식에 치우쳐 죽은 자에 대해 예를 다하는 행위로 구분된다.

설문대할망과 광양왕, 이들은 한라산의 산신이기도 하지만 제주도에 살아 있는 신화이자 전설이다. 제주도를 하나로 만드는 상징적 원동력이다. 산신제는 고대로부터 있었던 하늘과 땅의 기운을 소통하여 인간사회의 안녕과 기복을 구하는 제사의식이다. 이 제사의식을 통해 지역공동체의 단합을 꾀하고 일체감과 정체성을 심어줬다. 제주도는 한라산 산신이라는 이들이 있기에 더욱 풍부한 섬으로 거듭날 수 있을 것 같다.

한라산을 언제부터 '삼신산' 영주산으로 불렀을까?
조선 후기 17세기 들어 문헌과 고지도에 한라산에 영주산 표기 보여

제주도 한라산을 흔히 중국 전설 속의 삼신산 중의 하나인 영주산이라 부른다. 금강산을 봉래, 지리산을 방장산, 한라산을 영주산이라 한다. 이들 세 산은 명실상부 명산 중의 명산이다. 하지만 실상 우리나라 고지도나 지리지에 삼신산으로 지칭한 것은 그리 오래되지 않다. 특히 한라산은 지리산이나 금강산보다 훨씬 뒤에 명산반열로 올라선다. 아마 육지 밖의 섬산이었기 때문으로 추정된다.

『신증동국여지승람』(1530년) 고적 편에 '고기古記에 이르기를 …(중략)… 한라산 동북쪽에 영주산瀛洲山이 있으므로 세상에서 탐라를 일컬어 동영주東瀛洲라 한다. (후략)…'

한라산을 가리켜 영주산이라 명기한 최초의 기록이다. 『세종실록지리지』(1454년)에서는 오히려 변산을 영주산으로 기록하고 있다. 조선 중·후기 들어 한라산이 유산록에 등장하면서 명산반열로 올라선 것으로 보인다. 『탐라지』 '김치의 유한라산기에 세상에서 말하는 영주산이 곧 한라산이다'라고 기록하고 있다. 이후 이중환의 『택리지』(1751년), 이규경의 『오주연문장전산고』 등에 잇달아 등장한다.

조선 전기 지도에서는 제주도나 한라산조차 존재하지 않는다. 중기부터 한라산이란 이름으로 등장하다가 조선 후기 들어 『여지도』 『팔도총도』 『지도서』 등에 한라산 옆에 '영주'라고 조그맣게 병기돼 있다. 이런 사실을 고려할 때 한라산이 삼신산 중의 하나인 영주산으로 불린 것은 불과 300여 년 전쯤으로 추정된다. 하지만 지리산은 한라산보다 훨씬 이른 조선 초기부터 방장산으로 불리고 고지도에도 병기돼 나온다.

반면 우리나라보다 오래된 중국 역사서에는 한라산을 지칭했는지 알 수 없지만, 삼신산 지명이 몇 차례 언급된다.

사마천 『사기史記』(B.C 100년 전후)에 '바다 가운데 삼신산이 있는데, 봉래·방장·영주라 한다.'고 돼 있다. 역시 기원전 역사서이자 신화집인 중국

『산해경山海經』 해내북경 편에 '봉래산은 바다 가운데 있다'고 기록하고 있다.

정말 전설 속의 산인지 실재하는 산을 확인하고 썼는지는 알 수 없다. 그뿐만 아니라 중국 역사서에 나오는 영주산이 한라산인지 알 수 없다. 그리고 중국의 삼신산이 우리나라에 언제 들어왔는지도 아무도 모른다. 단지 지리산은 한라산보다 더 오래전부터 방장산으로 불려왔던 사실은 문헌상으로 파악된다. 영주산이란 명칭을 풀어쓰면 '바다 가운데 있는 섬 산'이 된다. 조선 후기에 바다 가운데 섬 산이라고 해서 한라산을 영주산이라 갖다 붙였을 수도 있다. 또한, 우리나라 삼신산은 조선 선비들의 유산이 본격화되는 조선 후기 들어 일반화된 사실을 문헌을 통해서 알 수 있다.

따라서 한라산이 영주산으로 불리게 된 시기는 역사적 기록으로 볼 때 대략 1700년대 들어서부터라고 보는 게 정확할 것 같다.

04

후천개벽 전설 간직한 神

모악산은 '미륵신앙 메카'로 불리며 女산신 좌정

모악산을 흔히 '어머니의 산' '영적인 산'이라 한다. 어떤 사람은 모악산을 한국 '미륵신앙의 메카'라고도 부른다. 미륵의 산, 어머니의 산, 영적인 산의 공통점이 하나 있다. 바로 후천개벽의 주체라는 점이다. 그러면 후천개벽이 무엇인가? 궁금하지 않을 수 없다. 모악산 산신에 대해 설명하기 전에 먼저 미륵에 대해 잠시 살펴보자. 산신과 밀접한 관련이 있기 때문이다.

미륵신앙은 석가모니불 제자 중의 한 명이 미륵에게 장차 성불하여 제1인자가 될 것이라고 말한 사실을 근거로 부처님 사후 미륵의 세상이 온다는 데서 유래했다. 이를 토대로 편찬한 『미륵삼부경彌勒三部經』이 미륵신앙의 바탕이다. 삼부경은 각각 상생과 하생, 성불에 관한 세 가지 사실을 다룬다. 미륵보살을 신앙의 대상으로 삼아 부지런히 덕을 닦고 노력하면 이 세상을 떠날 때 도솔천兜率天에 태어나서 미륵보살을 만나기를 바라는 상생신앙과 미래의 인간세계에 태어나 교화할 미륵불로 갈망하는 하생신앙이 있다. 또 미륵불 법회에 참석해서 깨달음을 얻게 된다는 성불에 대한 내용이다. 이러한 도솔천의 미륵보살이 다시 태어날 때까지 중생구제를 위한 자비심을 품고 먼 미래를 생각하며 명상하는 자세가 곧 반가사유상으로 묘사된다.

미륵불 신앙은 통속적인 예언의 성격을 띠고 있어, 구원론적인 구세주로 나타나기도 한다. 믿음이 있는 사람이면 누구나 품게 되는 이념으로, 미래세계에 대한 유토피아적 이념이 표출된 희망의 신앙이라는 측면에서 불교의 한 축을 이루며 면면히 이어오고 있다.

하지만 미래세계에 대한 유토피아적 이념은 곧잘 정치적 혼란기에 지도자의 혹세무민 사상으로 곧잘 이용되기도 한다. 애초 발생지인 백제지역 중심부터 그랬다. 미륵신앙의 메카로 불리는 모악산 금산사는 애초

미륵신앙의 메카로 불리는 모악산 금산사 미륵전이
아기를 안고 있는 듯한 어머니 품과 같은 능선 아래 자리 잡고 있다. 왼쪽에 대웅보전이 있다.

창건은 백제 말기인 599년이지만 진표율사가 나라 잃은 백제 유민들을 위로하며 미래를 기약하는 이념으로 통합하기 위해 750년대 크게 중창한 것으로 전한다. 즉 나라 잃은 슬픔을 미륵신앙을 통해 감내하면서 미래를 기약한다는 논리를 폈다는 것이다. 이후 고구려의 궁예는 미륵불의 현신으로까지 자칭하면서 백성들을 현혹하며 동시에 무자비하게 박해했다. 견훤도 금산사의 미륵불이 바로 자신이며 후백제야말로 미륵의 용화세계라고 주장했다.

정치적 · 사회적으로 혼란하고 불안했던 고려 후기에도 예외는 아니다. 민간에는 미륵신앙이 상당히 성행했다. 고려 우왕 때는 제2의 궁예와 견훤과 같은 인물이 나타났다. 이금伊金이다. 이금은 나무에서 곡식이 열리게 할 것이라는 말까지 내뱉어도 민중들은 신봉하고 따랐을 정도라고 전한다. 그러나 이금도 역시 고통 받는 민중을 구제할 미륵불은 아니었고, 국민들을 우롱하다 처형당했다.

조선 시대에는 중기를 지나면서 하층민을 중심으로 미륵신앙이 전국적으로 퍼져간다. 정여립이 자처했던 '정 도령'은 예언서 『정감록』의 저자로 알려져 민초들에게 은둔사상을 부추기도 하고, 말기에는 반 왕조적 세력을 규합해서 더욱 사회 혼란을 부채질했다. 또 1688년(숙종 14) 요승 여환이 "석가불이 다하고 미륵불이 세상을 다스리게 될 것이다"라고 주장하며 미륵신앙을 퍼뜨렸다. 이들에 호응했던 사람들은 주로 하층민과 노비층이었다. 말 그대로 혹세무민의 전형이었다.

혼란스러운 근대에 들어서도 한국의 신흥종교 대부분은 모악산을 근거로 교세를 확장해 나간다. 이처럼 미륵신앙은 근대 들어서 후천개벽사상과 융합해서 증산교와 같은 신흥종교 운동의 이념적 토대가 되기도 했다. 증산교는 지금도 모악산을 중심으로 여러 곳에 성지로 삼고 있다.

지금 미륵신앙의 흔적은 우리나라 지명이나 산 이름 · 절 이름에 그

예로부터 산신제를 지내던 장소였던 모악산 수왕사 중앙에 있는 암벽 바위와 제단

대로 나타난다. 미륵 · 용화 · 도솔 등은 100% 미륵신앙과 관련 있다고 보면 확실하다.

미륵신앙에서 나오는 후천개벽이 바로 어머니와 여성성과 밀접한 관련이 있다. 선천의 시대는 양陽의 시대고, 남성이 지배하고, 불의 시대고, 힘의 시대인 반면, 후천의 시대는 음陰의 시대고, 여성이 지배하고, 물의 시대고 부드러운 시대라고 주장한다. 근대를 기점으로 양의 시대가 끝나고 음의 시대가 시작됐다고 동양사상에 바탕을 둔 신흥종교들은 말한다. 따라서 지금은 음의 시대, 여성의 시대의 태동기라고 강조한다.

산의 기운도, 신앙도 시대에 따라 변한다. 모악산은 그동안 전혀 드러나지 않고 있다가 미륵불이 득세하는 후천개벽시대에 와서야 음의 시대와 더불어 마침내 기운을 나타내고 있다는 것이다. 이른바 여女산

모악산 중턱에 있는 대원사가 능선이 모이는 장소에 자리 잡고 있다.

신의 어머니 힘으로 세상을 따뜻하고 부드럽게 열어간다고 한다.

지역 향토사학자들은 "모악산이 어머니 산이 된 연유는 기축옥사, 동학, 일제강점기, 6 · 25사변을 거치면서 권력과 이념에 지쳐버린 사람들을 무조건 안아주고 있었기 때문이다. 모악산의 미륵사상은 곧 생명사상이다. 그래서 지금도 이곳을 찾는 사람들과 희로애락을 함께 하며 상생의 정신을 공유하고 있다"라고 주장한다.

모악산은 위대한 어머니의 산이자 영적인 산이면서 명산이라고 하면서도 역사서에는 기록도 없고 전혀 언급조차 없다. 신라가 삼국을 통일한 후 전국의 명산대천을 3산 5악 이하 대사 · 중사 · 소사로 나눈 50여 곳의 지명 어디에도 없다. 지금 거론되는 전국의 웬만한 명산은 통일신라가 지정한 대사 · 중사 · 소사의 50여 곳과 거의 일치한다고 보면 된다. 특히 소사小祀는 통일신라 이전 전국 지방 세력이 지내고 있던 신앙과 제사를 그대로 신라의 사전祀典체계로 편입된 지명들이다. 그런데도 모악산은 어디에도 찾아볼 수 없다. 나주의 금성산, 충주의 월악산, 연천의 감악산, 한양의 부아악(북한산), 영주의 죽령 등이 소사의 대표적인 사례에 해당한다. 『삼국사기』와 『삼국유사』에도 모악산이란 지명이 전혀 보이질 않는다. 단지 후백제의 저항운동의 한 장소로서 모악산이 아닌 '금산金山'이라는 기록이 잠시 나올 뿐이다. 이에 대해 한국샤머니즘박물관 관장 양종승 박사는 "모악산은 유별나게 숨겨진 산이며, 은거했던 선인들도 쉽게 발견하지 못했던 산일 수 있다"며 지금 주목받고 있는 이유에 대해 다음과 같이 설명했다.

사시사철, 밤낮과 같이 자연이 순환하듯이 산의 기운도 돌고 돈다고 본다. 이전 기록에 없다고 해서 전혀 가치 없다고 보면 안 된다. 기운은 한곳에 머무르지 않는다. 전자의 파장처럼 쉴 새 없이 움직인다. 피가 도는 듯 순환한다. 한반도 기운도 돈다. 계룡산은 암컷용과 수컷

용이 승천하면서 기운이 뚫려 나갔다고 본다. 지금은 모악산의 기운이 퍼지고 있다. 완전히 확산하려면 조금 더 시간이 걸린다. 한반도의 중심이 모악산으로 운집하고 있으며, 모악산이 앞으로 큰 역할을 할 날이 반드시 오리라고 믿는다.

추상적이지만 나름 의미심장한 주장이다. 어쨌든 현재 주목받고 있는 모악산의 원래 이름은 금산이다. 금산이 나오는 기록을 잠시 한 번 살펴보자. 『삼국유사』 권2 후백제 견훤 조에 금산사가 나오면서 '금산金山'이라는 기록이 처음 나온다. 『삼국사기』에도 후백제와 관련해서 '금산金山'이 한 차례 언급될 뿐이다.

『고려사절요高麗史節要』 제1권에는 '을미년(왕건 18년) 봄 3월에 아들 신검이 그 아버지를 금산金山의 불사에 가두고, 그 아우 금강을 죽였다. 견훤이 아들 10명이 있었는데 넷째 아들 금강은 키도 크고 지혜가 많으므로 견훤이 특별히 그를 사랑하여 왕위를 전하고자 하니, …(중략)… 6월에 견훤이 막내아들 능예와 나인이 애복과 사랑하는 첩 고비 등과 함께 나주로 도망 나와서 고려에 붙어살기를 청하므로 …(중략)…'으로 기술돼 있다. 고려까지 금산이라고 불렸던 사실을 알 수 있다. 또 산의 신성성이나 영험성보다는 단순한 하나의 지명으로 등장할 뿐이다.

조선 시대 들어 드디어 모악산이란 지명이 등장한다.

『동국여지승람』 제34권 전주부 편에 '모악산은 전주부 서남쪽 20리에 있으며, 금구현에서도 보인다.'라고 적고 있다. 또 태인현 편에서도 '모악산은 태인현에서 동쪽으로 30리에 있다', 또 금구현편에서도 '모악산은 금구현에서 동쪽으로 25리에 있고, 역시 태인에서 보인다.'고 기록하고 있다.

『연려실기술練藜室記述』 6권에는 '마이산의 산맥은 서남쪽으로 가다가

수왕사 산신제를 지내던 제단에는 언제 만들었는지 제작연대조차 알 수 없는 정사각형에 가까운 사각의 바위 위패가 세워져 있다.

북으로 뻗어 금구金溝의 모악이 되며, 서남쪽으로 뻗어 순창의 부흥산과 정읍의 내장산과 장성의 입암산·노령이 되고, 또 남쪽으로는 나주부 금성산이 되었다'고 나온다.

이 같은 기록으로 볼 때 고려 시대까지 금산으로 불리다가 조선 시대 들어서 모악산으로 변한 사실을 확실히 알 수 있다.

김제 금산사의 『금산사지』에는 다음과 같은 기록이 나온다.

> 모악이라 하는 것이든 금산이라 하는 것이든 간에 옛날에는 모두 이 사찰이 의지한 산의 이름이었던 것이다. 이 산의 외산명外山名을 조선 고어로 '엄뫼'라고도 불렀고 큰뫼라고도 칭했다. 엄뫼나 큰뫼라는 이름은 다 제일 수위에 참열한 태산이란 의미로서 조선 고대의 산악숭배로부터 시작된 이름이다. 이것을 한자 전래 이후에 이르러 한자로 전

사할 때에 엄뫼는 모악이라 의역하고, 큰뫼는 큼을 음역하여 금으로 하고 뫼는 의역하여 산으로 했다.

모악산을 가리키는 다양한 지명이 등장한다. 모악산, 금산 외에 엄뫼산, 큰뫼 등으로도 불렸다. 또 다른 문헌에는 대모산大母山이라거나 모산, 모후산母后山, 부산婦山 등도 나온다. 어떻게 해서, 어떤 과정을 거쳐 금산에서 모악산 등의 지명이 바뀌었을까?

산은 지세에 따라 모양이 형성되고 형체에 따라 또 다른 기운이 발생한다. 산의 지명은 대체로 지세와 형세, 사건에 따라 정해진다. 금산사 사람들은 모악산을 금산이라 불렀다. 금산사의 명칭을 산에 그대로 따서 불렀다고 한다. 이것도 따지고 보면 금산사가 먼저인지 금산이란 지명이 먼저인지 분명하지 않다. 지금의 김제 지방에서는 당시 금金 생산이 많아 금과 관련한 지명이 많이 등장하는 건 사실이다. 지금의 김제 부근에 남아 있는 금구, 금평, 금화 등과 같은 지명은 옛 문헌에서 어렵지 않게 볼 수 있다. 이 같은 지명은 금으로 인해 유래했다. 또한, 산의 형상이 물 위에 떠 있는 배와 같다고 해서 반용선이라고 했다. 어선의 준말인 어산魚山, 어이산 등으로도 불렸다고 전한다. 또 견훤이 아들 신검에 의해 금산사에 감금됐을 때 어가御駕가 머물러 있었다고 해서 어산御山이라고도 불렸다.

여기서 큰뫼나 모악산은 전혀 다른 어원을 가진다. 이는 짐작건대 산의 형세에 의해 결정된 것으로 보인다. 모악산 정상에서 여러 갈래의 봉우리가 물결처럼 뻗어 있는데, 그중 금산사를 둘러싼 두 갈래 능선이 영락없이 어머니가 아이를 안고 있는 형국이라고 한다. 또한, 모악산 쉰길바위의 형상이 어머니가 아이를 안고 있는 모양이라 하여 엄뫼라고 불렀다고 전한다. 엄뫼를 한자로 전사轉寫하면서 모악으로 의역하고, 큰

수왕사 주지 벽암 스님이 수왕사 산신제단 위에 서서 산신제에 관해 설명하고 있다.

뫼는 큼을 음역하여 금으로 하고 뫼는 의역하여 산으로 했다. 따라서 모악산이 나오고 금산이 나왔다. 어쨌든 모악산과 금산은 다른 유래를 가지면서, 동시에 같은 어원을 가진 지명이다.

모악산에서 금산사와 대원사 · 수왕사는 미륵의 근본 도량으로 매우 중요한 사찰이다. 특히 수왕사는 전부 아우를 뿐만 아니라 예로부터 산신제를 지내는 곳이다. 지금까지 그 흔적이 그대로 남아 있다.

금은 물이 필요하다. 대원大願은 큰 원을 품고 있다는 의미이며, 이 또한 물이 필요하다. 기도는 반드시 물이 필요하기 때문이다. 금과 물은 오행에서 상생수다. 순환의 논리로 상생하기 위해서는 서로 반드시 필요로 하는 존재다.

잠시 오행의 원리를 간단히 살펴보자. 오행은 우주 조화를 이루고, 서로 상생과 상극의 관계를 이루는 조건이 각각 다르다. 목木은 육성의 덕을 맡고, 동쪽에 위치하며 계절은 봄이다. 화火는 변화의 덕으로 남쪽을 가리키며 여름을 상징한다. 토土는 생성의 덕으로 중앙에 위치하며 4계절의 구심점이다. 금金은 형금刑禁의 덕으로 서쪽으로 가을을 가리킨다. 수는 임양任養의 덕으로 북쪽이고 겨울을 나타낸다. 오행의 관계에는 상생과 상극이 있다. 상생은 목생화, 화생토, 토생금, 금생수, 수생목으로, 순서는 목화토금수로 이어진다. 반면 상극은 수극화, 화극금, 금극목, 목극토, 토극수이며, 수화금목토로 연결된다.

오행의 이러한 논리로 모악산을 풀면, 상생의 금생수가 된다. 대원사의 바로 뒤에 있는 암자가 수왕사水王寺이다. 이곳이 물의 정기가 넘치며, 왕수를 품고 서해의 기운을 담은 미륵 도량이라고 주장한다. 수왕사 주지 벽암 조영귀 스님은 "미륵신앙은 용화사상이다. 모악산 금산사는 미륵신앙의 메카다. 결국 용과 금의 관계다. 용은 영험한 상상 속의 동물이면서 미륵을 상징한다. 미륵이 타고 다니는 동물이 용이다. 용이 있는 곳은 반드시 물이 있어야 한다. 둘 다 음과 여성을 상징한다. 결국, 미륵은 미래불이고, 여성의 시대, 음의 시대 도래를 나타낸다. 이 같은 상황을 총체적으로 아우르는 산이 모악산인 것이다. 모악산의 정점에 수왕사가 있다"고 주장한다. 결국, 미륵 도량이나 여성의 시대, 음의 시대는 다 같은 맥을 가지고 있다는 의미다. 벽암 스님은 "새 세상을 여는 최상의 기운이 금산사 삼존 미륵불에 있다면 수왕사는 미륵이 지상에 이르는 원초적인 기운을 모아놓은 곳"이라고 강조한다. 예로부터 미륵의 후천개벽, 해원사상이 열리는 곳의 내경은 금산사 미륵 삼존불이고, 외경은 익산 미륵산까지 뻗어간다고 한다.

수왕사 경내에 있는 진묵조사전
내부에 있는 영정은 진묵조사 영정

그러면 여성의 시대에 주목받는 위대한 어머니의 산으로 불리는 모악산의 산신은 과연 누구일까? 현재까지 누구라고 밝혀진 바가 전혀 없다. 계룡산 산신과 마찬가지로 본향 산신일 가능성이 매우 높다. 그런데 모악산 산신은 지명에서 짐작할 수 있듯이 여산신이라는 사실은 누구나 받아들이는 듯하다. 모악산이 전형적인 음의 산이기 때문이다. 지리산 못지않은 편안한 육산陸山이다.

벽암 스님은 수왕사 바로 옆이 옛날 산신에 제사를 지내던 천제단이라고 주장한다. 바로 위 무제봉은 기우제를 지내던 곳이라고 한다. 다 모악산 정상 국사봉 바로 아래 있다.

여기서 잠시 산신을 어떻게, 무엇으로 볼 것인가에 대한 문제를 고민해볼 필요가 있다. 인류문명의 태동과 더불어 고대 산악숭배신앙으로부터 출발한 산신을 독립적인 하나의 신으로 볼 것인가, 아니면 무속신앙의 한 부분으로 산신을 볼 것인가의 문제로 구분할 필요가 있다. 산신을 하나의 신으로 보자면 다양한 형태의 무형 신들이 내재화해서 신격화되어 나타났다고 볼 수 있다. 인간이 자연에 대해 두려움과 공포를 가졌을 당시 모든 자연에 신이 깃들어 있다고 본 초기의 신의 형태가 이에 해당한다. 자연신과 같은 토속적 산신령의 형태일 수도 있고, 본향 산신으로도 파악할 수 있다. 단군을 제외하고는 산신의 구체적인 형태파악이 사실상 불가능하다. 그리스신화에서 볼 수 있는 산신의 계보와 같은 것도 존재하기 어렵다. 하지만 신과 관련한 무한한 이야기, 즉 신화는 무궁무진하게 나올 수 있다. 그 산신의 전형이 나타난 산신도가 바로 호법선신으로, 산신이라는 인격신과 화신인 호랑이로 그려졌다. 인격신으로서의 산신은 나이 든 도사 같은 할아버지의 모습이고, 호랑이는 산에 사는 맹수 중에 최고의 위협적인 존재이면서 신성시되는 동물로 상징화됐다.

산신을 무속신앙의 한 부분으로 보자면 산신의 범주는 엄청나게 확대된다. 단군의 천신계, 장군신과 영웅신과 같은 인신계, 가택신계, 잡신계 등 이루 헤아릴 수 없을 정도로 복잡하고 다양하게 등장한다. 천신계부터 잡신계까지 계보도도 만들 수 있지만 별 의미가 없어 보인다. 제각각의 성격과 특성을 보이고 있기 때문이다. 다시 말해 수직적이 아니고 수평적이라는 의미다.

그런데 무속의 산신에서는 뚜렷한 두 가지 특성을 드러낸다. 하나는 중층성이고, 다른 하나는 조상의 성격이다. 중층성은 신령들이 다차원적으로 겹겹이 얽혀 존재하는 것을 말한다. 예컨대 천궁대감은 천궁에 있는 천신계의 신령인데, 그 대감이 산신계에서는 도당대감, 장군신계에서는 조상대감, 업대감이 되고, 잡귀신계에서는 터주(대감)으로 나타난다. 중층성은 불교의 화엄 세계를 연상시킨다. 광대하게 장식된 탑 안에 수백 수천의 탑들이 또 들어 있다. 헤아릴 수 없을 정도의 탑들이 나름 제각각 의미와 존재의 가치를 지니고 있다는 것이다.

두 번째 한국 무속신앙에서 산신의 특성은 조상성이다. 전통무들은 산신을 넓은 의미에서 모두 조상으로 여긴다. 그것이 잡귀신이든 중국에서 유래된 신령이건 간에 모두 우리 민족과 사회를 구성하는 요소를 본다. 유교의 조상개념보다 훨씬 넓고 깊은 특성을 보인다.

수왕사 산신단 옆에 한 번도 끊어진 적이 없다는 암벽 사이 샘물이 흐르고 있다.

산신을 무속적인 성격보다는 하나의 신으로서의 산신을 파악하기 위해 동분서주하고 있지만 제대로 파악하기 쉽지 않다. 설령 파악한다 하더라도 원형은 서로 비슷할 수밖에 없다. 실체가 없기 때문에 토속적 산신령의 본향으로서만 설명이 가능할 뿐이다. 이에 대한 내용은 앞서 계룡산 산신에서 약간 언급했다.

이번 모악산 산신에서도 계룡산 산신과 별로 다르지 않다는 사실을 파악할 수 있었다. 지금 수십 년째 모악산 산신제를 지내고 있는 벽암 스님 조차도 산신의 실체에 대해선 알지 못했다.

벽암 스님이 고대 천제단을 지냈던 자리라고 가리킨 수왕사 바로 옆 바위 제단은 그럴듯했다. 완만한 육산의 모악산에 암벽이 있는 곳에 자리 잡고 있었다. 정상 바로 아래 깎아지른 절벽 사이에 평평한 바위가 있고, 그 옆 암벽 사이로 물이 끊임없이 흘렀다. 벽암 스님은 "아무리 가물어도 옛날부터 한 번도 마른 적이 없었다."고 주장했다. 평평한 바위는 무녀 한 명과 제물을 놓으면 더는 여유가 없는 공간이었다. 그곳에서 매년 두 차례 모악산 여산신제를 지낸다.

산은 인류 초기부터 성스러운 곳이다. 우리 단군신화가 산에서 시작했고, 그리스신화도 올림포스 산에서 시작했다. 산은 하늘과 땅을 잇는 연결고리이자 우주 축으로 여겼다. 우주의 질서와 안녕을 관장하는 중심이라는 관념이 인류 초기부터 인식됐다. 산신제가 바로 하늘과 땅을 잇는 연결고리 역할을 한다. 모악산 산신은 여산신으로 알려져 있다. 인(격)신은 아직 좌정하지 않은 상태다. 산신제를 통해 여산신과 접신하고 하늘의 뜻을 파악한다. 신령스럽고 영험한 기운을 내려받는다. 그게 바로 미륵신앙일까?

민속학자 손진태는 "산신뿐 아니라 고대민족 신앙상의 신은 대부분 여성이다. 원시사회에 있어 모권이 강했던 원시종교상의 주제자主祭者가 바로 여성무였던 것에 기인한다."고 밝힌 바 있다.

모악산에서 새롭게 느낀 사항은 미륵신앙과 여산신이 혹시 관련이 있는 것이 아닐까 하는 의구심이다. 지역 향토사학자와 민속학자들은 앞으로 모악산이 크게 번창할 날이 반드시 오리라고 장담한다. 이 말이 맞는다면 그 여산신은 미륵신앙일 수도 있겠다는 생각을 지울 수 없다.

수왕사 옆에 있는
정읍 서예가 동초 김석곤이
새겼다는 마애석각

05

자장율사와 문수보살의 오대 신화

오대산 산신은 오대 보살 좌정에 비켜간 듯

오대산은 신라 통일 직전 자장 율사가 중국에 유학했을 때의 중국 오대산에서 유래했다고 『삼국유사』에 전한다. 같은 책 제3권 탑상 제4에 '『산중고전』을 살펴보면 이 산이 문수보살이 머무르던 곳이라고 기록한 것은 자장 법사부터 시작됐다. 자장이 중국 오대산 문수보살의 진산을 현몽하고 643년에 강원도 오대산에 문수보살의 진신을 보려고 했다. 그러나 3일 동안 날이 어둡고 흐려서 뜻을 이루지 못했다. 원녕사에 머물면서 문수보살을 뵈었다. 문수보살이 자장에게 "칡덩굴이 얽혀 있는 곳으로 가라"고 했으니 지금 정암사가 그곳이다. 훗날 두타승 신의가 있었으니 곧 범일 대사의 제자다. 오대산에서 자장이 쉬던 곳에 암자를 짓고 머물렀다. 신의가 죽자 암자도 역시 버려져 있었는데, 수다사의 장로 유연이 다시 암자를 짓고 살았다. 지금의 월정사가 바로 그곳이다'고 나온다.

이처럼 오대산은 온통 자장과 문수보살과 관련한 내용뿐이다. 산신이 만약 존재한다면 인신화 된 신은 없고 전통의 자연신 계통만 존재할 것 같다. 따라서 오대산 오대의 보살을 중국 오대산과 비교해 살펴보는 것도 어떤 신이 좌정해 있는지 파악할 수 있지 싶다.

중국 오대산은 불교의 성지다. 다른 신이 전혀 발붙일 수 없을 정도로 불교의 신, 즉 보살들이 자리 잡고 있다. 중국 오대는 유동문수(한국 비로자나불)가 있는 중대 금수봉(2,936m), 총명문수(한국 관세음보살)가 있는 동대 망해봉(2,880m), 사자후문수(한국 대세지보살)가 있는 서대 괘월봉(2,773m), 지혜문수(한국 지장보살)가 있는 남대 취암봉(2,757m), 무구문수(한국 미륵보살)가 있는 북대 협두봉(3,061m)으로 구성돼 있다. 중대 금수봉을 중심으로 동서남북에 하나의 봉우리가 솟아있는 형국이다.

불교 경전에 따르면 '화북지방에 청량산이란 명산이 있는데, 그곳에 보살이 상주하고 있다. 그 이름은 문수라고 한다. 문수보살은 1만 여 명의 보살과 함께 살며 항상 설법한다.'고 기록하고 있다. 따라서 청량산이 곧 오대산이고, 때로는 오봉산이라고도 한다. 이곳의 해설사는 "오대산의 원래 이름은 청량산"이라고 한다. 문수보살은 용의 화신이며, 석가모니불의 지덕과 체덕을 맡아서 부처의 교화를 돕기 위해 보살로 화했다고 한다. 문수가 타고 다니는 사자는 그의 지혜가 용맹하다는 것을 상징한다. 오른손에 들고 있는 칼은 일체중생의 번뇌를 끊겠다는 뜻이고, 왼손에 꽃(청련화)은 일체 여래의 지혜와 무상의 지덕을 맡는다는 의미다. 머리에 상투를 맺고 있는 것은 지혜의 상징이다. 다섯 개의 상투가 대일여래의 오지五智를 표현한 것이다.

중국 오대산은 이같이 문수보살의 발원지다. 문수는 지혜를 상징하며, 지혜는 통합을 이룬다. '일즉다一卽多이고 다즉일多卽一'이다. 화엄경의 아이콘인 것이다. 당시 중국은 몇몇 통일왕조를 거치지만 진정한 통일을 이루지 못한 상태였다. 이에 당나라는 강력한 통치이데올로기가 필요했다. 화엄경의 지혜와 통합은 매우 적절한 사상이었다. 문수보살로 대표되는 불교는 급속도로 중국으로 전파됐고, 나아가 동아시아까지 확산했다. 한반도에 문수신앙이 정착한 것은 신라 고승 자장에 의해서였다. 혜초도 문수보살의 지혜와 화엄경을 공부하기 위해 인도를 거쳐 중국으로 유학했다. 당시 신라도 삼국을 통일하고 통합 이데올로기가 절실했던 시기였다.

자장은 643년(선덕여왕 12) 황룡사에 구층탑을 세우고, 오대산 태화지와 지명이 비슷한 울산 태화사, 용이 살던 곳인 양산 통도사에 사리를 봉안할 사찰을 건립했다. 이어 오대산 중대에 적멸보궁을 창건하여 문수신앙의 중심도량으로 만들었다. 이곳이 한반도 문수보살 신앙의 효시다. 지금 문수사나 청량사, 또는 청량산 · 오대산 · 문수산 등은 전부 문수보살과 관련 있다고 봐도 거의 틀림없다.

이처럼 오대산에는 불교 문수보살의 성지로서 다른 산신이 터전을 잡기가 영 신통찮다. 원래 산신이 있었다 하더라도 이 정도 강한 영성이 있을 때는 다른 신은 자리를 비켜 주는 게 도리일 것 같다. 아마 신의 세계도 그러하지 않을까 싶다.

오대 산신

끝나지 않은 산신 신화와 역사

끝나지 않은 산신 신화와 역사

신과 인간의 관계는 과연 어디까지일까? 수많은 산에 좌정한 산신은 또한 어떤 신일까? 그 신은 또한 왜 그 산에 좌정했을까? 산신에 대한 의문은 계속된다.

지난 몇 년 동안 겨우 찾은 남한의 산에 좌정한 18 산신을 소개했다. 이들은 한 시대를 쥐락펴락한 왕이었고, 왕의 어머니였고, 시대의 영웅이었고, 대중의 영웅이었다. 18 산신에 대해서 분석하면, 어떤 특징이 나타나는 듯 하면서도 정체성이 명확하지 않은 측면을 동시에 띈다.

중사中祀에 해당하는 신라 시대 오악五嶽에 좌정한 산신은 동악 토함산에 석탈해, 서악 계룡산엔 자연신 계통의 본향 산신, 남악 지리산엔 천왕할미 · 노고할미 · 천왕성모 · 위숙왕후(고려 왕건의 어머니) · 마야부인(부처의 어머니) · 태을성신, 북악 태백산은 조선 단종과 자연신 계통, 중악 팔공산은 갓바위 산신설 등이 거론된다. 오악은 중국에서 원래 지정했다. 그 제도를 신라가 받아들여 통일 후 체제 정비를 하면서 시행했다. 하지만 중국의 오악과는 조금 차이를 보인다.

중국의 오악은 애초 국경의 개념으로 지정했다. 동악 태산, 서악 화산, 남악 형산, 북악 항산, 중악 숭산이다. 선사와 고대 시대까지의 주요 활동 근거지는 서안과 낙양이었다. 고대 중국의 수도이기도 한 도시다. 중악 숭산과 소림사가 인근에 있다. 중악 숭산을 중심으로 동서남북으로 국경의 개념이 강했다. 또한, 오방색과 오행, 즉 음양오행 사상을 그대로 적용했다. 동악 태산은 청색, 서악 화산은 백색, 남악 형산은 붉은색, 북악 항산은 검은색, 중악 숭산은 황색의 오방색이 이들 산에 가면 건물과 현판에서 쉽게 볼 수 있다. 오행은 동악 목木, 남악 화火, 중악 토土, 서악 금金, 북악 수水의 개념을 풍수사상과 연결시켜 나타내고 있다. 다시 말해, 동악은 목체의 산, 서악은 금체의 산, 남악은 화체의 산, 북악은 수체의 산, 중악은 토체의 산의 형태를 띤다. 중국 오악에 국경의 개념과 더불어 적용된 오행과 오방색, 즉 오악과 음양오행 사상이 일치하는 사실을 확인하는 순간 그 사상의 깊이에 감탄하지 않을 수 없었다. 모골이 송연하기까지 했다.

하지만 한반도의 오악에는 그러한 사상을 어디에서 확인할 수 없었다. 그뿐만 아니라 그 산에 왜 그 신이 좌정했는지도 불명확했다. 다만 동악 토함산의 석탈해는 통일신라의 평화와 안정을 지키기 위한 선대의 왕의 심정으로 후대 왕이 왜구가 침범하는 주요 수로 입구인 강과 맞닿는 바다를 한눈에 내려다볼 수 있는 토함산에 좌정시킨다. 가장 목적이 뚜렷한 동악의 신이기도 했다. 그 외의 다른 오악의 신들은 실체는 어느 정도 파악할 수 있었지만, 정체성과 연결시키기는 사실상 힘들었다.

특히, 조선 단종의 태백산 산신으로 좌정은 조금은 뜬금없었다. 아무 연고도 없는 지역에 산신으로 좌정했기 때문이다. 종교나 신의 문제에 있어 왜why라는 의문을 가진다 하더라도 쉽게 해결될 수 없는 부분이기도 하지만 너무 연결성이 없어 어리둥절하게 한다.

소사小祀의 명산들도 지역과 산신의 존재에 대해서 대부분 연결고리가 약했다. 그중에서 정견모주와 최영 장군은 산신으로 좌정한 지역과 비교적 합당한 논리를 가지고 있었다. 가야산의 정견모주 산신신화는 가야산이 가야국의 맹주 역할을 한 부분과 가야국의 시조모 정견모주와의 신화가 설득력 있게 이어졌다. 김해 금관가야는 일찌감치 신라에 복속됐지만, 고령과 성주 등을 기반으로 한 가야산은 마지막까지 신라에 항거하며 오랜 기간 가야라는 이름으로 국가가 존속했다. 따라서 가야의 시조모로 알려진 정견모주가 가야산의 산신으로 좌정하는 건 당연한 신화로 볼 수 있다.

최영 장군은 고향으로 알려진 충남 홍성 삼봉산 산신이라고도 하지만 사실상 개성 덕물산 산신으로 더 잘 알려져 있다. 무형문화재로 지정된 무속인이 눈을 감고 개성으로 가면 서서히 최영 장군의 거대한 체구의 형상이 떠오른다고 한다. 그만큼 개성은 최영 장군의 근거지였다. 이성계가 한양으로 도읍을 정한 것도 사실은 대부분의 개성 주민이 최영을 지지한 사실과도 무관치 않다. 조선 초에 기록한 『고려사』를 봐도 최영 장례식 날 모든 개성주민이 거리로 나와 눈물을 흘렸다는 내용이 나온다. 이러한 사실을 비춰볼 때 이성계는 개성을 수도로 그대로 둘 수 없었으리라고 판단된다. 역으로 최영 장군은 죽어서도 개성을 떠날 수 없었을 것이다.

감악산 산신으로 당나라 장수 설인귀의 좌정은 전형적인 통치 차원의 일환으로 보인다. 고구려를 잃은 주민들의 동요를 막기 위해 위협적인 인물인 당나라 장수 설인귀를 산신으로 좌정시켰기 때문이다. 이처럼 고대국가에 있어 산신은 권력을 가진 위정자의 통치권과 밀접한 관련성을 가지고 있었다.

대관령 산신으로 김유신 장군의 좌정은 이해하기 쉽지 않았다. 김유신 장군은 아무 연고가 없는, 단지 잠시 장군으로 출정해서 오랑캐를 물리쳤다는 이유만으로 그 지역 전체를 대표하는 산신으로 좌정했기 때문이다. '세상의 모든 현상과 행동은 다 이유가 있다'는 전제하에서 이해하자면, 아직 밝혀내지 못한 김유신 장군과 대관령의 강한 고리가 있지 않을까 하는 점이다.

소백산의 금성대군 산신 좌정도 조금은 뜬금없다. 소백산이 단종이 산신으로 좌정한 태백산과 지리적으로 가장 가까운 산이라는 사실 외에는 금성대군과는 아무 연관성이 없기 때문이다. 금성대군이 조카 단종의 복귀를 꾀하려다 발각돼, 그의 형 수양대군에 의해 사살되는 비운을 맞은 영주 소백산 정도의 연결고리로 그 지역에서 산신으로 좌정했다는 사실은 아무래도 설득력이 적게 느껴진다.

연결고리가 적은 산신과 실체와의 관계는 어떻게 보면 앞으로 연구과제로 볼 수 있다. 언젠가 누구에 의해 더 명확한 고리를 밝혀낼 수 있기 때문이다. 그 외의 자연신 그 자체로의 산신은 좀 더 명확히 밝혀낼 필요가 있다. 자연신의 실체가 무엇인지, 어떤 형태로 유지 존속됐는지 등에 대한 부분은 분명 우리 문화의 주요 콘텐츠를 구성하는 한 부분이다.

고대의 산신은 그나마 산신으로 좌정한 지역과 실체의 정체성이 비교적 연결고리를 가지고 있었다. 조선 시대 들어서는 영웅인 동시에 한풀이 성격을 띠고 있었다. 그 영웅은 대중을 한데 묶어주는 구심점 역할을 했다. 산신의 또 다른 중요한 기능이다. 결국, 산신은 고대사회까지는 권력의 정당성을 위한 도구로 이용됐고, 중세부터는 대중을 한데 묶는 영웅으로 사회적 기능을 했다.

하지만 현대 들어서는 산신도 없고, 영웅도 없는 사회가 됐다. 시대의 영웅을 통해 영웅이 한 사회의 구심점 역할을 하였다는 사실을 우리는 역사를 통해 알 수 있다. 영웅이 없는 시대, 얼마나 슬픈 현실인가. 영웅이 없다는 사실은 사회의 본보기가 없다는 사실과 일맥상통한다. 또한, 남을 인정하지 않는 사회라는 사실이다. 얼마나 삭막한 사회인가. 혹시 지금 우리 사회가 이런 모습을 보이고 있지는 않을까.

산신 연구를 계속해야 하는 이유이기도 하다. 시대의 영웅을 찾고 대중의 영웅을 찾는 작업은 산신이 아니더라도 한 사회의 구심점을 위해서라도 반드시 있어야 한다.

앞으로 더 많은 산신을 찾아야 한다. 그 산신이 영웅이든 왕족이든 그건 둘째 문제다. 산신 그 자체가 우리 문화의 본류이기 때문이다. 아날로그적 감성을 지닌 산신은 디지털 시대의 가장 좋은 우리 문화의 소재가 된다. 산신의 부활 그 자체가 제4차 산업혁명의 한 부분일지 모른다. 디지털로 부활한 산신을 가장 한국적인 모습으로 그려내어서 가상현실을 실제현실로 만드는 날이 오지 말란 법도 없다.

그 끝나지 않은 산신의 신화와 역사를 언젠가는 다시 만날 수 있으리라 스스로 기대해 본다.

문화와
역사를
담 다
0 0 5

신神이 된 인간들

초판1쇄 발행 2018년 1월 10일

지은이 박정원
펴낸이 홍기원

총괄 홍종화
편집주간 박호원
편집 · 디자인 오경희 · 조정화 · 오성현 · 신나래
김윤희 · 이상재 · 김혜연 · 이상민
관리 박정대 · 최기엽

펴낸곳 민속원
출판등록 제18-1호
주소 서울 마포구 토정로 25길 41(대흥동 337-25)
전화 02) 804-3320, 805-3320, 806-3320(代)
팩스 02) 802-3346
이메일 minsok1@chollian.net, minsokwon@naver.com
홈페이지 www.minsokwon.com

ISBN 978-89-285-1147-1
SET 978-89-285-1054-2 04380

이 도서의 국립중앙도서관 출판시도서목록(CIP)은 서지정보유통지원시스템 홈페이지(http://seoji.nl.go.kr)와
국가자료공동목록시스템(http://www.nl.go.kr/kolisnet)에서 이용하실 수 있습니다. (CIP제어번호 : CIP2018000279)

책 값은 뒤표지에 있습니다.
잘못된 책은 바꾸어 드립니다.